중학 내신 완벽 대비 종합서

늘품 중학 영어

중3

능률중학영어 중3

지은이	NE능률 영어교육연구소
선임 연구원	김지현
연구원	이지연 허인혜 여윤구
영문 교열	August Niederhaus Nathaniel Galletta Patrick Ferraro
디자인	안훈정 김연주
내지 일러스트	박응식 최은미 김동현 권민정
내지 사진	www.shutterstock.com
맥편집	이인선
영업	한기영 박인규 이경구 정철교 김남준
마케팅	박혜선 고유진 남경진 김상민

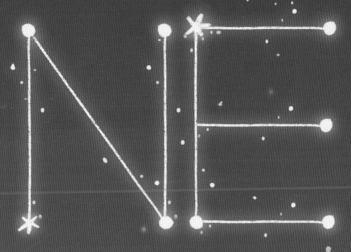

NE능률이 미래를 그립니다.

교육에 대한 큰 꿈을 품고 시작한 NE능률
처음 품었던 그 꿈을 잊지 않고 40년 동안 한 길만을 걸어왔습니다.

이제 NE능률이 앞으로 나아가야 할 길을 그려봅니다.
'평범한 열 개의 제품보다 하나의 탁월한 제품'이라는
변치 않는 철학을 바탕으로 진정한 배움의 가치를 알리는
NE능률이 교육의 미래를 열어가겠습니다.

www.neungyule.com

There are only two ways to live your life.
One is as though nothing is a miracle.
The other is as though everything is a miracle.

인생을 사는 방법은 딱 두 가지가 있다. 하나는 기적이 없는 것처럼 사는 것이다.
다른 하나는 모든 것이 기적인 것처럼 사는 것이다.
- Albert Einstein

Structures & Features

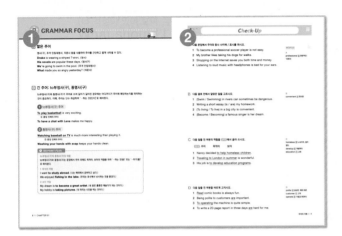

❶ GRAMMAR FOCUS

2015년 개정 교육과정을 분석하여 중학교 3학년 과정에서 알아야 할 필수 문법을 체계적으로 정리했습니다. 시험에 자주 출제되는 내용은 내신 POINT PLUS로, 주의해야 할 문법 사항은 TIPS로 정리하여 쉽게 학습할 수 있습니다.

❷ Check-Up

GRAMMAR FOCUS에서 배운 내용을 간단한 유형의 연습 문제를 통해 확인할 수 있습니다.

❸ Grammar Practice

앞서 배운 문법 사항을 통합된 심화 문제를 통해 더 확실하게 점검할 수 있습니다.

❹ 내신 완성 Grammar Practice

학교 시험과 가장 유사한 유형으로 구성하여 실전에 대비할 수 있습니다.

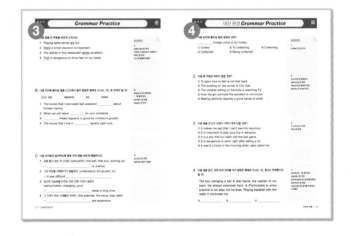

❺ 서술형에 나오는 WRITING

다양한 서술형 문제를 통해 GRAMMAR FOCUS를 반복 학습할 수 있고, 쓰기는 물론 학교 내신 시험의 서술형 주관식 문항을 완벽하게 대비할 수 있습니다.

❻ READING WITH GRAMMAR

각 과에서 배운 문법 항목이 녹아 있는 흥미로운 내용의 지문을 통해 문법을 다시 한번 공부하는 동시에 독해 실력도 높일 수 있습니다.

❼ 내신에 나오는 *COMMUNICATION*

중학교 3학년 과정의 필수 의사소통 기능을 생생한 대화문을 통해 학습할 수 있습니다. EXPRESSION PLUS를 통해 각 의사소통 기능과 관련된 다른 표현들도 추가로 학습할 수 있습니다.

❽ *Check-Up*

학교 시험과 가장 유사한 유형을 통해 학습한 내용을 확인하고 내신 시험에 대비할 수 있습니다.

❾ *FINAL TEST*

어휘, 의사소통 기능, 문법 등 앞서 학습한 내용을 종합적으로 확인해 볼 수 있습니다. 학교 내신 시험과 유사한 난이도의 다양한 문제를 풀어보며 실전에 대비하고 실력도 점검해 볼 수 있습니다.

❿ 내신 완성 서술형

내신 시험에 자주 출제되는 서술형 주관식 문제를 풀며 서술형 주관식에 대한 자신감을 높일 수 있습니다.

⓫ *WORD LIST*

해당 과에서 쓰인 어휘 중 핵심 어휘만을 별도로 학습할 수 있습니다. 어휘를 학습하며 한 과를 마무리할 수 있습니다.

◉ *Contents*

CHAPTER 01

주어의 이해

GET READY

Ron went to school.
(Ron은 학교에 갔다.)

To pronounce this word is difficult.
(이 단어를 발음하는 것은 어렵다.)

Many children in Africa will be able to have their own computers.
(아프리카에 있는 많은 아이들은 그들만의 컴퓨터를 갖게 될 수 있을 것이다.)

주어는 문장에서 주체가 되는 말로, 주어를 파악하면 문장을 쉽게 이해할 수 있어요. 주어가 비교적 짧아서 파악하기 쉬운 경우도 있지만, to부정사(구), 동명사(구), 절 등 복잡하고 긴 주어가 쓰여 주어를 한눈에 파악하기 어려운 경우도 있답니다. 이번 과에서는 다양한 형태의 주어를 파악하는 방법을 알아볼 거예요.

A 짧은 주어

명사(구), 주격 인칭대명사, 의문사 등을 사용하여 주어를 간단하고 짧게 나타낼 수 있다.

Drake is wearing a striped T-shirt. 〈명사〉
His novels are popular these days. 〈명사구〉
We're going to swim in the pool. 〈주격 인칭대명사〉
What made you so angry yesterday? 〈의문사〉

B 긴 주어: to부정사(구), 동명사(구)

to부정사(구)와 동명사(구)가 주어로 쓰여 길이가 길어진 경우에는 어디까지가 주어에 해당하는지를 파악하는 것이 중요하다. 이때, 주어는 단수 취급하며 '…하는 것은[이]'로 해석된다.

① to부정사(구) 주어

To play basketball *is* very exciting.
    S (문장 전체의 주어)
To have a chat with Lena *makes* me happy.

② 동명사(구) 주어

Watching baseball on TV *is* much more interesting than playing it.
    S (문장 전체의 주어)
Washing your hands with soap *keeps* your hands clean.

> ➕ 내신 **POINT PLUS**
>
> **to부정사(구)와 동명사(구)의 역할**
> to부정사(구)와 동명사(구)는 문장에서 주어 외에도 목적어, 보어의 역할을 하며 '…하는 것(을)' 또는 '…하기(를)'
> 로 해석된다.
>
> 1 목적어 역할
> I want **to study abroad**. (나는 해외에서 공부하고 싶다.)
> We enjoyed **fishing in the lake**. (우리는 호수에서 낚시하는 것을 즐겼다.)
>
> 2 보어 역할
> My dream is **to become a great artist**. (내 꿈은 훌륭한 예술가가 되는 것이다.)
> My hobby is **taking pictures**. (내 취미는 사진을 찍는 것이다.)

A 다음 문장에서 주어와 동사 사이에 / 표시를 하시오.

1 To become a professional soccer player is not easy.

2 My brother likes taking his dogs for walks.

3 Shopping on the Internet saves you both time and money.

4 Listening to loud music with headphones is bad for your ears.

B 다음 괄호 안에서 알맞은 말을 고르시오.

1 (Swim / Swimming) in rivers can sometimes be dangerous.

2 Writing a short essay (is / are) my homework.

3 (To living / To live) in a big city is convenient.

4 (Become / Becoming) a famous singer is her dream.

C 다음 밑줄 친 부분의 역할을 보기 에서 골라 쓰시오.

보기   주어   목적어   보어

1 Nancy decided to help homeless children.

2 Traveling to London in summer is wonderful.

3 His job is to develop education programs.

D 다음 밑줄 친 부분을 바르게 고치시오.

1 Read comic books is always fun.

2 Being polite to customers are important.

3 To operating the machine is quite simple.

4 To write a 20-page report in three days are hard for me.

GRAMMAR FOCUS

C 긴 주어: 수식어구가 있는 경우, 의문사절

1 수식어구가 있는 경우

수식어구(전치사구, 관계사절, 분사구 등)가 주어를 수식할 경우에 주어가 길어진다. 이때, 동사는 수식어구가 꾸미는 주어의 수에 맞춘다.

The rumors on the Internet about the actor *are* untrue. 〈전치사구가 주어 수식〉
S

The musical that starts at 8 *is* sold out. 〈관계사절이 주어 수식〉
S

The woman wearing a red skirt *is* Jennifer's sister. 〈분사구가 주어 수식〉
S

2 의문사절 주어

「의문사+주어+동사」로 이루어진 의문사절도 주어로 사용될 수 있다. 이때, 주어는 단수 취급한다.

Why he chose the job *is* the question.

> ### ➕ 내신 POINT PLUS
>
> **that 또는 의문사가 이끄는 주어**
> that 또는 의문사가 이끄는 명사절이 주어로 쓰인 경우, that과 의문사의 바로 뒤에 이어지는 주어와 동사는 명사절 안에서의 주어와 동사이며, 문장 전체의 동사는 that절이나 의문사절 바로 다음에 나온다. 문장 전체의 동사 앞에서 끊어주면 앞쪽은 문장의 주어일 것이므로 문장의 구조를 쉽게 파악할 수 있다.
>
> **That he is guilty** / *is* quite certain. 〈that절 주어〉
> (그가 유죄라는 것은 아주 확실하다.)
> **How the thief stole the money** / *is* still a mystery to me. 〈의문사절 주어〉
> (그 도둑이 어떻게 돈을 훔쳤는지는 나에게 여전히 의문이다.)

D 긴 주어를 대신하는 it

to부정사(구)·동명사(구)·that절 등이 주어로 쓰여 주어가 길어지면, 보통 원래의 주어를 문장의 뒤로 보내고 주어 자리에 it을 쓴다. 이때의 it을 가주어 it이라고 하고, 문장의 뒤로 보낸 원래의 주어를 진주어라고 한다. 해석할 때는 가주어 it 대신 진주어를 주어로 해석한다.

It is fun *to go shopping with Amy*. (← *To go shopping with Amy* is fun.)
가주어   진주어

It is dangerous *traveling in Africa alone*. (← *Traveling in Africa alone* is dangerous.)
It is surprising *that he won the marathon*. (← *That he won the marathon* is surprising.)

> **TIPS**
> it은 가주어뿐만 아니라, 날씨·날짜·시간 등을 나타내는 비인칭 주어로 쓰이기도 한다.
> **It** is cloudy and very cold. (흐리고 매우 춥다.)

Check-Up

A 다음 문장에서 주어와 동사 사이에 / 표시를 하시오.

1 Where I went yesterday is a secret.

2 The girl on the bench lives next door.

3 The sign written in red says "No Smoking."

4 Anyone who wants more sauce must pay extra.

WORDS

A
next door 옆집에
say 동 말하다; *…라고 쓰여있다
pay 동 지불하다
extra 명 추가 요금

B 다음 문장에서 (진)주어에 밑줄을 그은 후, 각 문장을 해석하시오.

1 It is a good idea to do our homework together.

→ _____ 좋은 생각이다.

2 Who took my books was not revealed.

→ _____ 밝혀지지 않았다.

3 The man waving his hands is my older brother.

→ _____ 우리 오빠이다.

4 The program that I watched was about Chinese culture.

→ _____ 중국 문화에 관한 것이었다.

B
reveal 동 (비밀 등을) 밝히다
wave 동 (손·팔을) 흔들다

C 다음 두 문장이 같은 뜻이 되도록 빈칸에 들어갈 알맞은 말을 쓰시오.

1 Listening to her jokes is always fun.

→ _____ is always fun _____ to her jokes.

2 That he didn't know the answer surprised me.

→ _____ surprised me _____ he didn't know the answer.

3 To watch foreign movies without subtitles is difficult.

→ _____ is difficult _____ _____ foreign movies without subtitles.

C
subtitle 명 ((pl.)) 자막

D 다음 밑줄 친 부분을 바르게 고치시오.

1 That is certain that they will lose the game.

2 Who composed the songs are not known.

3 The windows on the second floor is not clean.

4 It was exciting have lunch with Jason.

D.
compose 동 작곡하다

A 다음 밑줄 친 부분을 바르게 고치시오.

1 Playing table tennis <u>are</u> fun.

2 <u>Make</u> a smart decision is important.

3 The dishes in this restaurant <u>tastes</u> excellent.

4 <u>That</u> is dangerous to drive fast on icy roads.

WORDS

A
table tennis 탁구
make a decision 경험하다
dish 명 요리
icy 형 얼음에 뒤덮인

B 다음 빈칸에 들어갈 말을 보기 에서 골라 알맞은 형태로 쓰시오. (단, 한 번씩만 쓸 것)

보기　　eat　　　　　depend　　　　　be　　　　　need

1 The books that I borrowed last weekend _____ about Korean history.

2 When we will leave _____ on your schedule.

3 _____ meals regularly is good for children's growth.

4 The house that I live in _____ repairs right now.

B
depend 동 의존하다;
*…에 달려 있다
growth 명 성장
repair 명 수리

C 다음 우리말과 일치하도록 괄호 안의 말을 바르게 배열하시오.

1 공을 줍고 있는 저 소년은 Joshua이다. (the ball, that boy, picking up)

　→ _____ is Joshua.

2 그의 억양을 이해하기가 힘들었다. (understand, his accent, to)

　→ It was difficult _____.

3 당신의 식습관을 바꾸는 것은 오랜 시간이 걸린다.
　(eating habits, changing, your)

　→ _____ takes a long time.

4 그 가게가 파는 시계들은 비싸다. (the watches, the store, that, sells)

　→ _____ are expensive.

C
accent 명 억양
eating habit 식습관

1 다음 빈칸에 들어갈 말로 알맞은 것은?

_____ foreign coins is my hobby.

① Collect　　　　② To collecting　　　③ Collecting
④ Collected　　　⑤ Being collected

WORDS

1
collect 통 모으다

2 다음 중 어법상 바르지 <u>못한</u> 것은?

① To learn how to fish is not that hard.
② The building on the corner is City Hall.
③ The children sitting on the sofa is watching TV.
④ How the girl survived the accident is not known.
⑤ Making perfume requires a good sense of smell.

2
survive 통 살아남다
perfume 명 향수
require 통 필요로 하다
sense of smell 후각

3 다음 밑줄 친 <u>It</u>의 쓰임이 나머지 넷과 <u>다른</u> 것은?

① <u>It</u> makes me sad that I can't see him anymore.
② <u>It</u> is important to plan your trip in advance.
③ <u>It</u> is a pity that our team lost the last game.
④ <u>It</u> is dangerous to swim right after eating a lot.
⑤ <u>It</u> was 6 o'clock in the morning when Jake called me.

3
in advance 미리
pity 명 유감

4 다음 글을 읽고, ⓐ~ⓒ의 단어를 각각 알맞은 형태로 쓰시오. (단, 동사는 현재형으로 쓸 것)

The boy swinging a bat ⓐ (be) David, the captain of our team. He always exercises hard. ⓑ (Participate) in every practice is not easy, but he does. Playing baseball with him really ⓒ (motivate) me.

ⓐ _____　　ⓑ _____　　ⓒ _____

4
swing 통 …을 휘두르다
captain 명 주장
participate 통 참가[참여]하다
practice 명 연습
motivate 통 동기를 부여하다, 자극하다

A 다음 우리말과 일치하도록 괄호 안의 말을 바르게 배열하시오.

1 항상 모자를 쓰고 있는 소년은 Joe이다. (always, wears, a hat, is, who, the boy, Joe)

→ _____

2 제한 속도를 어기는 것은 위험하다. (the speed limit, dangerous, breaking, is)

→ _____

3 꽃을 들고 있는 그 여자분은 나의 선생님이다. (is, flowers, the woman, holding, my teacher)

→ _____

B 다음 우리말과 일치하도록 괄호 안의 말을 이용하여 문장을 완성하시오.

1 그 소문이 어디에서 시작했는지는 확실하지 않다. (the rumor, start)

→ _____ _____ _____ _____ is not clear.

2 그 프로젝트를 이번 주에 끝내는 것은 불가능하다. (finish, the project)

→ _____ _____ _____ this week is impossible.

3 수화를 이해하는 것은 어렵다. (understand, sign language)

→ _____ is difficult _____ _____ _____ _____.

C 다음 괄호 안의 말을 바르게 배열하여 두 친구의 대화를 완성하시오.

Miles
Hi! I'm in the hospital. The doctor said it was food poisoning.
1 I don't think that _____ _____ was fresh. (drank, I, the milk, that)

Elizabeth
Food poisoning? How awful!
2 _____ _____ (you, really, drink, is, what, important) in summer.

Miles
I agree. The doctor said I have to stay here for five days.
3 _____ _____! (in, is, the hospital, boring, staying)

Elizabeth
That's too bad. Take care, and I hope to see you soon!

1

Kids who have cancer (A) [face / faces] many problems. **Losing their hair** is one of the most difficult things. ① Holly Christensen saw a friend's three-year-old daughter dealing with this issue. ② So she decided to cheer her up. ③ She made a Rapunzel wig with yellow yarn. ④ Rapunzel is a Disney princess with long, blond hair. ⑤ In Disney movies, you'll see many different princesses. (B) [Wear / Wearing] the Rapunzel wig made Christensen's friend's daughter feel like the most beautiful girl in the world.

Since then, Christensen has been making wigs for kids with cancer all across the country. She also accepts donations from people. The money helps her pay for the yarn and shipping costs. These wigs aren't a cure for cancer, but they bring a little magic and happiness into the lives of sick kids.

1 위 글의 ①~⑤ 문장 중 글의 흐름과 관계가 없는 것은?

①   ②   ③   ④   ⑤

(!) 서술형

2 위 글의 (A)와 (B)의 각 네모 안에서 어법에 맞는 표현을 골라 쓰시오.

(A) _____   (B) _____

WORDS   cancer 몡 암   face 통 …을 마주 보다; *(상황에) 직면하다   deal with ¹_____   issue 몡 주제; *문제
cheer up …을 격려하다   wig 몡 가발   yarn 몡 실   blond 혱 금발인   accept 통 (기꺼이) 받아들이다
donation 몡 ²_____   shipping cost 발송비   cure 몡 치유하는 약, 치유법

2

In baseball, a **very small change** can make a big difference. There's an interesting example of this. In 1987, **something odd** happened in Major League Baseball. During that year, sports fans saw a 20% increase in the number of home runs. Some people thought that it was because of "happy Haitians."

At that time, baseballs were made in Haiti. In 1986, Haitians were happy about the fall of their *dictator. Because they were so excited, they stitched the baseballs tighter than before. This made the *seams flatter, which made the ball smoother. Pitchers had difficulty getting a good grip and putting a spin on the ball. <u>It</u> became easier for the batters to guess the pitchers' throwing style, which helped them to hit home runs.

*dictator 독재자 *seam 이음매(접합선)

1 **What is the best title for the passage?**
① How to Hit More Home Runs
② The History of Major League Baseball
③ The Relationship between Politics and Sports
④ The Influence of Happy Haitians on Home Runs
⑤ The Process of Making Major League Baseballs

(!)서술형
2 **What does the underlined <u>It</u> refer to?**

_____

WORDS | make a difference 차이를 만들다   odd 혱 ¹_____   increase 혱 증가   fall 혱 떨어짐; *몰락
stitch 통 바느질하다, 꿰매다   tight 뷔 꽉, 단단히   flat 혱 납작한, 평평한   smooth 혱 ²_____
pitcher 혱 투수   grip 혱 꽉 붙잡음, 움켜쥠   spin 혱 회전, 돌기   batter 혱 타자   [문제] relationship 혱 관계
politics 혱 정치   influence 혱 영향   process 혱 과정

A 알고 있는지 묻기

A: **Are you aware of** the big flood in China?
(중국에 큰 홍수가 난 것을 알고 있니?)

B: Yes, I saw it on the news.
(응, 나는 그것을 뉴스에서 봤어.)

「Are you aware of[that] ~?」은 '~에 대해 알고 있니?'라는 의미로 상대방이 무언가에 대해 알고 있는지 물어볼 때 쓰는 표현이다. 비슷한 표현으로는 「Have you heard (about[that]) ~?」 또는 「You know ~, don't you?」를 쓸 수 있다.

➕ EXPRESSION PLUS

A: **Have you heard that** Jenny got promoted? (Jenny가 승진했다는 것을 들었니?)
B: Yes. She deserves it. (응. 그녀는 그럴만해.)

A: **You know** that August is a really good guitar player, **don't you**?
(너는 August가 정말 훌륭한 기타 연주자라는 것을 알고 있지, 그렇지 않니?)
B: Yes. He is really good. (응. 그는 정말 잘해.)

Check-Up

1 대화가 자연스럽게 이어지도록 (A)~(D)를 바르게 배열하시오.

WORDS

(A) She's moving to another city.
(B) Have you heard about Amy?
(C) Amy? No. What happened?
(D) Oh no! I'm going to miss her!

_____ → _____ → _____ → _____

2 다음 빈칸에 들어갈 말로 알맞지 <u>않은</u> 것은?

A: _____ that Jane has a boyfriend?
B: Yes. She told me before.

① Did she tell you   ② Did you know
③ Have you told   ④ Have you heard
⑤ Are you aware

B 강조하기

A: I always feel tired these days. (나는 요즘 항상 피곤해.)
   What should I do? (내가 어떻게 해야 할까?)
B: **It's important to exercise** regularly.
   (규칙적으로 운동하는 것이 중요해.)

「It's important to-v[that] ~」은 '~하는 것이 중요하다'라는 의미로 어떤 내용을 강조할 때 쓰는 표현이다. 이와 유사한 표현으로는 「It's essential to-v[that] ~」 '~하는 것이 필수적이다'와 「I want to stress ~」 '나는 ~를 강조하고 싶어' 등이 있다.

➕ EXPRESSION PLUS

A: What should we do to protect the environment? (환경을 보호하기 위해서 우리는 무엇을 해야 할까?)
B: **It's essential that** we use fewer paper cups. (종이컵을 덜 사용하는 것이 필수적이야.)

A: What advice will you give the student? (너는 어떤 조언을 그 학생에게 줄 예정이니?)
B: **I want to stress** that getting enough sleep is important.
   (나는 충분히 잠을 자는 것이 중요하다는 것을 강조하고 싶어.)

Check-Up

1 다음 빈칸에 들어갈 말로 알맞은 것은?

   A: What should I do to get a better grade next time?
   B: _____

   ① I wish you the best of luck.
   ② Don't forget that there is a test tomorrow.
   ③ I'm sure that you'll do better next time.
   ④ You should get a better grade next time.
   ⑤ I think it's important to review what you've learned.

WORDS

1
review 동 복습하다

2 다음 우리말과 일치하도록 괄호 안의 말을 이용하여 문장을 완성하시오.
   (1) 나는 애완동물 키우는 것이 책임감이 필요하다는 것을 강조하고 싶다. (stress)

   → _____ _____ _____ _____ that having a
      pet requires responsibility.

   (2) 그곳에 제시간에 도착하는 것은 필수적이다. (essential)

   → _____ _____ _____ arrive there on time.

2
have a pet 애완동물을 기르다
require 동 필요하다
on time 시간을 어기지 않고, 정각에

1 밑줄 친 단어와 유사한 의미의 단어를 고르면?

I noticed an <u>odd</u> smell in the kitchen.

① guilty ② smooth ③ flat
④ unusual ⑤ convenient

2 다음 우리말과 일치하도록 주어진 첫 철자를 이용하여 빈칸에 알맞은 단어를 쓰시오.

TV를 보는 것은 아이들에게 긍정적인 영향을 끼칠 수 있다.

→ Watching TV can have a positive i_____ on children.

3 다음 질문에 대한 대답으로 알맞은 것은?

How can I do well in the interview?

① I wish you good luck.
② You'll get another chance.
③ That doesn't make sense at all.
④ It's essential to have an interview.
⑤ I think it's important to be calm.

4 다음 빈칸에 들어갈 말로 알맞은 것은?

A: _____ it's going to rain tomorrow?
B: No. I guess I have to cancel the picnic tomorrow.

① Where did I tell you that
② Are you aware that
③ How did you know that
④ When did you hear that
⑤ Why didn't you tell me that

5 대화가 자연스럽게 이어지도록 (A)~(D)를 바르게 배열하시오.

(A) We are going on a field trip tomorrow!
(B) What news?
(C) Have you heard the news?
(D) Really? That is great! I can't wait!

_____ → _____ → _____ → _____

[6-7] 다음 빈칸에 들어갈 말로 알맞은 것을 고르시오.

6

_____ furniture is her job.

① Design ② Designed
③ Designing ④ To designing
⑤ Being designing

7

It is helpful _____ hot soup when you have a cold.

① eat ② ate
③ to eat ④ to be eaten
⑤ being eaten

8 다음 빈칸에 들어갈 말로 알맞지 <u>않은</u> 것은?

_____ was really interesting.

① This book ② Read this book
③ To read this book ④ Reading this book
⑤ The book written by Sophia

9 다음 빈칸 ⓐ와 ⓑ에 들어갈 말이 바르게 짝지어진 것은?

- Where he hid the money ___ⓐ___ unknown.
- People watching a basketball game ___ⓑ___ having fun.

	ⓐ	ⓑ		ⓐ	ⓑ
①	is	– is	②	is	– are
③	are	– are	④	are	– is
⑤	are	– were			

10 다음 밑줄 친 It의 쓰임이 나머지 넷과 <u>다른</u> 것은?

① <u>It</u>'s difficult to read her handwriting.
② <u>It</u>'s great having a party with friends.
③ <u>It</u>'s thrilling to watch action movies.
④ <u>It</u>'s snowing heavily in the southern area.
⑤ <u>It</u>'s true that Jim's going to marry Helen.

！ 서술형

11 다음 우리말과 일치하도록 괄호 안의 말을 이용하여 문장을 완성하시오.

테니스를 치고 있는 저 소녀는 나의 가장 친한 친구이다. (that girl, play tennis)

→ _____ _____ _____ _____ _____ my best friend.

12 다음 두 문장이 같은 뜻이 되도록 할 때, 빈칸에 들어갈 말로 알맞은 것은?

To use an elevator during a fire is dangerous.
→ _____ an elevator during a fire is dangerous.

① Use ② Being use
③ Using ④ To using
⑤ Having using

！ 어려워요

13 다음 중 어법상 바르지 <u>못한</u> 것은?

① Cars made in Germany is very popular.
② Some plates on the shelf are broken.
③ To love your enemy sounds impossible.
④ It is necessary to check your shopping list.
⑤ Skydiving from a helicopter is pretty exciting.

！ 서술형

14 다음 두 문장이 같은 뜻이 되도록 문장을 완성하시오.

To change bad habits into good habits is difficult.

→ It's difficult _____

_____.

！ 서술형

15 다음 괄호 안의 단어를 알맞은 형태로 쓰시오.

Yesterday, the man wearing a red mask _____ climbing a wall like a spider. (be)

16 다음 우리말과 일치하도록 할 때, 빈칸에 들어갈 말로 알맞은 것은?

그가 그 건물에서 탈출했다는 것은 믿기지 않는다.
→ _____ is unbelievable.

① Escaping from the building
② To be escaped from the building
③ That he escaped from the building
④ When he escaped from the building
⑤ Why he escaped from the building

17 다음 밑줄 친 부분 중 어법상 바르지 못한 것은?

A lot of countries ① having more than two different people groups ② uses more than one official language. In Canada, French ③ is one of the country's official ④ languages. Over 20 percent of all Canadians ⑤ use French.

● 서술형

[18-20] 다음 우리말과 일치하도록 괄호 안의 말을 바르게 배열하시오.

18 어떻게 그 화재가 시작했는지는 불분명하다.
(is, started, how, uncertain, the fire)

→ _____

19 백 년 전에 지어진 그 사원이 무너졌다.
(that, fell down, was built, 100 years ago, the temple)

→ _____
_____

20 내 마당에 있는 큰 나무는 나에게 쉴 곳을 준다.
(in, a huge tree, gives, shelter, my yard, me)

→ _____
_____

내신 완성 서술형 🔍

21 다음 문장을 바르게 고쳐 쓰시오. (두 군데)

When will the construction begin haven't been decided yet.

→ _____
_____

22 다음 우리말과 일치하도록 주어진 조건을 이용하여 영작하시오.

조건 1 lie, the table, sleep을 사용할 것
조건 2 총 8단어로 쓸 것
조건 3 현재진행형으로 쓸 것

탁자 밑에 누워 있는 그 개는 자고 있다.

→ _____
_____

[23-24] 다음 처방전의 각 내용을 괄호 안의 지시대로 영작하시오.

Prescription
· helpful: drink a lot of water
· essential: take the medicine every day

23 _____ is helpful.
(동명사구 주어)

24 _____
_____ (to부정사구 주어)

WORD LIST

✓ Grammar

☐ convenient   형 편리한
☐ develop   동 개발하다
☐ polite   형 공손한, 예의 바른
☐ operate   동 가동[조작]하다
☐ guilty   형 유죄의
☐ reveal   동 (비밀 등을) 밝히다
☐ wave   동 (손·팔을) 흔들다
☐ compose   동 작곡하다
☐ depend   동 의존하다; …에 달려 있다
☐ repair   명 수리
☐ collect   동 모으다
☐ require   동 필요로 하다
☐ in advance   미리
☐ pity   명 유감
☐ participate   동 참가[참여]하다
☐ motivate   동 동기를 부여하다, 자극하다

✓ Reading

☐ cancer   명 암
☐ face   동 …을 마주 보다; (상황에) 직면하다
☐ deal with   (문제 등을) 처리하다
☐ issue   명 주제; 문제
☐ cheer up   …을 격려하다
☐ accept   동 (기꺼이) 받아들이다
☐ make a difference   차이를 만들다
☐ increase   명 증가
☐ fall   명 떨어짐; 몰락
☐ flat   형 납작한, 평평한
☐ smooth   형 매끈한, 매끄러운
☐ pitcher   명 투수
☐ batter   명 타자
☐ relationship   명 관계

✓ Communication

☐ promote   동 고취하다; 승진시키다
☐ deserve   동 …을 받을 만하다
☐ review   동 복습하다
☐ have a pet   애완동물을 기르다
☐ on time   시간을 어기지 않고, 정각에

✓ Final Test

☐ positive   형 긍정적인
☐ calm   형 침착한, 차분한
☐ cancel   동 취소하다
☐ field trip   현장 학습
☐ furniture   명 가구
☐ heavily   부 심하게
☐ southern   형 남쪽에 위치한
☐ broken   형 깨진, 부러진
☐ enemy   명 적
☐ necessary   형 필요한
☐ escape   동 달아나다, 탈출하다
☐ official   형 공식적인
☐ uncertain   형 불확실한
☐ temple   명 사원
☐ shelter   명 주거지; 쉼터
☐ construction   명 건설, 공사
☐ decide   동 결정하다

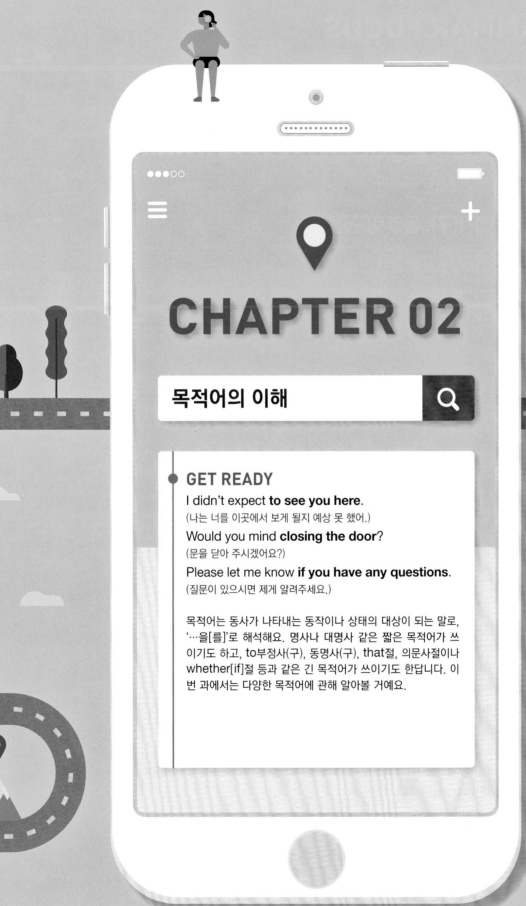

CHAPTER 02

목적어의 이해 🔍

● GET READY

I didn't expect **to see you here**.
(나는 너를 이곳에서 보게 될지 예상 못 했어.)

Would you mind **closing the door**?
(문을 닫아 주시겠어요?)

Please let me know **if you have any questions**.
(질문이 있으시면 제게 알려주세요.)

목적어는 동사가 나타내는 동작이나 상태의 대상이 되는 말로, '…을[를]'로 해석해요. 명사나 대명사 같은 짧은 목적어가 쓰이기도 하고, to부정사(구), 동명사(구), that절, 의문사절이나 whether[if]절 등과 같은 긴 목적어가 쓰이기도 한답니다. 이번 과에서는 다양한 목적어에 관해 알아볼 거예요.

GRAMMAR FOCUS

A 짧은 목적어

(대)명사, 재귀대명사 등을 사용하여 목적어를 간단하게 나타낼 수 있다.

My brother often plays **baseball** with his friends.
Noah hurt **himself** on the playground.

B 긴 목적어: to부정사(구), 동명사(구)

❶ to부정사(구)를 목적어로 쓰는 동사

want, wish, hope, expect, promise, decide, choose, plan, ask 등은 to부정사(구)를 목적어로 쓴다.

My family *decided* **to move to the countryside.**

> **TIPS**
>
> 의문사+to-v
> 「의문사+to-v」는 문장 안에서 주어·목적어·보어 역할을 하며, 주로 목적어로 사용된다.
> ⟨what/how/when/where to-v⟩: '무엇을/어떻게/언제/어디에서[어디로] …할지'
> I don't know **where to stay tonight.** (나는 오늘 밤 어디에서 묵을지 모르겠다.)

❷ 동명사(구)를 목적어로 쓰는 동사

enjoy, finish, mind, avoid, keep, quit, give up 등은 동명사(구)를 목적어로 쓴다.

Jack *avoids* **talking about his personal life.**

❸ to부정사(구)와 동명사(구)를 모두 목적어로 쓰는 동사

1) 의미 차이가 없는 동사: start, begin, like, continue 등
The audience *started* **cheering[to cheer]** for the hockey player.

2) 의미 차이가 있는 동사

forget/remember to-v: '(미래에) …할 것을 잊다/기억하다'
forget/remember v-ing: '(과거에) …한 것을 잊다/기억하다'
I *forgot* **to bring** my pencil case. (← I didn't bring it.)
I *forgot* **bringing** my pencil case. (← I brought it.)

try to-v: '…하려고 애쓰다[노력하다]'
try v-ing: '(시험 삼아) …해보다'
She *tried* **to study** Japanese so that she could go to college in Japan.
She *tried* **studying** Japanese for fun.

> **TIPS**
>
> stop to-v와 stop v-ing
> stop to-v: '…하기 위해 멈추다' (to부정사: 목적을 나타내는 부사적 용법)
> stop v-ing: '…하는 것을 멈추다' (동명사: stop의 목적어)
> The boy *stopped* **to take a rest.** (그 소년은 휴식을 취하기 위해 멈췄다.)
> The boy *stopped* **taking a rest.** (그 소년은 휴식 취하는 것을 멈췄다.)

Check-Up

A 다음 문장에서 목적어에 해당하는 부분을 찾아 밑줄을 그으시오.

WORDS

1 I saw Kelly at the mall last weekend.

2 I finished doing my science homework.

3 We haven't yet decided what to eat for dinner.

4 Jason is planning to travel to India next year.

B 다음 괄호 안에서 알맞은 말을 고르시오.

B
detective novel 탐정소설

1 Sam enjoys (to read / reading) detective novels.

2 Everyone wants (to go / going) home early today.

3 Mike didn't give up (to eat / eating) chocolate.

4 My grandmother doesn't know how (to use / using) a computer.

C 다음 괄호 안의 말을 빈칸에 알맞은 형태로 쓰시오.

C
recommend 동 추천하다
someday 부 언젠가

1 Jeremy recommended where _____ in Europe. (go)

2 I hope _____ the Louvre Museum someday. (visit)

3 While you take this medicine, you should avoid _____ coffee. (drink)

D 다음 우리말과 일치하도록 괄호 안의 말을 이용하여 문장을 완성하시오.

D
passport 명 여권
broken 형 고장 난

1 너는 우리가 어렸을 때 이 동물원에 왔던 것을 기억하니? (come)

→ Do you _____ _____ to this zoo when we were kids?

2 내일 네 여권을 가져올 것을 잊지 마. (bring)

→ Don't _____ _____ _____ your passport tomorrow.

3 나는 건강을 유지하기 위해 매일 운동하려고 노력했다. (exercise)

→ I _____ _____ _____ every day to stay healthy.

4 나는 카메라가 고장 나서 사진 찍는 것을 멈춰야 했다. (take)

→ I had to _____ _____ pictures because my camera was broken.

GRAMMAR FOCUS

C 긴 목적어: that절, 의문사절, whether[if]절

1 that절

접속사 that이 이끄는 명사절은 '…라는 것'을 의미하며 문장에서 목적어 역할을 할 수 있다. 이때 that은 생략 가능하다.

He heard (**that**) **the singer will visit Korea next month**.
She thinks (**that**) **her mom is the best cook in the world**.

2 의문사절

의문사가 이끄는 명사절은 문장에서 목적어 역할을 할 수 있다. 이를 간접의문문이라고 하며 「의문사+주어
+동사」의 어순으로 쓴다.

I wonder **when Howard will arrive**.
(← I wonder.+When will Howard arrive?)

3 whether[if]절

접속사 whether[if]가 이끄는 명사절은 '…인지'를 의미하며 문장에서 목적어 역할을 할 수 있다. 이를 간접의문문
이라고 하며 「whether[if]+주어+동사」의 어순으로 쓴다.

I'm not sure **whether[if] it's going to rain (or not)**.
(← I'm not sure.+Is it going to rain?)

> **TIPS**
>
> 간접의문문의 어순
> 간접의문문은 의문문이 다른 문장에서 주어, 목적어, 보어로 쓰이는 것을 말한다.
>
> 1 의문사가 있는 경우: 「의문사+주어+동사」
>   I can't remember **where I put the key**. (나는 내가 열쇠를 어디에 두었는지 기억이 안 난다.)
>   (← I can't remember.+Where did I put the key?)
>
> 2 의문사가 없는 경우: 「whether[if]+주어+동사」
>   I asked Jenny **whether[if] she lives in Alaska (or not)**. (나는 Jenny에게 그녀가 알래스카에 사는지 (아닌지) 물었다.)
>   (← I asked Jenny.+ Does she live in Alaska?)

> **➕ 내신 POINT PLUS**
>
> 긴 목적어를 대신하는 it
> think, believe, find, make, consider 등의 동사가 쓰인 「동사+목적어+목적격 보어」 형식의 문장에서 to부정사(구),
> 동명사(구), 또는 that절이 목적어로 쓰여 길어진 경우, 대개 목적어 자리에 가목적어 it을 쓰고 진목적어를 목적격 보어 뒤
> 로 보낸다.
>
> She found   **it**   difficult   *exercising regularly*. (그녀는 꾸준히 운동하는 것이 어렵다는 것을 알게 되었다.)
>   가목적어 목적격 보어   진목적어
>
> He made **it** a rule *to practice the piano every day*. (그는 매일 피아노를 연습하는 것을 규칙으로 했다.)
> I consider **it** strange *that he hasn't called me*. (나는 그가 나에게 전화하지 않은 것을 이상하게 여긴다.)

A 다음 문장에서 목적어에 해당하는 부분을 찾아 밑줄을 그으시오.

1 Do you know when the movie starts?

2 I can explain how he became a famous actor.

3 I'm not sure if I can come home by 8 o'clock.

4 My friends believe that UFOs are real.

WORDS

B 다음 괄호 안에서 알맞은 말을 고르시오.

1 I don't know (why / it) Laura is ignoring me.

2 I think (that / if) we should prepare for the upcoming cold weather.

3 I wonder (that / whether) Dave is learning Korean these days.

4 Lucy thought (it / that) impossible to get to the airport on time.

B
ignore 동 무시하다
upcoming 형 다가오는
wonder 동 궁금하다
impossible 형 불가능한

C 다음 우리말과 일치하도록 괄호 안의 말을 이용하여 문장을 완성하시오.

1 나는 Jina가 다른 도시로 이사 갔다는 것을 믿을 수 없다. (believe)

→ I can't _____ _____ Jina moved to another city.

2 네가 그 멋진 신발을 어디에서 샀는지 내게 말해줘. (buy)

→ Please tell me _____ _____ _____ those fancy shoes.

3 나는 Sue가 뉴질랜드에서 온 소포를 받았는지 궁금하다. (wonder)

→ I _____ _____ Sue received the package from New Zealand.

4 나는 Tom이 일주일 동안 학교에 결석한 것이 이상하다고 생각했다. (strange)

→ I thought _____ _____ _____ Tom was absent from school for a week.

C
fancy 형 멋진, 화려한
receive 동 받다
package 명 소포
be absent from …에 결석하다

D 다음 밑줄 친 부분을 바르게 고치시오.

1 Guess where is Hannah from.

2 Can you remember when is my birthday?

3 I can't decide what I should buy this shirt or not.

4 I made that clear that I don't agree with you.

A 다음 밑줄 친 부분을 바르게 고치시오.

1 Let's decide <u>to when have</u> our group meeting.

2 I asked Mina <u>what did she want</u> for her birthday.

3 I think <u>it</u> all the tickets for the musical are sold out.

4 I chose <u>staying</u> at home instead of playing soccer.

B 다음 빈칸에 들어갈 말을 보기 에서 골라 알맞은 형태로 쓰시오. (단, 한 번씩만 쓸 것)

보기 hand in the report   do the dishes   go to the beach

1 Amanda stopped _____ to answer the phone.

2 Our family planned _____ during the holidays.

3 Please remember _____ to me by tomorrow.

C 다음 우리말과 일치하도록 괄호 안의 말을 이용하여 문장을 완성하시오.

1 나는 2017년에 Seattle에 갔던 것을 결코 잊지 않을 것이다. (go)

→ I'll never _____ _____ to Seattle in 2017.

2 나는 내 여가 시간에 영화 보는 것을 즐긴다. (enjoy, watch movies)

→ I _____ _____ _____ in my free time.

3 나는 내일 그녀가 파티에 올지 잘 모르겠다. (will, come)

→ I'm not sure _____ _____ _____ _____ to the party tomorrow.

4 네가 언제 일본에서 살았는지 말해줄 수 있니? (live)

→ Can you tell me _____ _____ _____ in Japan?

5 나는 자주 약속을 취소하는 것이 무례하다고 생각한다. (rude)

→ I think _____ _____ _____ cancel appointments all the time.

WORDS

A
sold out (표가) 매진된
instead of ··· 대신에

B
hand in ···을 제출하다

C
rude 형 무례한
appointment 명 약속
all the time 내내; *아주 자주

1 다음 빈칸에 들어갈 말로 알맞은 것은?

We expect _____ good news from you.

① hear   ② to hear   ③ hearing
④ being heard   ⑤ to hearing

WORDS

2 다음 두 문장을 한 문장으로 바르게 고친 것은?

I want to know. Is Amy coming to my birthday party?

① I want to know it Amy coming to my birthday party.
② I want to know if Amy is coming to my birthday party.
③ I want to know that Amy is coming to my birthday party.
④ I want to know when Amy is coming to my birthday party.
⑤ I want to know whether is Amy coming to my birthday party.

3 다음 중 어법상 바르지 <u>못한</u> 것은?

① Do you know how old Sarah is?
② I don't believe that Amelia lied to me.
③ I can't decide where to travel this summer.
④ James promised being on time from now on.
⑤ I consider it important that we protect the environment.

3
from now on 이제부터
protect 동 보호하다
environment 명 환경

4 보기 와 같이 두 문장을 한 문장으로 바꿀 때 빈칸에 알맞은 말을 쓰시오.

보기 Nancy borrowed money from me. She doesn't remember.
→ Nancy doesn't remember borrowing money from me.

(1) I planned to buy some milk yesterday. But I forgot.
→ I forgot _____ yesterday.
(2) Bob rode a bike along the river. He enjoyed it.
→ Bob enjoyed _____ along the river.

4
along 전 …을 (죽·계속) 따라

A 다음 우리말과 일치하도록 괄호 안의 말을 바르게 배열하시오.

1 나는 유럽으로 배낭여행을 가기를 바란다.

(hope, go backpacking, I, in Europe, to)

→ _____

2 저는 당신의 소설을 읽어본 적이 없는 것 같아요.

(your novel, think, have read, I, that, don't, I)

→ _____

3 Aiden은 새로운 친구를 만드는 것을 어려워한다.

(hard, finds, Aiden, new friends, it, to make)

→ _____

B 다음 두 문장을 한 문장으로 바꿔 쓰시오.

1 Can you tell me? What did you eat for breakfast?

→ _____

2 I want to know. Will you stop by my house?

→ _____

3 He just found out. He got an A on the math test.

→ _____

C 다음 괄호 안의 말을 이용하여 일기를 완성하시오.

Thursday, July 15

1 This morning, I finally finished _____ (make) a new house for my dog, Max. After that, I went fishing with my cousin, Jake. 2 We really _____ (enjoy, fish) together. My mom made a delicious meal with the fish that we caught. 3 I'm _____ (plan, visit) my grandparents in Busan tomorrow. I'll also go to the Busan International Film Festival. 4 I _____ (hope, see) many celebrities there.

1

The Special Olympics is a major international sports event. It is for people who have intellectual disabilities. It began with one American woman's decision. In the early 1960s, Eunice Kennedy realized **that people with intellectual disabilities didn't have enough places to play**. So she decided (A) open her backyard and hold a one-day summer camp for them. She kept (B) promote her ideas, and they eventually grew to become the Special Olympics, which officially started in 1968.

There are many interesting Special Olympics programs. One of them is "Unified Sports." In this program, athletes with and without intellectual disabilities play together. Playing together with people of different backgrounds helps athletes build friendships. They also develop a better understanding of one another. The Special Olympics aims **to embrace differences among people of different backgrounds and abilities**.

1 The Special Olympics에 관한 설명 중 위 글의 내용과 일치하지 <u>않는</u> 것은?
① Eunice Kennedy에 의해 창설되었다.
② 처음에는 일일 행사로 시작되었다.
③ 공식적으로 인정받기까지 수십 년이 걸렸다.
④ 지적 장애가 없는 사람들도 참가할 수 있다.
⑤ 통합 스포츠를 통해 선수들은 서로를 더 잘 이해할 수 있다.

!) 서술형

2 위 글의 밑줄 친 (A)와 (B)를 알맞은 형태로 고쳐 쓰시오.

(A) _____ (B) _____

WORDS

major 형 주요한, 중대한   **international** 형 국제적인   **intellectual** 형 지능의, 지적인   **disability** 명 장애
backyard 명 뒷마당, 뒤뜰   **promote** 동 촉진하다; *홍보하다   **eventually** 부 결국   **officially** 부 공식적으로
unified 형 통일된, 통합된   **athlete** 명 (운동)선수   **background** 명 ¹_____   **friendship** 명 우정
aim 동 ²_____   **embrace** 동 (껴)안다; *수용하다   **difference** 명 차이(점), 다름

2

Look around! This is Shijiazhuang, a city in northern China. There are buildings and cars everywhere. The air is polluted, and the trees are dirty. But look at that tree! There's a beautiful painting on it. How did it get there? It was painted by a woman named Wang Yue. One day she was walking with her mother and saw the dirty trees. She decided **to do**

something to make her city brighter and prettier. So she started **painting pictures on the trees**. She uses special watercolor paints that don't hurt the trees. She paints many different things, such as pandas, cats, birds, and sunsets. She wants **to make people think about the environment when they see her paintings**. She also hopes <u>that</u> her paintings make depressed people in her city happier.

1 What is the best title for the passage?
① Terrible Air Pollution in China
② Ways to Reduce Air Pollution
③ A Woman Who Paints on Trees
④ Protecting Endangered Animals
⑤ Painting with Natural Watercolor Paints

2 Which choice has the usage of <u>that</u> underlined in the passage?
① The midterm exam was not <u>that</u> hard.
② How do you know <u>that</u>?
③ She knew <u>that</u> the story was a lie.
④ <u>That</u> experience was very special.
⑤ I just found the book <u>that</u> I lost last year.

WORDS **northern** 형 북쪽에 위치한 **everywhere** 부 어디에나 **pollute** 동 1_____ **special** 형 특수한 **watercolor** 형 수채의 **sunset** 명 해 질 녘, 일몰 **environment** 명 환경 **depressed** 형 우울한 [문제] **pollution** 명 오염 **reduce** 동 2_____ **endangered** 형 멸종 위기의

A 의도 묻고 표현하기

A: **Are you going to** go to the department store today?
(너는 오늘 백화점에 갈 예정이니?)

B: No, **I'm going to get** a haircut.
(아니, 나는 머리를 자를 거야.)

「Are you going[planning] to ~?」는 '너는 ~할 예정[계획]이니?'의 의미로 가까운 미래의 의도를 물어볼 때 쓰는 표현이다. 의도를 표현할 때는 「I'm going[planning] to-v」 '나는 ~할 예정[계획]이야', 「I'm thinking of[about] v-ing ~」 '나는 ~할 생각이야' 등의 표현을 쓸 수 있다.

➕ EXPRESSION PLUS

1 의도 묻기 · **Are you planning to** visit a bookstore after school?
(너는 방과 후에 서점에 갈 계획이니?)

· **Are you thinking of** meeting friends? (너는 친구들을 만날 생각이니?)

· **Will you** invite your family to the party? (너는 그 파티에 가족도 초대할 거니?)

2 의도 표현하기 · **I'm planning to go** to Jeju Island. (나는 제주도에 갈 계획이야.)

· **I'm thinking of playing** soccer. (나는 축구를 할 생각이야.)

· **I will** eat a hamburger for lunch. (나는 점심으로 햄버거를 먹을 거야.)

· **I don't have any plans yet**. (나는 아직 아무 계획이 없어.)

Check-Up

1 다음 대화의 빈칸에 들어갈 말로 알맞지 <u>않은</u> 것은?

A: Are you planning to climb a mountain this weekend?
B: No, _____

① I'm going to visit my aunt.
② I'm planning to go shopping.
③ I will go to the art museum downtown.
④ I'm thinking of going to the movies.
⑤ I enjoy playing badminton with my friend.

WORDS

1
climb 통 (산을) 오르다
downtown 부 시내에

2 다음 우리말과 일치하도록 괄호 안의 말을 이용하여 문장을 완성하시오.
너는 여름 방학에 해외여행을 할 계획이니? (plan)

→ _____ _____ _____ _____ travel abroad during summer vacation?

2
travel abroad 해외여행을 하다

목적어의 이해 📍 33

B 안심시키기

A: You look worried. What's the matter?
（너 걱정이 있어 보여. 무슨 일이니?）

B: I have a speech contest tomorrow.
（저는 내일 말하기 대회가 있어요.）

A: **Don't worry. Everything will be okay**.
（걱정하지 말아라. 다 잘될 거야.）

걱정하거나 두려워하고 있는 상대방을 안심시킬 때는 'Don't worry. Everything will be okay[fine/all right].' '걱정하지 마. 다 잘될 거야.'의 표현을 쓸 수 있다.

➕ EXPRESSION PLUS

· **Don't be frightened.** （두려워하지 마.）
· **There is nothing to worry about.** （걱정할 것 없어.）

Check-Up

1 다음 문장 뒤로 대화가 자연스럽게 이어지도록 (A)~(C)를 바르게 배열하시오.

I don't think I can finish my homework by tomorrow.

(A) My computer broke yesterday.
(B) Why not? What's wrong?
(C) There is nothing to worry about. I can lend you my laptop.

_____ → _____ → _____

WORDS

1
break 동 고장 나다
(break-broke)

2 다음 대화의 밑줄 친 부분과 바꿔 쓸 수 있는 것을 <u>모두</u> 고르시오.

A: I'm very nervous. I don't think I can sleep well tonight.
B: Don't worry. Everything will be <u>fine</u>.

① okay   ② done   ③ excited
④ lucky   ⑤ all right

1 밑줄 친 단어와 유사한 의미의 단어를 고르면?

It's difficult to embrace different cultures.

① aim ② pollute ③ promote
④ accept ⑤ reduce

2 다음 우리말과 일치하도록 빈칸에 알맞은 단어를 쓰시오.

그 선수는 신체적인 장애를 극복했다.

→ The player overcame a physical
_____.

3 다음 질문에 대한 대답으로 알맞지 <u>않은</u> 것은?

Are you going to stay home tomorrow?

① No, I'm going to go to a concert.
② No, I'm planning to go to a museum.
③ No, the plan doesn't seem good to me.
④ Yes, I don't have any plans for tomorrow.
⑤ Yes, I'm thinking of staying home all day.

4 대화가 자연스럽게 이어지도록 (A)~(D)를 바르게 배열하시오.

(A) Thank you. I will enjoy it!
(B) Yes, I am going to travel to Canada by myself. It's my first time, so I'm a bit worried.
(C) Don't worry. It will be a fun experience.
(D) Are you planning to travel next month?

_____ → _____ → _____ → _____

5 다음 대화의 빈칸에 들어갈 말로 알맞지 <u>않은</u> 것은?

A: What's wrong?
B: I'm worried about my test score.
A: _____

① There is nothing to worry about.
② I'll help you to study for the test.
③ Don't worry. Everything will be fine.
④ Stop worrying. I'm sure you did well.
⑤ It's okay. I know you did your best.

[6-7] 다음 빈칸에 들어갈 말로 알맞은 것을 고르시오.

6
He tried to avoid _____ high-calorie foods.

① eat ② ate ③ eaten
④ eating ⑤ to eat

7
I have to buy a gift for my father, but I don't know what _____.

① buy ② bought ③ will buy
④ to buy ⑤ buying

8 다음 우리말과 일치하도록 할 때, 빈칸에 들어갈 말로 알맞은 것은?

그 문제를 너 혼자 해결하려고 애쓰지 마.
→ Don't try _____ with the matter by yourself.

① deal ② to deal ③ dealing
④ dealt ⑤ being dealt

9 다음 괄호 안의 말을 빈칸에 알맞은 형태로 쓰시오.

Kyle was very tired, so he stopped
_____.
(practice the piano)

10 다음 빈칸에 들어갈 말로 알맞지 <u>않은</u> 것은?

Logan _____ to become a
professional basketball player.

① quit　　② wanted　　③ decided
④ planned　　⑤ hoped

[11-12] 다음 우리말을 영어로 바르게 옮긴 것을 고르시오.

11　나는 모두를 만족시키기는 힘들다는 것을 알았다.

① To satisfy everyone is difficult.
② It is difficult to satisfy everyone.
③ I found difficult to satisfy everyone.
④ I found difficult it to satisfy everyone.
⑤ I found it difficult to satisfy everyone.

12　내가 그 강의를 이해했는지 잘 모르겠다.

① I didn't understand the lecture.
② I'm sure if I understood the lecture.
③ I'm sure that I understood the lecture.
④ I'm not sure if I understood the lecture.
⑤ I know whether I understood the
　 lecture.

13 다음 우리말과 일치하도록 괄호 안의 말을 이용하여
문장을 완성하시오.

나는 네가 그 약속을 지켰다는 것을 믿을 수 없어.
(keep, the promise)

→ I can't believe _____ _____
_____ _____ _____.

14 다음 중 어법상 바르지 <u>못한</u> 것은?

① I don't know how writing a love letter.
② I wonder what they are doing now.
③ I think it exciting to meet new people.
④ Can you tell me when the meeting
　 starts?
⑤ I expected to go to the same school as
　 my brother.

15 다음 밑줄 친 부분 중 어법상 바르지 <u>못한</u> 것은?

Have you decided ① <u>where to go</u> this
holiday? How about ② <u>coming</u> to Swiss
Resort? You can enjoy ③ <u>skiing</u> and
④ <u>see</u> beautiful scenery from your room.
Please remember ⑤ <u>reserving</u> a room in
advance.

16 다음 우리말과 일치하도록 괄호 안의 말을 바르게 배
열하시오.

나는 물을 절약하는 것이 필수적이라고 믿는다.
(believe, save, I, essential, to, water, it)

→ _____
_____

[17-18] 다음 빈칸 ⓐ와 ⓑ에 들어갈 말이 바르게 짝지어 진 것을 고르시오.

17
- She finally gave up _____ⓐ_____ weight. She couldn't change her eating habits.
- I consider _____ⓑ_____ fun to ride a bike.

	ⓐ	ⓑ		ⓐ	ⓑ
①	lose	– it	②	to lose	– it
③	to lose	– that	④	losing	– it
⑤	losing	– that			

18
- I wish _____ⓐ_____ with the manager.
- She forgot _____ⓑ_____ books from the library. So she didn't return them.

	ⓐ	ⓑ
①	speak	– borrow
②	to speak	– borrow
③	to speak	– borrowing
④	speaking	– to borrow
⑤	speaking	– borrowing

19 다음 두 문장을 한 문장으로 바르게 고친 것은?

I want to ask. How did you become a pilot?

① I want to ask how you become a pilot.
② I want to ask whether you became a pilot.
③ I want to ask that you became a pilot.
④ I want to ask how to become a pilot.
⑤ I want to ask how you became a pilot.

내신 완성 서술형

20 다음 두 문장을 한 문장으로 바꾸시오.

I will check. Is it going to snow this weekend?

→ _____

_____

21 다음 문장에서 틀린 부분을 모두 찾아 바르게 고 쳐 쓰시오. (두 군데)

I think that impossible fix this broken camera.

→ _____

22 다음 우리말과 일치하도록 주어진 조건을 이용 하여 영작하시오.

조건 1 wonder, choose, be를 사용할 것
조건 2 총 9단어로 쓸 것

나는 당신이 왜 선생님이 되기로 선택했는지 궁금하다.

→ _____

_____

23 다음 대화의 내용과 일치하도록 문장을 완성하 시오.

Tom: What are you going to do this summer?
Sarah: I am going to go to New York and visit my aunt.

→ Sarah plans _____

_____ this summer.

WORD LIST

✓ Grammar

☐ personal	형 개인의, 개인적인
☐ recommend	동 추천하다
☐ broken	형 고장 난
☐ consider	동 여기다[생각하다]
☐ ignore	동 무시하다
☐ wonder	동 궁금하다
☐ impossible	형 불가능한
☐ receive	동 받다
☐ be absent from	…에 결석하다
☐ instead of	… 대신에
☐ hand in	…을 제출하다
☐ rude	형 무례한
☐ appointment	명 약속
☐ from now on	이제부터
☐ protect	동 보호하다
☐ environment	명 환경

✓ Reading

☐ major	형 주요한, 중대한
☐ international	형 국제적인
☐ intellectual	형 지능의, 지적인
☐ disability	명 장애
☐ promote	동 촉진하다; 홍보하다
☐ eventually	부 결국
☐ athlete	명 (운동)선수
☐ friendship	명 우정
☐ difference	명 차이(점), 다름
☐ everywhere	부 어디에나
☐ pollute	동 오염시키다
☐ sunset	명 해 질 녘, 일몰
☐ depressed	형 우울한

✓ Communication

☐ climb	동 (산을) 오르다
☐ downtown	부 시내에
☐ travel abroad	해외여행을 하다
☐ frightened	형 겁먹은
☐ break	동 고장 나다

✓ Final Test

☐ overcome	동 극복하다 (overcome-overcame)
☐ physical	형 신체의
☐ experience	명 경험
☐ matter	명 문제
☐ quit	동 그만두다
☐ satisfy	동 만족시키다
☐ lecture	명 강의
☐ scenery	명 경치
☐ reserve	동 예약하다
☐ save	동 구하다; 절약하다
☐ essential	형 필수적인
☐ pilot	명 조종사
☐ choose	동 선택하다 (choose-chose)

CHAPTER 03

보어의 이해 🔍

● **GET READY**

The muffin smells **good**.
(그 머핀은 좋은 냄새가 난다.)

I named my puppy **Leo**.
(나는 나의 강아지를 Leo라고 이름을 지어주었다.)

보어는 '보충 설명하는 말'이라는 뜻으로, 위 예시의 good처럼 주어의 성질이나 상태를 설명하는 주격 보어와 Leo처럼 목적어의 성질이나 상태를 설명하는 목적격 보어가 있어요. 이번 과에서는 다양한 형태의 보어에 대해서 알아볼 거예요.

A 주격 보어의 여러 형태

주격 보어는 주어의 성질이나 상태를 보충 설명하는 말로, 명사(구), 형용사(구), to부정사(구), 동명사(구), 분사 등 다양한 형태가 있다.

1 명사(구)

주어와 동일한 사람이나 사물을 나타낸다.

My brother became **a best-selling author**. / *The project* was **a big success**.

2 형용사(구)

be동사, become, seem, remain, keep, stay 등의 불완전자동사 뒤에서 주어의 성질이나 상태를 보충 설명한다.

My opinion is **different from yours**. / Brian *seems* **surprised at the news**.

> **⊕ 내신 POINT PLUS**
>
> 감각동사와 형용사
>
> look, smell, taste, sound, feel 등의 감각동사 뒤에 주격 보어로 형용사가 오는 경우 '…하게 보이다/ …한 냄새가 나다/…한 맛이 나다/…하게 들리다/…하게 느끼다'의 의미를 나타낸다.
>
> This cheesecake *tastes* **salty**. (이 치즈 케이크는 짠맛이 난다.)

3 to부정사(구), 동명사(구)

주로 be동사 뒤에 위치하여 주어를 보충 설명하는 역할을 한다.

My new year's resolution is **to lose weight**. / One of my hobbies *is* **gardening**.

> **TIPS**
>
> 동사 seem/appear 뒤에 오는 to부정사
> to부정사(구)는 동사 seem(…인 것 같다), appear(…처럼 보이다)의 뒤에서 주격 보어의 역할을 할 수 있다.
> Your answer *seems* **to be** wrong. (네 대답은 틀린 것 같다.)
> Jason *appears* **to be** a nice person. (Jason은 좋은 사람처럼 보인다.)

4 분사

1) 현재분사(v-ing)

'(주어가) …하는, …하고 있는'의 의미이며, 주어가 감정을 일으키는 대상임을 나타내기도 한다.

The girls sat **reading** comic books.
The actor's new movie was **boring**. (주어가 감정을 일으키는 대상)

2) 과거분사(v-ed)

'(주어가) …된, …되어서'의 의미이며, 주어가 감정을 느끼는 주체임을 나타내기도 한다.

This town has remained **unchanged** since 1970.
I was **surprised** by the sudden bright light. (주어가 감정을 느끼는 주체)

Check-Up

A 다음 문장에서 주격 보어를 찾아 밑줄을 그으시오.

1 His job is to take care of other people's dogs.

2 The seat remained empty during the concert.

3 The winner of the competition was a little boy.

4 My favorite activity is playing basketball with my friends.

B 다음 괄호 안에서 알맞은 말을 고르시오.

1 This French wine tastes a little (bitter / bitterly).

2 The fruit in the basket seems (being / to be) fresh.

3 The students kept (quiet / quietly) in the classroom.

4 The best part of my trip was (met / meeting) new people.

C 다음 우리말과 일치하도록 괄호 안의 말을 알맞은 형태로 쓰시오.

1 그 내전에 관한 뉴스는 매우 충격적이었다. (shock)

　　→ The news about the civil war was very _____.

2 Hannah는 승진되었을 때 만족스러워 보였다. (satisfy)

　　→ Hannah looked _____ when she was promoted.

3 나는 불꽃 축제에 방문해서 신이 났다. (excite)

　　→ I was _____ to visit the fireworks festival.

D 다음 밑줄 친 부분을 바르게 고치시오.

1 My new classmates look <u>nicely</u>.

2 Ted felt <u>tiring</u> after his long flight.

3 Laura appeared <u>being</u> upset with me.

4 The view of the sea in Busan was <u>amazed</u>.

B 목적격 보어의 여러 형태

목적격 보어는 목적어의 성질, 상태 등을 보충 설명하는 말로, 주로 「주어+동사+목적어+목적격 보어」의
5형식 문장에 쓰이며, 동사에 따라 다양한 형태의 목적격 보어를 가질 수 있다.

① 명사(구), 형용사(구)

1) 명사(구): 동사 name, call, elect, make 등은 목적격 보어로 명사(구)를 쓴다.

I *called* my niece "**baby.**"

The company's owner *made* his son **CEO.**

2) 형용사(구): 동사 find, get, keep, make 등은 목적격 보어로 형용사(구)를 쓴다.

I *found* the house **empty.**

All employees should *keep* their desks **clean.**

② to부정사(구)

동사 tell, advise, order, expect, want, allow, ask 등은 목적격 보어로 to부정사를 쓴다.

Calvin *told* me **to take a nap.**

Mr. Bans *ordered* us **to finish the project by Monday.**

> **TIPS**
>
> 동사 help는 목적격 보어로 to부정사와 동사원형을 모두 쓸 수 있다.
> My sister *helped* me (**to**) **choose** clothes. (언니는 내가 옷을 고르는 것을 도와주었다.)

③ 동사원형, 분사

1) 동사원형과 현재분사(v-ing)

사역동사(let, have, make)와 지각동사(see, watch, hear, feel, smell 등)는 목적격 보어로 동사원형을
쓴다. 이 때, 지각동사는 목적어의 동작이 진행 중임을 강조하기 위해 목적격 보어로 현재분사(v-ing)를 쓰기도 한다.

I won't *let* the same accident **happen** again.

Diana *saw* someone **break[breaking] into the house.**

He *smelled* something **burning in the kitchen.**

2) 과거분사(v-ed)

목적어와 목적격 보어의 관계가 수동일 때, 목적격 보어로 과거분사(v-ed)를 써서 '…가 ~되게 하다'의
의미를 나타낸다.

Lonnie *left* the door **closed.**

I *saw* my car **stolen** by a thief.

> **TIPS**
>
> 동사 get은 '…하게 하다'라는 사역동사의 의미를 갖지만, 목적격 보어로 to부정사를 쓴다.
> My father *got* me **to clean** the house. (우리 아버지는 내게 집을 청소하게 하셨다.)

Check-Up

A 다음 문장에서 목적격 보어를 찾아 밑줄을 그으시오.

1 Please leave me alone for a while.

2 They elected Angie the team leader.

3 I heard a bird sing a song by the window.

4 He expected me to book a ticket.

WORDS

A
for a while 잠시 동안
book 图 예약하다

B 다음 괄호 안에서 알맞은 말을 고르시오.

1 I found the magazine very (interest / interesting).

2 Aiden advised me (follow / to follow) my own dreams.

3 Carrie had her money (changing / changed) into dollars.

4 Steve felt his cell phone (vibrate / to vibrate) in his pocket.

B
change 图 변하다; *환전하다
vibrate 图 진동하다

C 다음 우리말과 일치하도록 괄호 안의 말을 알맞은 형태로 쓰시오.

1 그의 상사는 그에게 서류를 복사하게 했다. (copy)

  → His boss made him _____ the document.

2 경찰이 내게 차를 세우게 했다. (stop)

  → The police officer got me _____ the car.

3 나는 오늘 아침에 내 손목시계가 수리되게 했다. (fix)

  → I had my watch _____ this morning.

4 Jerry는 무언가가 빠르게 지나가는 것을 보았다. (pass)

  → Jerry saw something _____ by quickly.

C
document 图 서류, 문서
pass by 지나가다

D 다음 밑줄 친 부분을 바르게 고치시오.

1 The coat will keep you <u>warmly</u>.

2 Emma had her hair <u>tie</u> up.

3 What do you want me <u>buy</u> you for lunch?

4 Kyle watched Mary <u>to play</u> volleyball.

D
tie 图 (끈 등으로) 묶다
volleyball 图 배구

A 다음 밑줄 친 부분을 바르게 고치시오.

1 I saw Lindsey <u>to walk</u> with her teacher.

2 Can you help me <u>choosing</u> the clothes?

3 I asked him <u>carrying</u> my suitcase to the lobby.

4 The story may sound <u>strangely</u>, but it's true.

WORDS

B 다음 빈칸에 들어갈 말을 보기 에서 골라 알맞은 형태로 쓰시오. (단, 한 번씩만 쓸 것)

보기 be   eat   annoy   call   use

1 Michelle heard her name _____.

2 I have never seen Kevin _____ raw food.

3 Randy seems _____ younger than Phillip.

4 Harry looked a little _____ at my behavior.

5 My father allowed me _____ his tablet PC.

B
annoy 동 짜증 나게 하다
raw 형 익히지 않은
behavior 명 행동

C 다음 우리말과 일치하도록 괄호 안의 말을 이용하여 문장을 완성하시오.

1 그녀는 그의 죽음에 관한 소식을 들어서 혼란스러웠다. (confuse)

→ She _____ _____ to hear the news of his death.

2 사람들은 왜 그를 거짓말쟁이라고 부르나요? (call, a liar)

→ Why do people _____ _____ _____ _____ ?

3 그 영화는 나를 한 시간 동안 울게 만들었다. (make, cry)

→ The movie _____ _____ _____ for an hour.

4 그들의 바람은 아무런 문제 없이 아프리카를 여행하는 것이다. (travel, Africa)

→ Their wish is _____ _____ _____ without any problems.

5 요즘 Jamie는 행복해 보인다. (appear, happy)

→ These days, Jamie _____ _____ _____ _____ .

C
confuse 동 혼란시키다

1 다음 빈칸에 들어갈 말로 알맞은 것은?

We expected him _____ the gold medal.

① win ② won ③ to win
④ wins ⑤ winning

WORDS

2 다음 밑줄 친 부분의 쓰임이 보기 와 같은 것은?

보기 What Kelly experienced was amazing.

① Sue felt a bug crawling up her leg.
② I saw Mary running down the stairs.
③ Didn't you hear someone crying?
④ We watched a man stealing things from the store.
⑤ The teacher's attitude was frustrating to her students.

2
crawl 동 기다
steal 동 훔치다
frustrate 동 좌절감을 주다

3 다음 중 어법상 바르지 못한 것은?

① Their first plan was a failure.
② Please keep the windows open.
③ The trainer told me to stop overeating.
④ We elected her the captain of the soccer team.
⑤ The teacher made us to share our honest opinions.

3
failure 명 실패
overeat 동 과식하다
share 동 공유하다

4 다음 대화를 읽고, ⓐ와 ⓑ의 단어를 알맞은 형태로 바꿔 쓰시오.

A: What happened to Fred? He seems ⓐ (be) worried.
B: I heard his professor had him ⓑ (solve) some problems.
    But he had a hard time solving them.
A: Oh, that's too bad.

ⓐ _____ ⓑ _____

4
professor 명 교수
have a hard time v-ing
…하는 데 힘든 시간을 보내다

서술형에 나오는 **WRITING** ·

A 다음 우리말과 일치하도록 괄호 안의 말을 바르게 배열하시오.

1 Kate는 전보다 더 열심히 공부하는 것처럼 보인다. (study, Kate, appears, harder, before, than, to)

→ _____

2 그 감독은 배우들이 리허설을 하게 했다. (rehearse, had, the actors, the director)

→ _____

3 우리의 목표는 고객들을 행복하게 하는 것이다. (our goal, make, to, happy, is, the customers)

→ _____

4 그 가게는 연휴 동안 닫힌 채로 있었다. (remained, during, the holidays, the store, closed)

→ _____

B 다음 두 문장을 한 문장으로 바꿀 때 빈칸에 알맞은 말을 쓰시오.

1 I saw the boys. They were eating pizza.

→ I saw _____ _____ _____ _____.

2 I found my wallet. Howard helped me.

→ Howard helped _____ _____ _____ _____.

3 My mother told me something. She said that I must finish my homework first.

→ My mother told me _____ _____ _____ _____ _____.

C 다음 괄호 안의 말을 바르게 배열하여 문장을 완성하시오.

Trip to the Hamilton Zoo

Yesterday was my little sister's birthday. **1** _____
_____ (was, her dream, to, a tiger, see) So my family visited the Hamilton
Zoo together. We saw a cute baby tiger there. **2** _____
_____ (called, the tiger, Simba, people)
3 _____ (let,
touch, Simba, my little sister, the staff) as a birthday
gift. **4** _____ (excited,
was, she, very) We were all happy to see her big smile.

1

The toughest sled dog race takes place each year in Alaska, United States. It is the Iditarod Trail Sled Dog Race. It starts in early March and lasts about ten days. Racers drive sleds pulled by twelve to sixteen sled dogs across frozen rivers, *barren

fields, and steep mountains. The race covers about 1,850 kilometers, from Anchorage to Nome. It began in 1973 to honor a historic rescue mission.

In February 1925 an *epidemic threatened Nome. _____(A)_____, the only medicine was about 1,000 kilometers from Nome, and delivering it by airplane was **just not possible** because of heavy snow. _____(B)_____, twenty sled dog teams carried the medicine to Nome. They ran in relays for about five days and successfully completed their mission, saving the whole city. 이 기억은 알래스카 사람들을 자랑스럽게 한다 to this day.

*barren 척박한, 황량한   *epidemic (유행성) 전염병

---

1 위 글의 빈칸 (A)와 (B)에 들어갈 말이 바르게 짝지어진 것은?

	(A)		(B)
①	Therefore	–	Also
②	Therefore	–	Instead
③	Otherwise	–	Moreover
④	Unfortunately	–	Instead
⑤	Unfortunately	–	Moreover

!) 서술형

2 위 글의 밑줄 친 우리말과 일치하도록 괄호 안의 말을 바르게 배열하시오.

→ _____ to this day.

(proud, this memory, Alaskans, makes)

WORDS		
sled 명 썰매　**take place** ¹_____　**last** 동 계속되다　**pull** 동 끌다　**frozen** 형 얼어붙은
field 명 들판　**steep** 형 가파른　**cover** 동 (언급된 지역에) 걸치다　**honor** 동 기리다, 경의를 표하다　**mission** 명 임무
threaten 동 ²_____　**deliver** 동 (물건·편지 등을) 운송하다, 배달하다　**carry** 동 운반하다　**in relays** 교대로
complete 동 완료하다, 끝마치다

2

It might sound ___(A)___ to hum songs while doctors operate on your brain. But this really happened! A 25-year-old musician named Dan Fabbio found out that he had a brain *tumor. Even worse, it was located in the part of the brain related to music. A team of doctors decided to remove the tumor, but they were **worried** that Fabbio would lose his musical talent. So they did many tests in order to map his brain. After six months, the map of Fabbio's brain was **complete**, and it was time for the surgery. During the operation, the doctors kept Fabbio **awake** and asked him ___(B)___ songs. This helped them **identify** the parts of his brain that they shouldn't cut. In the end, the operation was **a success**. Today, Fabbio's musical skills are **just as good as they were before the operation**.

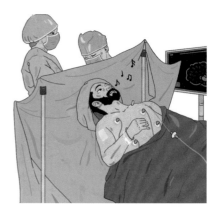

*tumor 종양

---

1 Which is NOT true about Dan Fabbio?

① He is a musician.
② He had a tumor in his brain.
③ He wrote a song about an operation.
④ He was awake during an operation.
⑤ He did not lose his musical skills.

2 What are the best choices for blanks (A) and (B)?

	(A)		(B)
①	impossibly	–	to hum
②	impossible	–	humming
③	impossibly	–	humming
④	impossible	–	to hum
⑤	impossible	–	hummed

WORDS

sound 동 …인 것 같다[…처럼 들리다]　**hum** 동 콧노래를 부르다, 흥얼거리다　**operate** 동 작동되다; *수술하다(**operation** 명 수술)
name 동 이름을 지어주다　**locate** 동 ¹_____　**related to** …와 관련 있는　**remove** 동 제거하다
talent 명 ²_____　**map** 동 지도를 만들다[그리다] 명 지도, 약도　**complete** 형 완벽한; *완료된　**surgery** 명 수술
awake 형 깨어있는　**identify** 동 확인하다; *찾다, 발견하다

A 관심에 대해 묻고 표현하기

A: **What are you interested in** these days?
(넌 요즘 무엇에 관심이 있니?)

B: **I'm interested in** playing basketball. It helps me stay healthy.
(난 농구하는 것에 관심이 있어. 그것은 건강을 유지하도록 나를 도와줘.)

'What are you interested in?'은 '너는 무엇에 관심이 있니?'라는 의미로 상대방이 관심 있는 것에 대해 물을 때 쓰는 표현이다. 이와 유사한 표현으로는 '너는 ~에 관심이 있니?'라는 의미의 「Are you interested in ~?」, 「Do you find ~ interesting?」이 있다. 관심에 대해 표현할 때는 「I'm interested in ~」, 「~ interests me (a lot).」 등을 쓸 수 있다.

⊕ EXPRESSION PLUS

A: **Are you interested in** studying science? (너는 과학 공부에 관심이 있니?)
B: Yes. Specifically, **I'm interested in** biology. (응. 특히 나는 생물학에 관심이 있어.)
A: **Do you find** watching movies **interesting**? (너는 영화 보는 것에 관심이 있니?)
B: Yes. I **find** watching movies very **interesting**. (응. 나는 영화 보는 것에 매우 관심이 있어.)

Check-Up

1 다음 대화의 빈칸에 들어갈 말로 알맞은 것은?

WORDS

A: _____

B: I'm really interested in learning how to make cookies.

① How do you make cookies?
② What are you interested in?
③ What will you do with these cookies?
④ What kind of cookies do you want to make?
⑤ How much do you know about making cookies?

2 다음 우리말과 일치하도록 괄호 안의 말을 바르게 배열하시오.
너는 암벽 등반하러 가는 것에 관심이 있니?
(find, rock climbing, interesting, going, you, do)

→ _____

2
rock climbing 암벽 등반

B 동의/반대하기

A: I don't think fast food is good for our health.
(나는 패스트푸드가 우리의 건강에 좋다고 생각하지 않아.)
Do you agree with me? (내게 동의하니?)
B: Yes, **I agree with you**. (응, 네게 동의해.)

'Do[Would] you agree with me?'는 '내게 동의하니?'라는 의미로 상대방에게 자신의 의견에 동의하는지 물을 때 쓰는 표현이다. 상대방의 의견에 동의할 때는 'I agree (with you).', 'I couldn't agree more.' 등의 표현을, 반대할 때는 'I don't agree (with you).', 'I'm afraid I disagree.' 등의 표현을 쓴다.

➕ EXPRESSION PLUS

1 동의하기 · **You can say that again**. (정말 그래.)
· **I totally agree with you**. (나는 전적으로 네게 동의해.)

2 반대하기 · **Sorry, but I don't agree (with you)**. (미안하지만, 네게 동의하지 않아.)
· **I don't agree with your view**. (나는 네 의견에 동의하지 않아.)

Check-Up

1 다음 대화의 빈칸에 들어갈 말로 알맞지 <u>않은</u> 것은?

A: I think department stores are the best place for shopping.
B: _____ Things are too expensive there.

① I don't agree.
② Sorry, but I disagree.
③ I couldn't agree more.
④ I'm afraid I disagree with you.
⑤ I don't agree with your view.

WORDS

1
department store 백화점
expensive 형 비싼

2 대화가 자연스럽게 이어지도록 (A)~(D)를 바르게 배열하시오.

(A) I'm afraid I disagree about that. I don't like their coffee.
(B) I think Kim's Bakery is great.
(C) Right. Their coffee is really good, too.
(D) I totally agree with you. I love their bread.

_____ → _____ → _____ → _____

1 밑줄 친 단어와 유사한 의미의 단어를 고르면?

I have to <u>remove</u> the stains from these desks.

① show ② operate ③ finish
④ take ⑤ get rid of

2 다음 빈칸에 들어갈 말을 보기 에서 골라 쓰시오.

보기 last identify threaten

(1) The orientation will _____ for a week.
(2) Climate change _____s the environment.

3 다음 질문에 대한 대답으로 알맞지 <u>않은</u> 것은?

Do you find going fishing interesting?

① No, it is too boring.
② No, I'm interested in playing baseball.
③ No, going fishing interests me a lot.
④ Yes, I'm interested in going fishing.
⑤ Yes, I find going fishing very interesting.

4 다음 대화의 밑줄 친 문장과 바꿔 쓸 수 있는 것은?

A: I think drinking a lot of water makes a person really healthy. Do you agree with me?
B: Yes, <u>I totally agree with you.</u>

① I couldn't agree more.
② I'm afraid I disagree.
③ I don't agree with you.
④ I don't agree with your view.
⑤ I don't agree with what you said.

5 밑줄 친 ①~⑤ 중 대화의 흐름과 어울리지 <u>않는</u> 것은?

A: ① <u>I think studying alone is more effective than studying with others.</u>
B: ② <u>Do you have any reasons?</u>
A: Yes. ③ <u>It helps us concentrate more on studying.</u> ④ <u>Do you agree with me?</u>
B: ⑤ <u>You can say that again.</u> We need someone to motivate us.
A: Hmm. That may be so.

[6-8] 다음 빈칸에 들어갈 말로 알맞은 것을 고르시오.

6 Mr. Larson was _____ to hear the announcement of the company.

① shock ② shocks ③ shocked
④ shocking ⑤ to be shocking

7 I advised her _____ a break for a while.

① take ② takes ③ took
④ to take ⑤ taking

(!) 자주 나와요

8 Aaron had his brother _____ his car.

① wash ② washes ③ washed
④ to wash ⑤ to be washing

9 다음 빈칸에 들어갈 말로 알맞지 <u>않은</u> 것은?

> I _____ my mother roasting a chicken.

① saw   ② told   ③ heard
④ smelled   ⑤ watched

!) 어려워요

10 다음 중 어법상 바른 것은?

① The woman appears being sick.
② I didn't expect you get home so fast.
③ They named the ship the *Santa Maria*.
④ His rudeness made him to lose his job.
⑤ These gloves will keep your hands safely.

[11-12] 다음 우리말을 영어로 바르게 옮긴 것을 고르시오.

11 나는 어제 시력을 검사했다.

① I had my eyes test yesterday.
② I got my eyes tested yesterday.
③ I got my eyes testing yesterday.
④ I got to test my eyes yesterday.
⑤ I was tested my eyes yesterday.

12 내 상사는 내가 집에 일찍 갈 수 있도록 허락해 주었다.

① My boss allowed me go home early.
② My boss allowed me going home early.
③ My boss allowed me to go home early.
④ My boss allowed me gone home early.
⑤ My boss allowed me to going home early.

!) 서술형

[13-14] 다음 우리말과 일치하도록 괄호 안의 말을 이용하여 문장을 완성하시오.

13 나는 Debby가 한국어를 쉽게 배우도록 도왔다. (help, learn)

→ I _____
easily.

14 Lily는 긴급한 상황에서도 침착함을 유지한다. (calm, remain)

→ _____ even
in urgent situations.

[15-16] 다음 빈칸 ⓐ와 ⓑ에 들어갈 말이 바르게 짝지어진 것을 고르시오.

15
- Catherine seems _____ⓐ_____ listening to classical music.
- One of his bad habits is _____ⓑ_____ his nails.

	ⓐ	ⓑ		ⓐ	ⓑ
①	enjoy	– to bite	②	to enjoy	– bite
③	to enjoy	– biting	④	enjoying	– biting
⑤	enjoying	– to bite			

16
- I heard someone _____ⓐ_____ in the darkness.
- This lotion keeps your skin _____ⓑ_____.

	ⓐ	ⓑ		ⓐ	ⓑ
①	talk	– softly	②	to talk	– soft
③	to talk	– softly	④	talking	– soft
⑤	talking	– softly			

17 다음 우리말과 일치하도록 괄호 안의 말을 바르게 배열하시오.

그 영화제는 그 영화가 모든 사람들에게 알려지도록 해 주었다. (the movie, made, everyone, the film festival, known to)

→ _____

18 다음 중 어법상 바르지 <u>못한</u> 것은?

① My goal was to become a doctor.
② Most of them were students.
③ I found my mirror breaking.
④ I let her use my car for a week.
⑤ The coach made her a famous tennis player.

19 다음 두 문장을 한 문장으로 바꿀 때 빈칸에 알맞은 말을 쓰시오.

I saw Serena this morning. She was getting on a bus.

→ I saw Serena _____ _____

_____ _____ this morning.

20 다음 밑줄 친 부분 중 어법상 바르지 <u>못한</u> 것은?

I wanted ① <u>to go</u> on a trip alone. But my parents didn't let me ② <u>doing</u> it. They ③ <u>consider</u> me ④ <u>too young</u> and think it's ⑤ <u>too dangerous</u>. I don't understand them.

[21-22] 다음 문장을 바르게 고쳐 쓰시오. (두 군데)

21 Suddenly, Anne became quietly. She appeared having a problem.

→ _____

_____

22 Matt's mom got him walk his dog. She also ordered him taking out the trash.

→ _____

_____

23 다음 우리말과 일치하도록 주어진 조건을 이용하여 영작하시오.

조건 1 become, interest, in을 사용할 것
조건 2 총 5단어로 쓸 것

Anthony는 음악에 관심을 갖게 되었다.
→ _____

_____

24 괄호 안의 말을 이용하여 다음 대화의 빈칸에 알맞은 말을 쓰시오.

A: How about going out for dinner together?
B: Sounds good! Let's invite Max, too.
A: Well, I don't think he can go.

_____

(seem, busy) these days.

WORD LIST

✓ Grammar

☐ competition	명 대회
☐ bitter	형 쓴
☐ promote	동 승진시키다
☐ fireworks	명 불꽃놀이
☐ order	동 명령하다; 부탁하다
☐ allow	동 허락하다
☐ book	동 예약하다
☐ vibrate	동 진동하다
☐ document	명 서류, 문서
☐ tie	동 (끈 등으로) 묶다
☐ annoy	동 짜증 나게 하다
☐ confuse	동 혼란시키다
☐ crawl	동 기다
☐ failure	명 실패
☐ overeat	동 과식하다
☐ share	동 공유하다
☐ professor	명 교수

✓ Reading

☐ last	동 계속되다
☐ honor	동 기리다, 경의를 표하다
☐ mission	명 임무
☐ threaten	동 위태롭게 하다, 위협하다
☐ carry	동 운반하다
☐ complete	동 완료하다, 끝마치다
	형 완벽한; 완료된
☐ operate	동 작동되다; 수술하다
☐ name	동 이름을 지어주다
☐ remove	동 제거하다
☐ talent	명 재주, 재능
☐ identify	동 확인하다; 찾다, 발견하다

✓ Communication

☐ healthy	형 건강한
☐ rock climbing	암벽 등반
☐ department store	백화점
☐ expensive	형 비싼

✓ Final Test

☐ climate	명 기후
☐ alone	부 혼자
☐ effective	형 효과적인
☐ reason	명 이유
☐ concentrate	동 집중하다
☐ motivate	동 동기를 부여하다
☐ announcement	명 발표
☐ advise	동 조언하다
☐ take a break	쉬다
☐ roast	동 굽다
☐ rudeness	명 무례함
☐ calm	형 침착한, 차분한
☐ remain	동 여전히 …이다
☐ situation	명 상황
☐ bite	동 물다
☐ famous	형 유명한
☐ understand	동 이해하다
☐ walk	동 (동물을) 산책시키다
☐ take out	…을 버리다
☐ trash	명 쓰레기

CHAPTER 04

동사의 시제 🔍

- ### GET READY

Kate **has taken** piano lessons for 6 months.
(Kate는 6개월 동안 피아노 강습을 받아왔다.)

I realized I **hadn't met** Eva since last year.
(나는 작년 이후로 Eva를 만나지 않았다는 걸 알았다.)

I **have been waiting** for this event for 4 years.
(나는 4년간 이 행사를 기다려왔다.)

동사는 문장을 이루는 가장 기본이 되는 부분으로, 동사의 형태를 통해 주어의 동작이나 상태가 일어난 시간, 즉 시제를 알수 있어요. 이번 과에서는 어느 한 시점에서 시작되어 다른 시점까지 영향을 미칠 때 사용하는 완료시제와 기타 주의해야 할시제의 용법에 대해 알아볼 거예요.

A 현재완료와 과거완료

1 현재완료의 형태와 용법

• **기본 형태:** have[has] v-ed

현재완료는 과거에 일어난 일이 현재까지 영향을 미칠 때 사용한다.

1) 완료: 과거에 시작되어 현재에 완료된 일(막[이미] …했다)을 나타낸다. 주로 just, already, yet 등과 함께 쓴다.

The restaurant **has** *already* **closed**.

2) 계속: 과거부터 현재까지 계속되는 동작·상태(지금까지 계속 …하고 있다)를 나타낸다. 주로 for, since 등과 함께 쓴다.

I **have lived** in Paris *since* last year.

3) 경험: 과거부터 현재까지의 경험(…한 적이 있다)을 나타낸다. 주로 ever, never, once, before 등과 함께 쓴다.

I'**ve** *never* **read** such a wonderful novel *before*.

4) 결과: 과거의 동작이 현재까지 영향을 미치는 것(…해서 (그 결과) 지금 ~하다)을 나타낸다.

He **has lost** his wallet. So he doesn't have it now.

> **➕ 내신 POINT PLUS**
>
> 분명한 과거를 나타내는 어구(~ ago, yesterday, last ~, 「in+연도」 등)는 현재완료와 함께 쓰지 않는다.
>
> I **finished** my homework *two days ago*. (나는 이틀 전에 숙제를 끝냈다.)
>
> ~~I have finished my homework two days ago.~~

> **TIPS**
>
> have been to vs. have gone to
>
> I **have been to** England before.
> (나는 이전에 영국에 가본 적이 있다.)
> 〈경험〉
>
> He **has gone to** England.
> (그는 영국으로 가고 (지금 여기에) 없다.)
> 〈결과〉

2 과거완료의 형태와 용법

• **기본 형태:** had v-ed

과거완료는 과거 이전에 일어난 일이 과거까지 영향을 미칠 때 사용한다.

1) 완료(막 …했었다)　The subway **had** already **left** when I got to the station.

2) 계속(계속 …하고 있었다)　Erica **had run** a flower shop for two years before she went to Spain.

3) 경험(…한 적이 있었다)　James **had** never **eaten** kebabs until he visited Turkey.

4) 결과((과거 이전에) …해서 그 결과 (과거에) ~했다)

Because Britney **had lost** her tennis racket, she couldn't play tennis yesterday.

> **TIPS**
>
> 대과거
>
> had v-ed는 과거에 일어난 두 가지 일 중 먼저 일어난 일을 나타낼 때 쓰기도 하는데, 이를 대과거라고 한다.
>
> I *lost* the cell phone which my father **had bought** for me. (나는 아버지가 내게 사 주셨던 휴대전화를 잃어버렸다.)
> → 휴대전화를 잃어버리기 전에 아버지께서 내게 휴대전화를 사 주심

A 다음 괄호 안에서 알맞은 말을 고르시오.

1 I (know / have known) Dennis since I was a kid.

2 It has been cold (for / since) two weeks.

3 They (visited / have visited) the museum last weekend.

4 Yesterday, I returned the book that Lucy (has lent / had lent) to me.

5 Cathy (has finished / had finished) her homework before she went out.

WORDS

A
return 동 돌아오다; *돌려주다

B 다음 우리말과 일치하도록 괄호 안의 말을 이용하여 문장을 완성하시오.

1 너는 혼자서 해외여행을 해본 적이 있니? (travel)

→ _____ you ever _____ abroad by yourself?

2 내가 콘서트홀에 갔을 때 콘서트는 이미 시작했었다. (start)

→ The concert _____ already _____ when I got to the concert hall.

3 나는 뜻하지 않게 Mina가 지난주에 내게 보냈던 이메일을 삭제했다. (send)

→ I accidentally deleted the email that Mina _____ _____ to me last week.

4 Paul과 나는 초등학생 때부터 좋은 친구이다. (be)

→ Paul and I _____ _____ good friends since we were in elementary school.

5 나는 2010년 미국에 가기 전에는 한 번도 그곳을 가본 적이 없다. (be)

→ I _____ never _____ to America before I went there in 2010.

B
abroad 부 해외로
by oneself 혼자서, 홀로
accidentally 부 뜻하지 않게,
　　　　　　잘못하여

C 다음 밑줄 친 부분을 바르게 고치시오.

1 Nick has his dog since last month.

2 Brian has graduated from middle school in 2013.

3 I had spent all my money. So I don't have any money now.

4 I have never met Ben until I saw him at the school festival.

5 My father has been to New York. So he isn't here now.

GRAMMAR FOCUS

B 완료진행형

완료진행형은 특정 시점에서 다른 시점까지 진행 중인 일을 나타낼 때 쓴다. 현재완료, 과거완료의 계속적 용법과 쓰임이 비슷하지만, 완료진행형은 동작이 아직도 진행 중임을 강조할 때 쓴다.

1 현재완료진행형

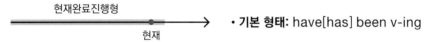

• **기본 형태:** have[has] been v-ing

'···해 오고 있다'의 의미로 과거에 시작되어 현재에도 계속되고 있는 일을 나타낸다.

It **has been snowing** since last week.

Anna **has been listening** to the same song for an hour.

2 과거완료진행형

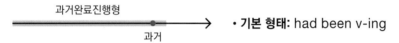

• **기본 형태:** had been v-ing

'···해 오고 있었다'의 의미로 과거 이전부터 시작되어 과거의 어느 시점까지 계속되고 있는 일을 나타낸다.

Peter **had been watching** a movie when the doorbell rang.

Mason **had been working** for the bank when I began working there.

C 주의해야 할 시제

1 미래를 나타내는 현재시제와 현재진행형

현재시제는 확정된 미래의 (공식) 일정, 계획 등을 나타낼 수 있다. 또한, 현재진행형은 가까운 미래의 계획 또는 예정을 나타낼 수 있다.

Our flight **leaves** at 4:30 p.m. *tomorrow*.

My uncle **is getting** married *this weekend*.

2 때나 조건을 나타내는 부사절

때나 조건을 나타내는 부사절에서는 미래의 일을 현재시제로 나타낸다.

I'll call you *when* I **get** home in the afternoon.

If I **have** time tomorrow, I will go shopping with you.

> **TIPS**
>
> when과 if가 부사절이 아닌 명사절을 이끌 때 명사절의 내용이 미래의 일을 나타내면 그대로 미래시제를 쓴다.
> Do you know *when* she **will be** back? (너는 그녀가 언제 돌아올지 아니?)
> I don't know *if* he **will come**. (나는 그가 올지 모르겠다.)

Check-Up

A 다음 괄호 안에서 알맞은 말을 고르시오.

1 Clare has been (cleaned / cleaning) her room since 2 p.m.
2 I'll forgive Janet if she (admits / will admit) her mistake.
3 Steve (is going / has gone) to Bali with his family next Monday.
4 Rachel (has / had) been living in England for a year when I visited her.

WORDS

A
forgive 동 용서하다
admit 동 인정하다
mistake 명 실수

B 알맞은 완료진행형을 사용하여 각 문장을 완성하시오.

1 I _____ repairing my computer for an hour now.
2 My brother _____ playing games before I came home.
3 She _____ waiting for Andy for an hour when he arrived.
4 Since last night, Jill _____ working on her science project.

B
repair 동 수리하다

C 다음 우리말과 일치하도록 괄호 안의 말을 이용하여 문장을 완성하시오.

1 내 친구들 중 하나가 곧 우리 집에 올 것이다. (come)

→ One of my friends _____ _____ to my house soon.

2 너는 너무 오랫동안 휴식 없이 공부해오고 있어. 너는 쉬어야 해. (study)

→ You _____ _____ _____ for too long without a break. You should rest.

3 내가 그를 깨웠을 때, 그는 12시간째 자고 있었다. (sleep)

→ When I woke him up, he _____ _____ _____ for 12 hours.

C
break 명 휴식
rest 동 쉬다

D 다음 밑줄 친 부분을 바르게 고치시오.

1 I am playing basketball for an hour when it started to rain.
2 Carl has been lived in the dormitory for two years.
3 I want to know if Chris had attended the farewell party tomorrow.
4 Please say hello to Amanda when you will meet her next week.

D
dormitory 명 기숙사
farewell party 송별회

A 다음 밑줄 친 부분을 바르게 고치시오.

1 Sean <u>waited</u> for a bus since noon.

2 Eric didn't come to school yesterday because he <u>has been</u> sick.

3 The event will be held outside if it <u>will be</u> sunny tomorrow.

4 I <u>have already eaten</u> all the food when my friends came to the party.

WORDS

A
outside 뿐 밖에서

B 다음 빈칸에 들어갈 말을 보기 에서 골라 알맞은 형태로 쓰시오. (단, 한 번씩만 쓸 것)

보기 be   receive   come   run   forget

1 The air conditioner _____ until I turned it off.

2 I _____ his phone number. So I can't call him now.

3 I _____ just _____ an invitation to a piano concert.

4 Mary _____ already _____ to Hong Kong before we went together.

5 When my brother _____ back, my family will go for a drive.

B
air conditioner 에어컨
go for a drive 드라이브하러 가다

C 다음 우리말과 일치하도록 괄호 안의 말을 이용하여 빈칸에 알맞은 말을 쓰시오.

1 뮤지컬이 10분 후에 시작한다. (start)

  → The musical _____ in ten minutes.

2 Dave는 내가 한국 음식을 요리해줄 때까지 그것을 먹어 본 적이 없었다. (eat)

  → Dave _____ never _____ Korean food until I cooked it for him.

3 Sue는 한 시간째 가게를 둘러보고 있는 중이다. (look around)

  → Sue _____ _____ _____ _____ the shop for an hour.

4 Ted는 내가 전화했을 때 설거지를 하는 중이었다. (wash)

  → Ted _____ _____ _____ the dishes when I called him.

C
look around 둘러보다

1 다음 빈칸에 들어갈 말로 알맞은 것은?

My grandfather has suffered from cancer _____.

① last year   ② yesterday   ③ two weeks ago
④ in 2010   ⑤ for two years

WORDS

1
suffer from …로 고통받다
cancer 명 암

2 다음 중 어법상 바르지 <u>못한</u> 것은?

① The train has just arrived at the station.
② I have been using this cell phone for a year.
③ I'm going hiking with my friends this weekend.
④ Mike had broken his leg, so he couldn't play baseball.
⑤ The drama has already started when I turned on the TV.

3 다음 밑줄 친 부분의 쓰임이 나머지 넷과 <u>다른</u> 것은?

① Amy <u>had met</u> Jim once before I introduced him to her.
② Jenny <u>had been</u> a lawyer for a year when I met her.
③ Dean <u>had</u> never <u>had</u> a girlfriend before he went to college.
④ I knew about the book because I <u>had read</u> it several times.
⑤ Tom <u>hadn't played</u> ice hockey before he moved to Canada.

3
several 형 몇몇의

4 다음 두 문장을 한 문장으로 바꿀 때, 빈칸에 알맞은 말을 쓰시오.

I began to live in Seoul six years ago. I'm still living in Seoul.

→ I _____ in Seoul for six years.

A 다음 우리말과 일치하도록 괄호 안의 말을 바르게 배열하시오.

1 나는 한 달 동안 새집을 찾는 중이다. (for, have been, a month, I, a new house, looking for)

→ _____

2 우리 비행기는 예정된 시간보다 30분 후에 떠날 것이다.
(leaving, our plane, the scheduled time, is, 30 minutes, later than)

→ _____

3 Gary는 호주에 가기 전에 외국에 있어 본 적이 없다.
(to Australia, been abroad, Gary, he, had, went, never, before)

→ _____

B 다음 우리말과 일치하도록 괄호 안의 말을 이용하여 문장을 완성하시오.

1 나는 방금 짐을 꾸리는 것을 끝냈다. (just, finish, pack)

→ I _____ _____ _____ _____ my baggage.

2 Peter는 자신의 교과서를 학교에 놓고 왔다는 것을 깨달았다. (leave, his textbook)

→ Peter realized that he _____ _____ _____ _____ at school.

3 네가 집에 늦게 간다면 너희 어머니께서 걱정하실 거야. (go home, late)

→ Your mother will be worried _____ _____ _____ _____ _____.

C 다음 괄호 안의 말을 이용하여 인터뷰를 완성하시오.

An Interview with a Anne Bronte, Famous Writer

- -

Interviewer: **1** How long _____ you _____ (be) a writer?
Anne: It has been 15 years.
Interviewer: How did you become a writer?
Anne: **2** I _____ never _____ (dream) of being a writer before my sister encouraged me to write stories for children.
Interviewer: Oh, I see. I heard you have been helping poor kids.
Anne: **3** Well, I _____ _____ _____ (donate) my books to orphanages for years.
Interviewer: That's wonderful. I'm sure it will be a great help to them.

1

Have you ever **tried** *tom yum goong*, the spicy and sour soup from Thailand? It is made with shrimp and has many different flavors. Because of its unique taste, it is one of the most popular soups in the world. It was made by blending ingredients from various cultures. Before the 19th century, 고추와 향신료는 태국에서 많이 사용되지 않았다. However, as King Mongkut of Thailand opened up trade with other countries, food from around the world was introduced. For example, herbs and spices came from India,

and chilies came from Portugal. Since then, more and more kinds of ingredients **have been used** in *tom yum goong* and other Thai foods. This is how it got its special taste. And today this soup appeals to people all around the world.

1 위 글의 제목으로 가장 알맞은 것은?

① The Recipe for *Tom Yum Goong*
② How Did *Tom Yum Goong* Get Its Name?
③ The Special Ingredients in Thai Food
④ The Unique History of *Tom Yum Goong*
⑤ Why King Mongkut Created *Tom Yum Goong*

!) 서술형

2 위 글의 밑줄 친 우리말과 일치하도록 괄호 안의 말을 이용하여 문장을 완성하시오.

→ Before the 19th century, chilies and spices _____ much in Thailand. (use)

WORDS · **sour** 형 (맛이) 신, 시큼한 · **flavor** 명 향미, 맛 · **unique** 형 독특한 · **blend** 동 섞다, 혼합하다 · **ingredient** 명 재료, 성분 · **various** 형 ¹_____ · **trade** 명 거래, 무역 · **introduce** 동 소개하다; *전하다 · **spice** 명 양념, 향신료 · **chili** 명 고추, 칠리 · **appeal** 동 ²_____

2

Laika is one of the most famous dogs in history. In 1957, she (A) ⌐was / has been⌐ living on the streets of Moscow. Then, some scientists took her in because they needed her for a special experiment. One week later, Laika was sent into space in a tiny spacecraft! She became the first living creature to orbit the Earth.

The purpose of the experiment was to learn about traveling safely in space. Unfortunately, technology wasn't advanced enough to return Laika to Earth. Although the Soviet Union claimed that she **had died** painlessly in space, it was later discovered that she (B) ⌐has suffered / had suffered⌐. Even though Laika helped humans learn how to survive in space, her story is a tragic one. It **has brought** worldwide attention to

_____ .

1 Choose the correct forms for (A) and (B).

(A) _____ (B) _____

2 What is the best choice for the blank?

① the abilities of animals
② the mysteries of space
③ the need for animal rights
④ the safeness of space travel
⑤ the advancement of technology

WORDS experiment 명 실험   spacecraft 명 우주선   creature 명 생명이 있는 존재, 생물   orbit 동 궤도를 돌다
purpose 명 목적   technology 명 기술   advanced 형 선진의   claim 동 ¹_____
painlessly 부 고통 없이   discover 동 발견하다; *밝히다   suffer 동 시달리다, 고통받다   tragic 형 ²_____
worldwide 형 전 세계적인   attention 명 주의; *관심   [문제] mystery 명 수수께끼, 신비   right 명 《pl.》 권리
advancement 명 발전, 진보

A 가능성 표현하기

A: There are dark clouds in the sky.
(하늘에 먹구름이 있어.)

B: Yeah. It **is likely to** rain.
(응. 비가 올 것 같아.)

「be likely to-v」는 '~일[할] 것 같다'의 의미로 어떠한 일이 발생할 가능성이 있을 때 쓰는 표현이다. 유사한 표현으로 '~일[할] 가능성이 있다'의 의미인 「There is a possibility[chance] that ~」, 「It's possible that ~」을 쓸 수 있다. 이와 반대로 가능성이 없을 때 쓰는 표현으로 「It's impossible that ~」이 있다.

⊕ EXPRESSION PLUS

· **There is a possibility that** Mike will visit us. (Mike가 우리를 방문할 가능성이 있어.)
· **There is a chance that** she can't come to the party. (그녀가 파티에 오지 못할 가능성이 있어.)
· **It's possible[likely] that** we'll go to London this summer. (우리는 이번 여름에 런던에 갈 수도 있어.)
· **It's probable that** I will live with my grandmother. (내가 할머니와 함께 살게 될지도 몰라.)

Check-Up

1 대화가 자연스럽게 이어지도록 (A)~(D)를 바르게 배열하시오.

(A) Why is the traffic so bad now?
(B) In that case, can we get back home by 9 p.m.?
(C) Probably not. We're likely to be late.
(D) There is a possibility that there is a car accident somewhere.

_____ → _____ → _____ → _____

WORDS

1
traffic 몡 교통(량)
accident 몡 사고

2 다음 우리말과 일치하도록 괄호 안의 말을 이용하여 문장을 완성하시오.
일요일마다 그 가게는 문을 열지 않을 수도 있어. (possible)
→ _____ _____ _____ the shop isn't open on Sundays.

B 능력 여부 묻고 표현하기

> A: **Do you know how to** snowboard?
> (너는 스노보드 타는 방법을 아니?)
>
> B: Yes, I do. I learned last winter.
> (응, 알아. 나는 지난겨울에 배웠어.)

「Do you know how to ~?」는 '너는 ~하는 방법을 아니?'의 의미로 상대방에게 무언가를 할 수 있는 능력을 갖추고 있는지에 대해 물을 때 쓰는 표현이다. 이와 유사한 표현으로 「Can you let me know how to ~?」 '너는 내게 ~하는 방법을 알려줄 수 있니?', 「Are you good at ~?」 '너는 ~를 잘하니?'를 쓸 수 있다. 능력이 있는 경우에는 「I know how to ~」, 「I'm (pretty) good at ~」 그렇지 않은 경우에는 「I don't know how to ~」 등의 표현을 쓸 수 있다.

➕ EXPRESSION PLUS

1 능력 여부 묻기   · **Can you let me know how to** unlock this door?
        (너는 내게 이 문을 여는 방법을 알려줄 수 있니?)

        · **Are you good at** baking bread? (너는 빵 굽는 것을 잘하니?)

2 능력 여부 말하기   · **I know how to** play the violin. (나는 바이올린을 연주하는 방법을 알아.)

        · **I don't know how to** use this camera. (나는 이 카메라를 사용하는 방법을 몰라.)

Check-Up

1   다음 대화의 빈칸에 들어갈 말로 알맞은 것은?

> A: _____
> B: Yes. It's very easy. Just push the "Start" button.

① Are you using this copy machine now?
② Can you push the button for me, please?
③ Can you let me know where the button is?
④ Do you know how to use this copy machine?
⑤ How did you know how to use this copy machine?

WORDS

1
copy machine 복사기

2   다음 우리말과 일치하도록 괄호 안의 말을 이용하여 문장을 완성하시오.
   나는 차를 운전하는 방법을 몰라. (how)
   → I _____ _____ _____ _____ drive a car.

⭕ FINAL TEST

1 밑줄 친 단어와 유사한 의미의 단어를 고르면?

Oil and water do not <u>blend</u> easily.

① mix ② chop ③ wrap
④ weigh ⑤ shake

2 다음 빈칸에 알맞은 말을 보기에서 골라 쓰시오.

보기 purpose flavor creature

(1) This curry has a spicy _____.
(2) I saw a strange _____ with
six legs.

3 다음 질문에 대한 대답으로 알맞지 <u>않은</u> 것은?

Do you know how to make pizza?

① Yes, I am good at making pizza.
② Yes, I know how to make pizza.
③ Yes, my mom learned how to make
pizza.
④ No, I don't know how to make pizza.
⑤ No, I've never made pizza before.

4 다음 대화의 흐름상 주어진 문장이 들어가기에 가장
적절한 곳은?

But it is likely to snow this afternoon.

A: Let's go camping this afternoon. (①)
B: Sounds good. (②)
A: Then let's think of something else.
(③)
B: What about watching a movie? (④)
A: Okay. That would be better. (⑤)

5 다음 대화의 밑줄 친 문장과 바꿔 쓸 수 <u>없는</u> 것은?

A: Who will get the job?
B: <u>It is possible that Sam will work with
us.</u>

① Sam is likely to work with us.
② Sam would like to work with us.
③ It is likely that Sam will work with us.
④ There is a chance that Sam will work
with us.
⑤ There is a possibility that Sam will work
with us.

[6-7] 다음 빈칸에 들어갈 말로 알맞은 것을 고르시오.

6 My class _____ on a field trip to
the museum tomorrow.

① went ② is going ③ is gone
④ has gone ⑤ had gone

🔈 자주 나와요

7 I won't forgive Mia if she _____
again.

① lies ② lied ③ is lying
④ will lie ⑤ had lied

8 다음 빈칸에 들어갈 말로 알맞지 <u>않은</u> 것은?

Daniel has studied how to speak
German _____.

① before ② since last year
③ for three months ④ three years ago
⑤ for a long time

9

내가 스페인에 도착했을 때, 바로 너에게 전화할게.
→ When I _____ in Spain, I will call you right away.

① arrive   ② arrived
③ will arrive   ④ am arriving
⑤ am going to arrive

10

Moira는 어젯밤 이후로 아무것도 먹지 못하고 있다.
→ Moira _____ anything since last night.

① doesn't eat   ② didn't eat
③ will not eat   ④ has not eaten
⑤ had not eaten

11 다음 밑줄 친 부분 중 쓰임이 나머지 넷과 다른 것은?

① My favorite café has not opened yet.
② I have never seen a koala before.
③ Have you ever played this instrument?
④ I haven't tried Mexican food yet.
⑤ Rebecca has been to Tokyo twice.

(!) 서술형

[12-13] 다음 괄호 안의 말을 빈칸에 알맞은 형태로 쓰시오.

12

I _____ _____ my camera to Mary. So I can't take pictures now. (lend)

13

He claimed that he _____ _____ a ghost. (see)

[14-15] 다음 우리말을 영어로 바르게 옮긴 것을 고르시오.

14

Jamie는 두 시간째 컴퓨터 게임을 하는 중이다.

① Jamie will play a computer game for two hours.
② Jamie has played a computer game before two hours ago.
③ Jamie played a computer game two hours ago.
④ Jamie has been playing a computer game for two hours.
⑤ Jamie had been playing a computer game for two hours.

15

너는 Cindy가 언제 떠날지 알고 있니?

① Do you know when Cindy left?
② Do you know when Cindy is left?
③ Do you know when Cindy has left?
④ Do you know when Cindy had left?
⑤ Do you know when Cindy will leave?

(!) 서술형   (!) 어려워요

[16-17] 다음 두 문장이 한 문장이 되도록 빈칸에 알맞은 말을 쓰시오.

16

She finally found the shoes. She was looking for them.

→ She finally found the shoes that she _____ _____ _____ _____.

17

He went to see his friends. He is not here now.

→ He _____ _____ to see his friends.

18 다음 우리말과 일치하도록 괄호 안의 말을 바르게 배열하시오.

> Will은 작가가 되기 전에 선생님이었다.
> (a teacher, a writer, became, before, had been, Will, he)

→ _____

_____

19 다음 빈칸 ⓐ와 ⓑ에 들어갈 말이 바르게 짝지어진 것은?

> • Kevin _____ ⓐ _____ on vacation last week.
> • Sue _____ ⓑ _____ on vacation since last week.

	ⓐ		ⓑ
①	is	–	was
②	was	–	had been
③	was	–	has been
④	has been	–	had been
⑤	has been	–	has been

20 다음 밑줄 친 부분 중 어법상 바르지 못한 것은?

> I ① traveled to China last year. Before the trip, I ② had not studied Chinese that much. So it ③ has been hard to communicate. I ④ am taking a Chinese class next week. And next year, I ⑤ will visit China again.

21 다음 대화에서 어법상 바르지 못한 부분을 찾아 바르게 고치시오.

> A: Excuse me. Where can I find the post office? I had been trying to find it for 10 minutes.
> B: You will find it if you turn right over there. It is a red building.
> A: Thank you so much.

_____ → _____

22 다음 우리말과 일치하도록 주어진 조건을 이용하여 영작하시오.

> 조건 1 think, talk with, before를 사용할 것
> 조건 2 총 9단어로 쓸 것

나는 전에 그 소녀와 이야기를 했었다고 생각했다.

→ _____

_____

[23-24] 다음 시간표와 괄호 안의 말을 이용하여 문장을 완성하시오. (단, 현재 시각은 11시 40분임)

11:00-11:50	Music Class - playing songs
12:00-1:00	Break Time - eating lunch

23 Students _____ songs for 40 minutes. (play)

24 Break Time _____ in 20 minutes. (start)

WORD LIST

✓ Grammar

☐ abroad	부 해외로
☐ by oneself	혼자서, 홀로
☐ accidentally	부 뜻하지 않게, 잘못하여
☐ forgive	동 용서하다
☐ admit	동 인정하다
☐ repair	동 수리하다
☐ break	명 휴식
☐ dormitory	명 기숙사
☐ farewell party	송별회
☐ outside	부 밖에서
☐ air conditioner	에어컨
☐ go for a drive	드라이브하러 가다
☐ look around	둘러보다
☐ suffer from	…로 고통받다
☐ cancer	명 암
☐ several	형 몇몇의
☐ encourage	동 격려하다
☐ donate	동 기부[기증]하다

✓ Reading

☐ flavor	명 향미, 맛
☐ unique	형 독특한
☐ blend	동 섞다, 혼합하다
☐ ingredient	명 재료, 성분
☐ introduce	동 소개하다; 전하다
☐ appeal	동 관심[흥미]을 끌다
☐ experiment	명 실험
☐ creature	명 생명이 있는 존재, 생물
☐ orbit	동 궤도를 돌다
☐ purpose	명 목적
☐ technology	명 기술
☐ claim	동 주장하다

☐ discover	동 발견하다; 밝히다
☐ tragic	형 비극적인
☐ attention	명 주의; 관심

✓ Communication

☐ possibility	명 가능성
☐ traffic	명 교통(량)
☐ accident	명 사고
☐ unlock	동 열다
☐ bake	동 굽다
☐ copy machine	복사기

✓ Final Test

☐ oil	명 기름[석유]
☐ easily	부 쉽게
☐ chop	동 썰다
☐ wrap	동 싸다
☐ weigh	동 무게가 …이다
☐ shake	동 흔들리다
☐ strange	형 이상한
☐ German	명 독일어
☐ instrument	명 기구; 악기
☐ finally	부 마침내
☐ vacation	명 방학; 휴가
☐ communicate	동 의사소통을 하다

CHAPTER 05

수동태

GET READY

My father showed me an old photo.
(아버지는 나에게 오래된 사진을 보여주셨다.)

→ I **was shown** an old photo by my father.
→ An old photo **was shown to** me by my father.

주어가 어떤 행위를 하는 주체가 아니라 행위를 당하는 입장일 때는 수동태 「be동사+과거분사(v-ed)+by+행위자」로 표현해요. 이번 과에서는 4·5형식 문장의 수동태, 여러 형태의 수동태, 동사구의 수동태, by 이외의 전치사를 쓰는 수동태 등에 대해 알아볼 거예요.

GRAMMAR FOCUS

A 4형식과 5형식 문장의 수동태

1 4형식 문장의 수동태

간접목적어와 직접목적어를 가지는 4형식 문장은 각각의 목적어를 주어로 하는 두 가지 형태의 수동태를 만들 수 있다.

Steve gave Emma some beautiful flowers.
　　　　　간접목적어　　　 직접목적어

→ *Emma* **was given** some beautiful flowers by Steve. 〈간접목적어를 주어로 하는 수동태〉
→ *Some beautiful flowers* **were given** to Emma by Steve. 〈직접목적어를 주어로 하는 수동태〉

직접목적어를 주어로 할 경우, 대부분의 4형식 동사는 간접목적어 앞에 전치사 to를 쓴다. 하지만 make, buy, get, cook, build, choose 등은 전치사 for를 쓴다.

Tim **told** us many stories. → Many stories **were told** *to* us by Tim.
My father **made** me a model plane. → A model plane **was made** *for* me by my father.

> **TIPS**
>
> 간접목적어 앞에 전치사 for를 쓰는 동사는 수동태 문장의 주어로 직접목적어만 쓰며, 간접목적어를 주어로 하는 수동태는 만들지 않는다.
> Jane's parents bought Jane a nice bicycle. (Jane의 부모님은 Jane에게 좋은 자전거를 사주셨다.)
> → **A nice bicycle** was bought *for* Jane by her parents.
> → ~~**Jane** was bought a nice bicycle by her parents.~~

2 5형식 문장의 수동태

목적어와 목적격 보어가 있는 5형식 문장을 수동태로 만들 때는 목적어를 주어로 보내고 목적격 보어는 be v-ed 뒤에 그대로 둔다.

The professor encouraged him to continue his research.
　　　　　　　　　　　　 목적어　　　 목적격 보어

→ *He* **was encouraged** *to continue his research* by the professor.

> **➕ 내신 POINT PLUS**
>
> 지각동사·사역동사가 쓰인 5형식 문장은 수동태 문장으로 전환 시 목적격 보어의 형태가 바뀔 수 있다.
>
> 1 **지각동사**: 목적격 보어로 쓰인 동사원형 혹은 분사는 수동태에서 현재분사나 to부정사로 바뀐다.
> I **saw** Marie *cross* a road. (그는 Marie가 길을 건너는 것을 보았다.)
> → Marie **was seen** *crossing*[*to cross*] a road (by me). (Marie가 길을 건너는 것이 (나에 의해) 보였다.)
>
> 2 **사역동사**: make만 수동태를 만들 수 있으며, 이때 목적격 보어로 쓰인 동사원형은 to부정사로 바뀐다.
> Their boss **made** them *work* overtime yesterday. (그들의 상사는 그들이 어제 초과 근무를 하게 했다.)
> → They **were made** *to work* overtime yesterday by their boss.
> 　(그들은 어제 그들의 상사에 의해 초과 근무를 하게 되었다.)
> ※ 사역동사 let은 수동태(be let)로 쓰지 않고 be allowed to-v의 형태로 쓰며 '…하도록 허락받다[해도 된다]'라는 의미이다.
> The teacher **let** them **go** home. (선생님께서는 그들을 집에 가도록 허락했다.)
> → They **were allowed to go** home by the teacher. (그들은 선생님에 의해 집에 가도록 허락받았다.)

A 다음 괄호 안에서 알맞은 말을 고르시오.

1 A new jacket was bought (to / for) Roy by his sister.

2 Nate was seen (sleep / sleeping) on the floor by his friend.

3 We were made (follow / to follow) the rules by our teacher.

4 The menu was shown (the customers / to the customers) by the waiter.

B 다음 우리말과 일치하도록 괄호 안의 말을 이용하여 문장을 완성하시오.

1 많은 사랑이 그의 가족에 의해 강아지에게 주어졌다. (give)

→ A lot of love _____ _____ _____ the puppy by his family.

2 지붕은 Earl에 의해 하얀색으로 칠해졌다. (paint, white)

→ The roof _____ _____ _____ by Earl.

3 그 나무 위의 집은 Bella를 위해 그녀의 아버지에 의해 지어졌다. (build)

→ The treehouse _____ _____ _____ Bella by her father.

C 다음 두 문장이 같은 뜻이 되도록 빈칸에 알맞은 말을 쓰시오.

1 The designer made me this dress.

→ This dress _____ _____ _____ me by the designer.

2 Jason taught the students jazz dance.

→ The students _____ _____ jazz dance by Jason.

→ Jazz dance _____ _____ _____ the students by Jason.

3 We expected her to call Jamie yesterday.

→ She _____ _____ _____ _____ Jamie yesterday by us.

4 Dennis heard Hailey whisper something.

→ Hailey _____ _____ _____ something by Dennis.

WORDS

A
customer 명 고객

B
treehouse 명 나무 위의 오두막[집]

C
expect 동 예상하다
whisper 동 속삭이다

GRAMMAR FOCUS

B 주의해야 할 수동태 구문

1 수동태의 여러 형태

1) 조동사의 수동태: 「조동사+be v-ed」

We **should finish** the essay by Wednesday.

→ The essay **should be finished** by Wednesday (by us).

2) 진행형의 수동태: 「be동사+being v-ed」

He **is saving** money in his account.

→ Money **is being saved** in his account by him.

3) 완료형의 수동태: have[has/had] been v-ed

Our staff **has sent** the goods that you ordered.

→ The goods that you ordered **have been sent** by our staff.

2 동사구의 수동태

동사구를 하나의 동사처럼 취급하여 동사는 「be동사+v-ed」 형태로 바꾸고 동사구에 포함된 부사·전치사 등은 동사 뒤에 그대로 쓴다. 자주 쓰이는 동사구로는 take care of(…을 돌보다), laugh at(…을 비웃다), look after(…을 돌보다), take away(…을 가져가다), take off(…을 벗다) 등이 있다.

The volunteers in town **take care of** the dogs.

→ The dogs **are taken care of** by the volunteers in town.

3 by 이외의 전치사를 쓰는 수동태

다음 표현들은 수동태의 행위자를 나타낼 때 by 이외의 전치사를 쓴다.

Kelly **was satisfied with** the new computer.

The top of Mt. Everest **is covered with** snow throughout the year.

♀ MORE EXPRESSIONS

- be known for …로 유명하다
- be pleased with …에 기뻐하다
- be satisfied with …에 만족하다
- be filled with …로 가득 차다(= be full of)
- be worried about …을 걱정하다
- be known to …에게 알려지다
- be disappointed at[by] …에 실망하다
- be made of[from] …로 만들어지다
- be interested in …에 흥미가 있다
- be covered with …로 덮여 있다

⊕ 내신 POINT PLUS

수동태로 쓰지 않는 동사

happen, appear, disappear 등의 자동사나, have(…을 가지고 있다), resemble(…와 닮다) 등 소유나 상태를 나타내는 타동사는 수동태로 쓰지 않는다.

~~Did you hear what **was happened**?~~ → Did you hear what **happened**? (너는 무슨 일이 있었는지 들었니?)

~~Many sweaters **are had** by Susan.~~ → Susan **has** many sweaters. (Susan은 많은 스웨터를 갖고 있다.)

A 다음 괄호 안에서 알맞은 말을 고르시오.

1 The clerk said this shirt is made (by / of) 100% cotton.

2 This machine (can be operated / can operate) with a small button.

3 The cups were (washing / being washed) by my brother.

4 He (has offered / has been offered) a job by a major law firm.

WORDS
~~~~~~

A

clerk 명 점원
cotton 명 면
law firm 법률 사무소

B 다음 문장의 빈칸에 알맞은 전치사를 쓰시오.

1 This glass is filled _____ apple juice.

2 I am interested _____ making pasta on my own.

3 Were you pleased _____ their surprise gift?

4 The restaurant is known _____ its fresh seafood.

B
on one's own 혼자서; *직접

C 다음 우리말과 일치하도록 괄호 안의 말을 이용하여 문장을 완성하시오.

1 이 책은 일주일 안에 반납되어야 한다. (should, return)

　→ This book _____ _____ _____ within a week.

2 그녀는 개한테 물린 적이 있다. (bite)

　→ She _____ _____ _____ by a dog.

3 그 무거운 상자들이 Chloe에 의해 옮겨지는 중이다. (carry)

　→ Those heavy boxes _____ _____ _____ by Chloe.

C
within 전 …이내에
bite 동 물다 (bite-bit-bitten)

D 다음 밑줄 친 부분을 바르게 고치시오.

1 Her idea was <u>laughed by</u> many people.

2 A shadow <u>was appeared</u> in the doorway.

3 Your clothes <u>will deliver</u> within four days.

4 Many trees <u>have planted</u> in this park since last year.

D
shadow 명 그림자
doorway 명 출입구
deliver 동 배달하다
plant 동 (나무 등을) 심다

A 다음 밑줄 친 부분을 바르게 고치시오.

1 This package <u>should sent</u> immediately.

2 I was made <u>reserve</u> a table for lunch by my boss.

3 Science is taught <u>for us</u> twice a week by Mr. Thomson.

B 다음 빈칸에 들어갈 말을 보기 에서 골라 알맞은 형태로 쓰시오.

보기	cook	fill	show	park	call

1 The woman _____ once _____ the Queen of Golf.

2 The mall _____ _____ _____ customers last night.

3 I _____ _____ the X-ray pictures yesterday by the doctor.

4 The omelet _____ _____ _____ me by my father this morning.

5 Your car must not _____ _____ on this street.

C 다음 우리말과 일치하도록 괄호 안의 말을 이용하여 문장을 완성하시오.

1 그녀는 자신의 현재 직업에 만족하지 못하고 있다. (satisfy)

→ She _____ _____ _____ her current job.

2 그 초상화는 Jeremy에 의해 그려지는 중이었다. (draw)

→ The portrait _____ _____ _____ _____ Jeremy.

3 2017년 이래로 이 지역에 많은 건물들이 지어져 왔다. (build)

→ Many buildings _____ _____ _____ in this area since 2017.

4 그들이 조용히 이야기하는 것이 내게 들렸다. (hear, talk)

→ They _____ _____ _____ _____ quietly by me.

5 아기의 더러운 옷이 엄마에 의해 벗겨졌다. (take off)

→ The baby's dirty clothes _____ _____ _____ _____ her mother.

WORDS

A
package 똉 소포
immediately 뛰 즉시
reserve 똠 예약하다

B
once 뛰 언젠가[한때]
park 똠 주차하다

C
current 똉 현재의, 지금의
portrait 똉 초상화
take off …을 벗다

1 다음 우리말과 일치하도록 빈칸에 들어갈 말로 알맞은 것은?

이 제품은 다양한 용도로 쓰일 수 있다.
→ This product _____ in a variety of ways.

① is used
② is being used
③ can used
④ can be used
⑤ has been used

WORDS

1
a variety of 여러 가지의

2 다음 빈칸 ⓐ와 ⓑ에 들어갈 말이 바르게 짝지어진 것은?

· The briefcase was being handed _____ⓐ_____ the man.
· Are you worried _____ⓑ_____ your presentation?

ⓐ	ⓑ	ⓐ	ⓑ	ⓐ	ⓑ
① of – with	② for – by	③ for – about
④ to – with	⑤ to – about	

2
briefcase 몡 서류 가방
hand 통 건네주다, 넘겨주다
presentation 몡 발표

3 다음 문장을 수동태로 바르게 고친 것은?

The waiter took away the dishes on the table.

① The dishes on the table took away by the waiter.
② The dishes on the table taken away by the waiter.
③ The dishes on the table were taken away by the waiter.
④ The dishes on the table were taken by away the waiter.
⑤ The dishes on the table were being taken away by the waiter.

3
take away …을 가져가다

4 다음 대화를 읽고, ⓐ와 ⓑ의 단어를 알맞은 형태로 바꿔 쓰시오.

A: What ⓐ (happen) to your leg? Are you okay?
B: I sprained my ankle while I was playing soccer. I
    ⓑ (advise) to rest by the doctor.
A: That's too bad. I hope you get better soon.

ⓐ _____   ⓑ _____

4
sprain 통 삐다[접질리다]
ankle 몡 발목

A 다음 우리말과 일치하도록 괄호 안의 말을 바르게 배열하시오.

1 환영의 선물 꾸러미가 신규 회원들에게 제공될 것입니다.
(offered, new members, a welcome pack, be, to, will)

→ _____

2 그 교수는 경제에 관해 연설하도록 요청받았다.
(give a speech, the professor, asked, on the economy, was, to)

→ _____

3 그 아픈 동물들은 수의사의 보살핌을 받는 중이다.
(looked, the sick animals, after, are, the vet, being, by)

→ _____

B 다음 두 문장이 같은 뜻이 되도록 빈칸에 알맞은 말을 쓰시오.

1 Has Peter completed the training course?

→ _____ the training course _____ _____ by Peter?

2 I saw Mike playing a smartphone game in class.

→ Mike _____ _____ _____ a smartphone game in class by me.

3 The clerk was cleaning the shop when I entered.

→ The shop _____ _____ _____ by the clerk when I entered.

C 다음 괄호 안의 말을 이용하여 일기를 완성하시오.

1 I _____ (give) a cute puppy by my parents! I had asked for a pet dog before, but 2 I _____ _____ (not, allow, have) one. My parents worried that I would not take good care of it. However, I persuaded them, and today, I got this little bulldog! 3 He _____ (name, Piggy) by my family because he eats a lot! I am really happy to be with Piggy!

1

If you like solving crossword puzzles, you might **be interested in** visiting the city of Lviv in Ukraine. Amazingly, there is a crossword puzzle that is more than 30 meters tall in the city. Around 80 clues to the puzzle **are placed** in the most famous parts of the city, such as palaces, fountains, and theaters. 관광객들은 도시 여기저기를 여행하도록 장려된다, looking

for the clues and writing down the answers. When the sun goes down, the empty squares of the puzzle **are lit up with** bright lights that spell out the answers. People then return to the giant puzzle to check the answers. It's a new and inventive way for people to enjoy crossword puzzles. Plus, it helps the city gain the attention of tourists.

1 위 글에 제시된 크로스워드 퍼즐에 관해 글의 내용과 일치하지 <u>않는</u> 것은?

① 우크라이나의 리비우에 있다.
② 높이가 30미터 이상이다.
③ 힌트들은 여러 곳에 제시되어 있다.
④ 해가 지면 정답이 불빛으로 밝혀진다.
⑤ 사람들은 정답을 확인하기 위해 거대한 분수대로 모인다.

❗️서술형

2 위 글의 밑줄 친 우리말과 일치하도록 괄호 안의 말을 바르게 배열하시오.

→ _____

(encouraged, tourists, travel around, are, the city, to)

WORDS **solve** 동 해결하다; *(문제를) 풀다 **clue** 명 (범행의) 단서; *(문제 등의) 힌트 **place** 동 놓다, 설치하다
palace 명 ¹_____ **fountain** 명 분수 **empty** 형 비어 있는, 빈 **square** 명 정사각형
light up with …으로 빛나다 **spell out** 철자를 말하다, 상세히 설명하다 **giant** 형 거대한 **inventive** 형 ²_____
gain 동 얻다 **attention** 명 주의; *관심

2

These days, many people fly drones for fun. However, drones can also _____(A)_____ to save lives. They can act as police officers, firefighters, and even rescue teams. For example, a drone once helped save two teenage boys who **were caught** in some powerful waves. It dropped a *life preserver

that they used to safely swim to shore. The boys **were saved**, and the lifeguards didn't have to risk their lives. Drones can also _____(B)_____ videos of forest fires and find people trapped in burning homes. They can get closer to fires than firefighters can. And in search-and-rescue missions, drones can easily search large areas, saving both time and money. In the future, people will probably use drones for more and more dangerous or difficult jobs.

*life preserver (물에 빠진 사람들이 물에 떠 있게 하는) 구명구

1 What is the best title for the passage?

① Rescuing Lost Drones
② A Popular Hobby: Flying Drones
③ Teenage Boys in Danger of Drowning
④ How to Save People in Danger
⑤ Drones Taking Dangerous Jobs

2 What are the best choices for blank (A) and (B)?

	(A)		(B)
①	use	–	make
②	use	–	be made
③	be used	–	make
④	be used	–	be made
⑤	be used	–	be being made

WORDS   **for fun** 재미로   **save** 동 구하다   **act** 동 역할을 하다   **rescue** 명 구조   **teenage** 형 십 대의   **wave** 명 파도
shore 명 해안   **lifeguard** 명 인명 구조원   **risk** 동 …을 걸다[위태롭게 하다]   **trap** 동 ¹_____
burning 형 불타는   **search** 명 수색 동 수색하다   [문제] **drown** 동 ²_____

A 궁금증 표현하기

A: **Can you tell me about** the movie?
(그 영화에 대해서 내게 말해 줄 수 있니?)

B: It's about the life of Mozart, and it's very interesting.
(이건 Mozart의 삶에 관한 건데, 굉장히 재미있어.)

「Can you tell me (about) ~?」는 '~을[에 대해] 내게 말해 줄 수 있니?'라는 의미로 궁금한 것을 물어볼 때 쓰는 표현이다. 궁금증을 나타내는 다른 표현들로는 '나는 ~가 궁금해'의 의미인 「I wonder ~」, 「I'm curious about ~」 등이 있다.

⊕ EXPRESSION PLUS

· **Can you tell me** who gave you the roses? (누가 네게 그 장미꽃들을 주었는지 내게 말해줄 수 있니?)
· **I wonder** when the movie festival begins. (나는 그 영화 축제가 언제 시작하는지 궁금해.)
· **I'm curious about** Indian culture. (나는 인도의 문화에 대해 궁금해.)
· **I'd be interested to know** where you came from. (나는 네가 어디 출신인지 알고 싶어.)

Check-Up

1 다음 중 쓰임이 나머지 넷과 <u>다른</u> 것은?

① I wonder how to use this copy machine.
② I'd be interested to know how to use this copy machine.
③ I'd like to make a copy using this copy machine.
④ I'm curious about how to use this copy machine.
⑤ Can you tell me how I can use this copy machine?

WORDS

2 다음 우리말과 일치하도록 괄호 안의 말을 바르게 배열하시오.
네가 왜 네 일을 그만두었는지 나에게 말해줄 수 있니?
(tell, you, why, can, quit, your job, me, you)

→ _____

2
quit 동 그만두다

B 의견 묻고 표현하기

A: **What is your opinion of** this picture?
(이 그림에 대한 네 의견은 어떠니?)

B: **In my opinion**, the landscape looks peaceful.
(내 생각에는 풍경이 평화로워 보여.)

「What is your opinion of ~?」는 '~에 대한 네 의견은 어떠니?'라는 의미로 상대방의 생각이나 의견을 물을 때 쓰는 표현이다. 유사한 표현으로 「What's your view on[of] ~?」, 「What do you think of ~?」를 쓸 수 있으며, 대답할 때는 「In my opinion[view], ~」, 「I think[believe/feel] ~」 등의 표현을 써서 의견을 나타낼 수 있다.

➕ EXPRESSION PLUS

A: **What's your view on** his plan? (그의 계획에 대한 네 견해는 어떠니?)
B: **In my view**, it's very disappointing. (내가 봤을 때, 그건 매우 실망스러워.)

A: **What would you say about** these shoes? (이 신발에 대한 네 생각은 어떠니?)
B: **I think** they really look good on you. (내 생각에는 너한테 정말 잘 어울리는 것 같아.)

Check-Up

1 다음 대화의 빈칸에 들어갈 말로 알맞지 <u>않은</u> 것은?

WORDS

> A: _____ my new dress?
> B: In my opinion, the color is too dark.

① What is the color of   ② What is your opinion of
③ What do you think of   ④ What would you say about
⑤ What's your view on

2 대화가 자연스럽게 이어지도록 (A)~(D)를 바르게 배열하시오.

2
envy 동 부러워하다

> (A) I think it is beautiful.
> (B) I do too. The person who sang this is August.
> (C) What is your opinion of this song?
> (D) Wow, he has a great voice. I envy him.

_____ → _____ → _____ → _____

1 다음 밑줄 친 단어와 유사한 의미의 단어를 고르면?

That structure has been <u>placed</u> under the bridge.

① find ② devote ③ punish
④ explain ⑤ locate

2 다음 빈칸에 알맞은 말을 보기 에서 골라 쓰시오.

보기 clue fountain shore

(1) I enjoy sleeping on a sandy _____.
(2) He is trying to find a _____ to the mystery.

3 다음 질문에 대한 대답으로 알맞지 <u>않은</u> 것은?

What was your view on this movie?

① The story was really boring.
② I enjoy watching movies so much.
③ The special effects were amazing.
④ In my opinion, the acting was great.
⑤ I thought the actor would get an award for it.

4 대화가 자연스럽게 이어지도록 (A)~(D)를 바르게 배열하시오.

(A) Sure. It is very simple.
(B) Wow, this pie tastes great!
(C) Thank you. I'm glad you like it.
(D) Can you tell me how to make it?

_____ → _____ → _____ → _____

5 다음 대화의 빈칸에 들어갈 말로 알맞은 것은?

A: Is something wrong with John?
B: I don't know. Why do you ask?
A: _____

① I'm curious about his schedule.
② I heard that you were sick.
③ I wonder when he will go on a trip.
④ I want to borrow some money from him.
⑤ I'd be interested to know why he didn't come to school.

[6-8] 다음 빈칸에 들어갈 말로 알맞은 것을 고르시오.

6 A brand new computer was given _____ Alex by his uncle.

① by ② of ③ to
④ at ⑤ with

7 The baseball team will _____ by their fans.

① support ② is supported
③ be supported ④ be supporting
⑤ have been supporting

8 Jenny was made _____ to the gym by her mother.

① go ② went ③ gone
④ to go ⑤ going

9   내가 집에 도착했을 때, 저녁 식사가 준비되는
    중이었다.
    → Dinner _____ when I got home.

    ① prepared   ② is prepared
    ③ was preparing   ④ has prepared
    ⑤ was being prepared

10 내 아이들은 내일 내 여동생에 의해 돌보아질 것이다.
    → My kids _____ my sister
       tomorrow.

    ① look after   ② be looked after by
    ③ are looked after ④ will look after
    ⑤ will be looked after by

(!) 서술형

11 다음 우리말과 일치하도록 괄호 안의 말을 빈칸에 알
    맞은 형태로 쓰시오.

    저 가수는 그녀의 감미로운 목소리로 유명하다.
    (know)

    → That singer _____ _____
       _____ her gentle voice.

12 다음 빈칸에 공통으로 들어갈 말로 알맞은 것은?

    · The doughnuts are covered _____
      chocolate.
    · I'm satisfied _____ the creativity
      of your ideas.

    ① to   ② with   ③ by
    ④ for   ⑤ of

13 다음 중 어법상 바르지 못한 것은?

    ① My laptop is being used by Jacob.
    ② A new bike was shown for me by Evan.
    ③ I was given a box of candy by Sally.
    ④ The garden fence should be painted
      again.
    ⑤ The man was made a billionaire by the
      new product.

(!) 서술형

14 다음 우리말과 일치하도록 괄호 안의 말을 이용하여
    문장을 완성하시오.

    내가 어렸을 때 많은 이야기책이 나의 엄마에 의해
    내게 읽혀졌다. (read)

    → Many storybooks _____
       _____ when I was young.

(!) 자주 나와요

15 다음 빈칸 ⓐ와 ⓑ에 들어갈 말이 바르게 짝지어진
    것은?

    · Josh was heard _____ⓐ_____, "Help
      me!"
    · The magician _____ⓑ_____ into the fog.

	ⓐ	ⓑ
①	shout	disappeared
②	shout	was disappeared
③	shouting	disappeared
④	shouting	was disappeared
⑤	to shout	was disappeared

16 다음 우리말을 영어로 바르게 옮긴 것은?

우리는 여기에서 음식을 먹어도 된다.

① We are let eat food here.
② We allowed eating food here.
③ We allowed to eat food here.
④ We are let to eat food here.
⑤ We are allowed to eat food here.

어려워요

17 다음 밑줄 친 부분 중 어법상 바르지 <u>못한</u> 것은?

The elections for class president ① <u>will be held</u> on November 14. The ② <u>elected</u> student ③ <u>will award</u> a one-year scholarship, and other benefits ④ <u>will be given</u>, too. If you ⑤ <u>are interested in</u> taking part, please visit the school website.

18 다음 중 어법상 바른 것은?

① Nick is resembled with his father.
② A ship was appeared on the horizon.
③ The table is being clearing by my father.
④ The problem has just solved by Jessica.
⑤ Tony is considered the tallest man in the world.

서술형

19 다음 우리말과 일치하도록 괄호 안의 말을 바르게 배열하시오.

그녀가 바다에서 수영하는 것이 보였다.
(seen, she, in the ocean, swimming, was)

→ _____

내신 완성 서술형

[20-21] 밑줄 친 부분을 주어로 하는 수동태 문장으로 바꿔 쓰시오.

20 He always calls his wife "honey."

→ _____

21 My uncle cooked me the spicy noodles.

→ _____

22 다음 우리말과 일치하도록 주어진 조건을 이용하여 영작하시오.

조건 1 should, boil, for를 사용할 것
조건 2 총 8단어로 쓸 것

그 감자들은 20분간 삶아져야 한다.

→ _____

[23-24] 다음 그림을 보고 괄호 안의 말을 이용하여 각 문장을 완성하시오.

23 The book _____ _____ _____ by the boy. (read)

24 The bookshelf _____ _____ _____. (fill, books)

WORD LIST

✓ *Grammar*

☐ encourage	통 격려하다
☐ expect	통 예상하다
☐ whisper	통 속삭이다
☐ clerk	명 점원
☐ on one's own	혼자서; 직접
☐ within	전 …이내에
☐ plant	통 (나무 등을) 심다
☐ immediately	부 즉시
☐ reserve	통 예약하다
☐ current	형 현재의, 지금의
☐ portrait	명 초상화
☐ take off	…을 벗다
☐ a variety of	여러 가지의
☐ hand	통 건네주다, 넘겨주다
☐ presentation	명 발표
☐ take away	…을 가져가다
☐ sprain	통 삐다[접질리다]

✓ *Reading*

☐ solve	통 해결하다; (문제를) 풀다
☐ clue	명 (범행의) 단서; (문제 등의) 힌트
☐ place	통 놓다, 설치하다
☐ empty	형 비어 있는, 빈
☐ square	명 정사각형
☐ inventive	형 창의적인
☐ gain	통 얻다
☐ attention	명 주의; 관심
☐ save	통 구하다
☐ act	통 역할을 하다
☐ rescue	명 구조
☐ shore	명 해안
☐ lifeguard	명 인명 구조원

✓ *Communication*

☐ risk	통 …을 걸다[위태롭게 하다]
☐ burning	형 불타는
☐ search	명 수색 통 수색하다

☐ curious	형 궁금한
☐ quit	통 그만두다
☐ landscape	명 풍경
☐ peaceful	형 평화적인; 평화로운
☐ disappointing	형 실망스러운
☐ envy	통 부러워하다

✓ *Final Test*

☐ structure	명 구조; 구조물
☐ devote	통 바치다
☐ punish	통 처벌하다
☐ award	명 상 통 수여하다
☐ support	통 지지하다; 지원하다
☐ prepare	통 준비하다
☐ creativity	명 창조성, 독창력
☐ laptop	명 노트북 컴퓨터
☐ fence	명 울타리
☐ billionaire	명 억만장자
☐ magician	명 마술사
☐ fog	명 안개
☐ election	명 선거
☐ resemble	통 닮다
☐ horizon	명 수평선
☐ boil	통 끓다; 삶다

CHAPTER 06

조동사 🔍

● **GET READY**

Can I try on this shirt?
(제가 이 셔츠를 입어 봐도 될까요?)

You **don't have to** buy the camera. I'll lend you mine.
(너는 카메라를 살 필요가 없어. 내가 네게 내 것을 빌려줄게.)

I **may have lost** my wallet. I can't find it.
(나는 지갑을 잃어버렸을지도 몰라. 그걸 찾을 수가 없어.)

조동사는 동사 앞에 쓰여 동사에 의미를 더해 주는 역할을 해요. 이번 과에서는 가능·추측·허락·의무 등을 나타내는 기본적인 조동사와 과거의 습관, 과거에 대한 후회나 추측 등의 여러 의미를 나타내는 다양한 조동사에 대해 알아볼 거예요.

GRAMMAR FOCUS

A 주요 조동사의 의미

1 can

Alex **can[is able to]** fix his computer easily.　'…할 수 있다' (능력, 가능) (= be able to)

Can I use your cell phone for a second?　'…해도 된다' (허가)

That **can't** be Sarah. She is in New York.　can't[cannot] '…일 리가 없다' (부정적 추측)

TIPS

can의 과거형은 could이며, 조동사는 두 개를 연달아 쓸 수 없으므로 미래를 나타낼 때는 will be able to로 쓴다.
I **will be able to** get married next year. (나는 내년에 결혼을 할 수 있을 것이다.)

2 may

May I look around your house?　'…해도 된다' (can보다 정중한 허가)

Take your umbrella when you go out. It **may** rain this afternoon.　'…일지도 모른다' (약한 추측)

TIPS

may의 과거형으로도 쓰이는 might는 may보다 더 불확실한 추측을 나타내기도 한다.
There **might** be a superman. (슈퍼맨이 있을지도 모른다.)

3 must

Harry **must[has to]** go to Tokyo soon to attend a meeting.　'…해야 한다' (의무) (= have to)

You **must not** take vitamins on an empty stomach.　'…하면 안 된다' (강한 금지)

cf. We **don't have to** hurry.　don't have to '…할 필요가 없다'(= don't need to/need not)

Someone is ringing the doorbell. It **must** be Roger.　'…임이 틀림없다' (강한 추측)

TIPS

must의 과거형은 had to이며, 미래를 나타낼 때는 will have to로 쓴다.
Next time you **will have to** do your homework in advance. (다음에는 네가 네 숙제를 미리 해야 할 거야.)

4 should, ought to

You **should[ought to]** respect your parents.　'…해야 한다, …하는 것이 좋다' (must보다 약한 의무·충고)

You **shouldn't[should not/ought not to]** waste money on unnecessary things.

> **⊕ 내신 POINT PLUS**
>
> should의 특별 용법
> 이루어지지 않은 일에 대해 …할 것을 명령, 제안, 주장, 요구(order, suggest, insist, demand)하는 경우, 이 동사들의 목적어로 쓰인 that절의 동사는 「should+동사원형」을 쓴다. 미국 영어에서는 흔히 should가 생략되어 동사원형만 쓴다.
>
> I *suggest* that you (**should**) **read** this book before you see the movie.
> (나는 네가 그 영화를 보기 전에 이 책을 읽기를 제안해.)

A 다음 괄호 안에서 알맞은 말을 고르시오.

1 You ought (speak / to speak) quietly in the library.

2 Athletes (may / should) always follow the rules of their sport.

3 Kevin (can / may) write beautiful songs. He played one for me yesterday.

4 Tomorrow is a holiday, so I (must not / don't have to) go to bed early.

5 We (ought to / were able to) turn off our cell phones during class. It's a rule.

WORDS

B 다음 우리말과 일치하도록 빈칸에 알맞은 조동사를 쓰시오.

1 나는 펜이 하나도 없어. 네 것을 빌려도 되니?

→ I don't have any pens. _____ I borrow yours?

2 그 음식은 짠 게 틀림없다. 그는 계속 물을 마시고 있다.

→ The food _____ be salty. He keeps drinking water.

3 그는 방금 운동을 시작했다. 그가 벌써 피곤할 리가 없다.

→ He has just started exercising. He _____ be tired already.

4 손을 자주 씻지 않으면 너는 감기에 걸릴지도 모른다.

→ You _____ catch a cold if you don't wash your hands often.

B
salty 형 소금이 든, 짠

C 다음 밑줄 친 부분을 바르게 고치시오.

1 He will <u>can</u> call you back around 8 p.m.

2 You <u>ought to not</u> leave trash on the ground.

3 I insist that we <u>trying</u> to protect the environment.

4 You <u>not should</u> spend too much time watching TV.

5 I <u>must</u> apologize to John yesterday. I broke his watch.

C
apologize 동 사과하다

B 기타 조동사 표현

1 had better, would rather

1) had better: '…하는 게 좋겠다' (강한 경고) (축약형: 'd better)

We **had better** hurry. We have a long way to go.
You **had better not** call him now. He is very busy.　　had better not '…하지 않는 것이 좋다'

2) would rather: '(차라리) …하는 편이 낫다' (축약형: 'd rather)

I had Korean food for lunch, so I **would rather** have Italian for dinner.
We **would rather not** go out. It's snowing hard.　　would rather not '…하지 않는 편이 낫다'

> **TIPS**
>
> would rather A than B: 'B하느니 차라리 A하겠다'
> I **would rather** go with you **than** stay home. (나는 집에 머무느니 차라리 너와 함께 가겠다.)

2 would, used to

1) would: '…하곤 했다' (과거의 습관)

My grandfather **would** take a walk in the park every Sunday.

2) used to: '…하곤 했다' (과거의 습관), '…이었다' (과거의 상태)

Laura **used to** play the violin often, but now she doesn't play it at all.
This **used to** be a flower shop. Now it is a bakery.

> **TIPS**
>
> 과거의 습관을 나타낼 때는 would와 used to를 모두 사용할 수 있지만, 과거의 상태를 나타낼 때는 used to만 가능하다.
> I **would[used to]** eat popcorn while watching TV. (나는 TV를 보는 동안 팝콘을 먹곤 했다.)
> There **would[used to]** be a huge tree there when the boy was young. (소년이 어렸을 때 그곳엔 큰 나무가 있었다.)

C 조동사+have v-ed

과거의 일에 대한 추측이나 후회, 유감 등을 나타낼 때 쓴다.

1) cannot[can't] have v-ed: '…했을 리가 없다' (과거에 대한 강한 의심)
Jane **cannot[can't] have called** Jeff. She doesn't know his phone number.

2) may have v-ed: '…했을지도 모른다' (과거에 대한 약한 추측)
You **may have told** me the news. I forget things easily these days.

3) must have v-ed: '…했었음이 틀림없다' (과거에 대한 강한 추측)
The road is wet. It **must have rained** during the night.

4) should have v-ed: '…했어야 했다' (과거에 대한 후회·유감)
The concert was great. You **should have come** with us.

Check-Up

A 다음 괄호 안에서 알맞은 말을 고르시오.

1 I'm on a diet. I (had better not / would rather) eat dessert.

2 I would rather not (go / going) to see a doctor. I feel fine.

3 I finished the pizza. I (should have / must have) left a piece for my roommate.

4 There (would / used to) be a zoo near my school a few years ago.

WORDS

A
leave 동 떠나다; *남겨주다

B 다음 우리말과 일치하도록 빈칸에 알맞은 말을 쓰시오.

1 너는 내일 일찍 일어나야만 해. 너는 지금 자는 게 좋겠어.

→ You have to wake up early tomorrow. You _____ _____ go to bed now.

2 나는 고기를 먹은 후에 탄산음료를 마시곤 했다.

→ I _____ drink soda after I ate meat.

3 Sue는 오늘 취업 면접을 봤다. 그녀는 긴장했었음이 틀림없다.

→ Sue had a job interview today. She _____ _____ _____ nervous.

B
interview 명 면접
nervous 형 긴장한

C 다음 빈칸에 들어갈 말을 보기 에서 골라 쓰시오. (단, 한 번씩만 쓸 것)

보기 may   cannot   would rather   used to

1 I _____ skip lunch. I have a stomachache.

2 He is an honest person. He _____ have lied to you.

3 Peter didn't get my present. I _____ have sent it to the wrong address.

4 My family _____ go to an amusement park once a month when I was young.

C
skip 동 거르다, 빼먹다
stomachache 명 복통

D 다음 밑줄 친 부분을 바르게 고치시오.

1 I would rather make dinner myself to eat out.

2 You had not better buy it. It is too expensive.

3 I used to writing in a diary every day, but now I don't.

D
eat out 외식하다

조동사 ♀ 91

A 다음 밑줄 친 부분을 바르게 고치시오.

1 The pool is dirty. I <u>would not rather swim</u> in it.

2 I insist that you <u>to take</u> a break for a while.

3 In this lecture, you will <u>can</u> learn about Egyptian culture.

4 Helen wasn't in her room an hour ago. She <u>may be</u> in the library at that time.

WORDS

A
take a break (잠시) 휴식을 취하다

B 다음 빈칸에 들어갈 말을 보기 에서 골라 쓰시오. (단, 한 번씩만 쓸 것)

> 보기   may   would rather   used to   had to

1 The rumor about the actor _____ not be true.

2 Tim _____ read the book to write a book report.

3 I _____ hate math, but now I like it very much.

4 I _____ sleep than go out. I'm so tired.

B
rumor 명 소문

C 다음 우리말과 일치하도록 괄호 안의 말을 이용하여 빈칸에 알맞은 말을 쓰시오.

1 내 생각에 그녀는 좀 더 신중했어야 했다. (be more careful)

→ I think she _____.

2 너는 나에 대해 걱정을 할 필요가 없어. 난 괜찮아. (worry about)

→ You _____ me. I'm okay.

3 그가 그 레슬링 시합을 졌을 리가 없다. (lose)

→ He _____ the wrestling competition.

4 너는 수업 시간에 필기를 하는 것이 좋겠다. (take notes)

→ You _____ during class.

5 너는 네 발표를 15분 이내에 끝내야 할 것이다. (finish)

→ You _____ your presentation within 15 minutes.

C
competition 명 경쟁; *시합
take notes 필기하다

1 다음 빈칸에 들어갈 말로 알맞은 것은?

Children under the age of five _____ go on this ride. It is too dangerous.

① would　　　　② might　　　　③ used not to
④ should not　　⑤ don't have to

WORDS

1
ride 명 놀이기구

2 다음 밑줄 친 부분의 쓰임이 나머지 넷과 다른 것은?

① <u>Can</u> I sit by the window?
② <u>Can</u> I go home now? It's very late.
③ How long <u>can</u> you hold your breath?
④ You <u>can</u> borrow books from this library.
⑤ You <u>can</u> stay at my house as long as you want.

2
hold one's breath 숨을 참다
as long as …하는 한, …하는 동안은

3 다음 중 어법상 바르지 못한 것은?

① His doctor ordered that he take care of himself.
② I was not able to ride a bike until I was fourteen.
③ You had not better eat a snack before dinner.
④ You don't have to lose weight. You look fit.
⑤ My family would watch soccer every weekend when I was young.

3
fit 형 건강한

4 다음 두 문장이 같은 뜻이 되도록 빈칸에 알맞은 말을 쓰시오.

I'm sure that you left your wallet in the restaurant.

→ You _____ _____ _____ your wallet in the restaurant.

A 다음 우리말과 일치하도록 괄호 안의 말을 바르게 배열하시오.

1 너는 네 약속을 어겨선 안 된다. (break, you, not, your, ought, promises, to)

→ _____

2 그는 매달 그 해변에 가곤 했다. (would, he, the beach, every month, go to)

→ _____

3 우리는 이전에 만난 적이 있을지도 모른다. (met, have, may, we, before)

→ _____

B 다음 우리말과 일치하도록 괄호 안의 말을 이용하여 문장을 완성하시오.

1 나는 낚시를 하러 가느니 하이킹을 하러 가겠다. (would, go hiking)

→ _____ go fishing.

2 그녀는 그녀가 그 큰 방을 써야 한다고 주장했다. (use the big room)

→ She insisted that _____.

3 내 생각에 그는 내년에 건강 검진을 받아야 할 것 같아. (will, have a checkup)

→ I think _____ next year.

C 괄호 안의 말을 이용하여 다음 대화를 완성하시오.

Bob: Yesterday, I went to a great restaurant: Aunt Maggie's! Their seafood salad was the best. 1 They _____ _____ (use) only fresh seafood.

Sora: 2 I've been there once, but I _____ _____ _____ (wait) for 30 minutes!

Bob: 3 You _____ _____ (make) a reservation. I heard that the restaurant is really popular.

Sora: I will next time. I'll go there again soon.

1

Most female frogs lay their eggs and then leave them. So you **may** think frogs are bad mothers. However, you **should** think again because *strawberry poison-dart frogs are known for taking care of their young. (①)

Strawberry poison-dart frogs live in the rainforests of Central America. Unlike other frogs that lay many eggs in the water, these frogs lay three to five eggs on leaves. (②) After about ten days, the eggs hatch into tadpoles. (③) She does this because the tadpoles <u>may</u> eat each other if they are in the same place. (④) After that, the mother frog **has to** go back and forth between her babies almost every day to feed them. (⑤) About six weeks later, the tadpoles finally turn into frogs.

*strawberry poison-dart frog 딸기독화살개구리

1 글의 흐름으로 보아 주어진 문장이 들어갈 위치로 가장 적절한 곳은?

Then the mother carries each tadpole to a separate pool of water.

①   ②   ③   ④   ⑤

2 위 글의 밑줄 친 <u>may</u>와 그 쓰임이 다른 것은?

① He was absent. He <u>may</u> have been sick.
② Please remind me about it as I <u>may</u> forget.
③ She looks tired. She <u>may</u> have stayed up late.
④ I <u>may</u> be wrong, but I think we're lost.
⑤ Finish your homework, and then you <u>may</u> play outside.

WORDS   **female** 형 암컷의   **lay** 동 ¹_____   **young** 명 (동물의) 새끼   **rainforest** 명 열대우림   **unlike** 전 …와는 달리   **hatch** 동 부화하다   **tadpole** 명 올챙이   **back and forth** 왔다 갔다   **feed** 동 먹이를 주다   **finally** 부 마침내   [문제] **separate** 형 ²_____   **pool** 명 웅덩이   **absent** 형 결석한   **remind** 동 상기시키다, 다시 한번 알려주다   **stay up late** 늦게까지 깨어있다

2

We all know that the Internet is a fun place to share our stories with others. We also know that we **must** be careful not to post personal information online. But what about posting photos? Actually, that (A) | may / used to | be dangerous, too.

We often make a V-sign with our fingers in photos. However, if the photos are clear and your fingerprints are visible in them, hackers **may be able to** steal your fingerprints and use them illegally. They don't even need advanced technology to do this. As fingerprints are sometimes used to unlock smartphones or laptops, this problem (B) | should / would | be taken seriously. If hackers steal your password, you **can** change it. But you **can't** change your fingerprints! So we **should** check our photos carefully before we post them online.

1 What is the main idea of the passage?

① Fingerprints are used to identify people.
② It is impolite to make a V-sign in photos.
③ Online photos can be used by hackers.
④ You should change your password regularly.
⑤ Don't share personal information with others.

!) 서술형

2 Choose the correct forms for (A) and (B).

(A) _____ (B) _____

WORDS · **share** 통 공유하다 · **careful** 형 조심하는, 주의 깊은 · **post** 통 발송하다; *게시하다 · **personal information** 신상 정보, 개인 정보 · **clear** 형 분명한; *또렷한 · **fingerprint** 명 지문 · **visible** 형 ¹_____ · **steal** 통 훔치다 · **illegally** 부 불법적으로 · **advanced** 형 첨단의, 선진의 · **technology** 명 기술 · **unlock** 통 ²_____ · **take seriously** 심각하게 여기다 · [문제] **identify** 통 확인하다 · **impolite** 형 무례한, 실례가 되는 · **regularly** 부 정기적으로

A 제3자에게 안부 부탁하기

A: I am going to meet our old teacher Ms. Coury tomorrow.
(나 내일 우리의 은사님인 Coury 선생님을 만나.)

B: Really? **Say hello to** her **for** me.
(정말로? 그녀에게 내 안부 전해줘.)

제3자에게 안부를 부탁하는 대표적인 표현으로 '~에게 안부 전해줘'라는 뜻의 「Say hello to ~ (for me)」가 있다. 이와 유사한 표현으로 「Please give[send] my regards to ~」와 「Tell ~ I say hello.」 등이 있다.

⊕ EXPRESSION PLUS

· **Please give my regards to** Mike. (Mike에게 내 안부 전해줘.)
· **Tell** your family **I say hello**. (너의 가족에게 내 안부 전해줘.)

Check-Up

1 대화가 자연스럽게 이어지도록 (A)~(D)를 바르게 배열하시오.

(A) I miss everyone too. Tell them I say hello.
(B) No, I have to go on a business trip to China.
(C) Are you going to the high school reunion on Saturday?
(D) That's too bad. Everyone will miss you.

———— → ———— → ———— → ————

WORDS

1
business trip 출장
reunion 명 동창회

2 다음 우리말과 일치하도록 괄호 안의 말을 바르게 배열하시오.
너희 부모님께 내 안부 전해줘.
(my, parents, your, to, regards, send, please)

→ _____

B 금지 표현하기

> A: Excuse me. **You're not supposed to take** pictures
> here.
> (실례합니다. 여기서 사진을 찍으시면 안 됩니다.)
>
> B: Oh, I'm sorry. I didn't know that.
> (아, 죄송해요. 몰랐어요.)

「You're not supposed to-v」는 '~하면 안 된다'의 의미로 어떤 행위를 금지할 때 쓰는 표현이다. 금지를 나타내는 다른 표현들로는 「You're not allowed to-v」 '~하도록 허락되지 않다', 「You'd better not +동사원형」 '~하지 않는 것이 좋다', 「You cannot[can't]/must[should] not+동사원형」 '~하면 안 된다' 등이 있다.

⊕ EXPRESSION PLUS

- **You're not allowed to smoke** in this building. (이 건물 내에서는 흡연이 허락되지 않습니다.)
- **You'd better not park** here. (이곳에 주차하지 않는 것이 좋겠어.)
- **You must not waste** your money. (돈을 낭비하면 안 돼.)

Check-Up

1 다음 중 쓰임이 나머지 넷과 <u>다른</u> 것은?

WORDS

① You must not bring your pet here.

② You'd better not bring your pet here.

③ You don't have to bring your pet here.

④ You're not allowed to bring your pet here.

⑤ You're not supposed to bring your pet here.

2 다음 우리말과 일치하도록 괄호 안의 말을 바르게 배열하시오.
너는 네 선생님들께 무례하면 안 돼.
(to, are, rude, to, be, supposed, you, not, your teachers)

→ _____

2
rude 형 무례한

1 다음 밑줄 친 단어와 유사한 의미의 단어를 고르면?

I couldn't identify Ricky because he had grown so much.

① reply   ② trust   ③ distribute
④ recognize   ⑤ forgive

2 다음 빈칸에 들어갈 말을 보기 에서 골라 쓰시오.

보기   post   hatch   feed

(1) The eggs _____ into chicks.
(2) I like to _____ food pictures on social media.

3 다음 중 화자의 의도가 같은 문장을 모두 고르면?

① You must not touch the paintings.
② You'd better not touch the paintings.
③ You don't need to touch the paintings.
④ You should have touched the paintings.
⑤ You are not supposed to touch the paintings.

4 대화가 자연스럽게 이어지도록 (A)~(D)를 바르게 배열하시오.

(A) Yes. Can we have dinner before that?
(B) The musical starts at 6 p.m., right?
(C) I'm afraid not. How about having a snack during the musical?
(D) We can't. We're not allowed to bring any food into the hall.

_____ → _____ → _____ → _____

5 다음 대화의 빈칸에 들어갈 말로 알맞지 <u>않은</u> 것은?

A: You know what? I'm going to meet our old friend Jimmy tomorrow.
B: Really? _____.

① Please give my regards to him.
② Please say hello to him for me.
③ When did you see him?
④ I want to see him too.
⑤ Tell him I say hello.

[6-7] 다음 빈칸에 들어갈 말로 알맞은 것을 고르시오.

6

I've already washed the strawberries. You _____ wash them again.

① should   ② would rather
③ used to   ④ had better
⑤ don't have to

7

Michael's trainer demanded that he _____ balanced meals every day.

① eat   ② eats   ③ ate
④ eating   ⑤ to eat

8 다음 우리말과 일치하도록 할 때, 빈칸에 들어갈 말로 알맞은 것은?

그는 연습을 많이 했었음이 틀림없다. 그는 자신감에 차 있다.
→ He _____ have practiced a lot. He is full of confidence.

① should   ② cannot   ③ must
④ may   ⑤ would

9 다음 밑줄 친 부분의 쓰임이 나머지 넷과 <u>다른</u> 것은?

① You <u>must</u> come to the party. It will be really fun.

② I <u>must</u> do my best to pass the test.

③ I <u>must</u> get up early tomorrow morning.

④ The room is messy. You <u>must</u> clean it.

⑤ He didn't eat anything yesterday. He <u>must</u> be very hungry now.

10 다음 빈칸에 공통으로 들어갈 말로 알맞은 것은?

- I _____ have spent more time with my son.
- You _____ wear a helmet when riding a bike.

① can ② should ③ used to
④ had better ⑤ cannot

[11-12] 다음 우리말과 일치하도록 괄호 안의 말을 이용하여 빈칸에 알맞은 말을 쓰시오.

11
나는 오늘보다 차라리 내일 수영하러 가겠다. (would)

→ I _____ go swimming tomorrow _____ today.

12
우리는 다음 달에 그 작가의 새 책을 읽을 수 있을 것이다. (will, read)

→ We _____ the writer's new book next month.

13 다음 중 어법상 바르지 <u>못한</u> 것은?

① You ought to not lie to your mother.

② I think you should see a doctor.

③ Jean can't have failed the exam. She studied hard.

④ Where's my luggage? I can't find it.

⑤ John may have been mad because Mary ignored him.

14 다음 문장에서 어법상 바르지 <u>못한</u> 부분을 찾아 바르게 고치시오.

He suggested that I studied harder from now on.

_____ → _____

15 다음 대화의 빈칸에 들어갈 말로 알맞은 것은?

A: I ate a piece of cheesecake this morning. Now I have a terrible stomachache.

B: Well, the cheesecake _____ bad.

① must go ② had better go
③ may have gone ④ would rather go
⑤ should have gone

16 다음 빈칸에 공통으로 들어갈 말을 쓰시오.

- This flower garden _____ be a garage.
- I _____ drink coffee, but now I only drink water.

→ _____

17 다음 우리말을 영어로 바르게 옮긴 것은?

너는 자동차를 점검했어야 했다.

① You should check the car.
② You ought to check the car.
③ You must have checked the car.
④ You can't have checked the car.
⑤ You should have checked the car.

서술형

[18-19] 다음 우리말과 일치하도록 괄호 안의 말을 바르게 배열하시오.

18
그들은 겨울마다 Florida에 방문하곤 했다.
(Florida, every, visit, would, they, winter)

→ _____

19
너는 어둠 속에서 책을 읽지 말아야 한다.
(in the dark, should, you, read, not, books)

→ _____

20 다음 중 주어진 문장과 의미가 같은 것은?

He can't have stolen your money.

① Perhaps he stole your money.
② He couldn't steal your money.
③ He must have stolen your money.
④ I'm not sure that he stole your money.
⑤ It is impossible that he stole your money.

21 괄호 안의 말을 이용하여 다음 대화를 완성하시오.

A: I saw Harry on the basketball court yesterday.
B: You _____ (must) someone else. He was at the office with me yesterday.

22 다음 우리말과 일치하도록 주어진 조건을 이용하여 영작하시오.

조건 1 had better, leave, alone을 사용할 것
조건 2 총 8단어로 쓸 것

너는 네 고양이를 혼자 두지 않는 것이 좋겠다.
→ _____

[23-24] 다음 그림을 보고 보기 의 조동사와 괄호 안의 단어를 이용하여 문장을 완성하시오.

보기   don't have to   cannot

23 John _____ _____
_____ the movie because he doesn't like to see movies. (see)

24 The test will cover units 10 and 11, so I _____ _____ _____
_____ unit 12. (study)

WORD LIST

✓ Grammar

☐ respect	동 존경하다
☐ salty	형 소금이 든, 짠
☐ leave	동 떠나다; 남겨주다
☐ nervous	형 긴장한
☐ skip	동 거르다, 빼먹다
☐ eat out	외식하다
☐ take a break	(잠시) 휴식을 취하다
☐ competition	명 경쟁; 시합
☐ take notes	필기하다
☐ ride	명 놀이기구
☐ as long as	…하는 한, …하는 동안은
☐ fit	형 건강한

✓ Reading

☐ female	형 암컷의
☐ lay	동 (알을) 낳다
☐ rainforest	명 열대우림
☐ hatch	동 부화하다
☐ feed	동 먹이를 주다
☐ separate	형 분리된, 따로 떨어진
☐ absent	형 결석한
☐ remind	동 상기시키다, 다시 한번 알려주다
☐ stay up late	늦게까지 깨어있다
☐ share	동 공유하다
☐ post	동 발송하다; 게시하다
☐ personal information	신상 정보, 개인 정보
☐ clear	형 분명한; 또렷한
☐ fingerprint	명 지문
☐ visible	형 보이는, 알아볼 수 있는
☐ steal	동 훔치다
☐ illegally	부 불법적으로

✓ [continued]

☐ advanced	형 첨단의, 선진의
☐ technology	명 기술
☐ identify	동 확인하다
☐ impolite	형 무례한, 실례가 되는
☐ regularly	부 정기적으로

✓ Communication

☐ business trip	출장
☐ reunion	명 동창회
☐ rude	형 무례한

✓ Final Test

☐ reply	동 대답하다
☐ trust	동 믿다
☐ distribute	동 나누어 주다
☐ forgive	동 용서하다
☐ balanced	형 균형 잡힌
☐ meal	명 식사[끼니]
☐ confidence	명 자신감
☐ messy	형 엉망인, 지저분한
☐ luggage	명 짐
☐ mad	형 몹시 화가 난
☐ from now on	지금부터
☐ go bad	상하다, 썩다
☐ cover	동 씌우다; 다루다

CHAPTER 07

형용사적 수식어구

GET READY

He stared up at the **bright** stars.
(그는 밝은 별을 올려다보았다.)

The hotel **in the middle of the city** is very expensive.
(도시 가운데 있는 그 호텔은 아주 비싸다.)

We walked along the path **covered with leaves**.
(우리는 나뭇잎으로 덮인 길을 따라 걸었다.)

명사를 수식하는 말에는 대표적으로 형용사가 있어요. 하지만 형용사 외에 전치사구, 부정사, 분사 등도 명사를 수식할 수 있답니다. 이번 과에서는 문장의 구조를 쉽게 이해할 수 있도록, 명사를 꾸미는 다양한 형태의 수식어구들에 대해 알아볼 거예요.

A 형용사적 수식어구: 형용사(구), to부정사(구), 전치사구

1 형용사(구)

1) 명사의 앞에서 수식: 형용사는 명사나 대명사를 수식하며, 보통 수식하는 (대)명사의 앞에 위치한다.

Mr. Grant stayed in the **old** *hotel* for a week.

2) 명사의 뒤에서 수식

① -thing, -body, -one 등으로 끝나는 대명사를 수식할 때

Have you ever seen *anyone* **famous**?

② 수식어가 다른 어구와 함께 쓰여서 길어질 때

I like to watch *movies* **full of hope and humor**.

2 to부정사(구)

to부정사(구)는 명사를 뒤에서 수식하는 형용사 역할을 할 수 있다.

I don't have enough *time* **to exercise**.

Do you have *anything* **to drink**?

TIPS

-thing, -body, -one으로 끝나는 대명사를 형용사와 to부정사가 함께 수식할 때는 「-thing/-body/-one+형용사+to-v」의 순서로 쓴다.

I bought **something interesting to read** on the train. (나는 기차에서 읽을 재미있는 것을 샀다.)

➕ **내신 POINT PLUS**

전치사를 동반하는 to부정사

「동사+전치사」로 이루어진 동사구의 경우 to부정사로 쓸 때 전치사를 빠뜨리지 않도록 주의한다.

He has a robot **to play with**. (그는 가지고 놀 로봇이 있다.)
I need some paper **to write on**. (나는 쓸 종이가 조금 필요하다.)

3 전치사구

전치사구 또한 명사를 뒤에서 수식하는 형용사 역할을 할 수 있다. 특히 주어를 수식하는 경우, 수식하는 전치사구가 어디까지인지를 알아야 문장의 주어와 동사를 제대로 파악할 수 있다.

Blake works in *the office* **at the end of the hall**.

The kid **behind me** kept kicking my seat.

A 보기 와 같이 굵게 쓰여진 말을 꾸며 주는 부분에 밑줄을 그으시오.

> 보기 I took a picture with Robert, a <u>famous</u> **actor**.

1 She is a very considerate **person**.
2 I have **nothing** to do at the moment.
3 Is there **anything** interesting in today's paper?
4 **The milk** in the refrigerator has gone bad.

WORDS

A
considerate 형 사려 깊은
at the moment 바로 지금
paper 명 종이; *신문
go bad 상하다, 썩다

B 다음 괄호 안에서 알맞은 말을 고르시오.

1 He asked for some money (buy / to buy) a new smartphone.
2 There were many chairs (to sit / to sit on) in the classroom.
3 Is there (wrong anything / anything wrong) with this computer?
4 There are a lot of (stars invisible / invisible stars) to the naked eye.

B
invisible 형 보이지 않는
naked eye 육안, 맨눈

C 다음 문장에서 괄호 안의 수식어구가 들어갈 위치로 알맞은 곳을 고르시오.

1 What's ① all ② this stuff ③ ? (on the floor)
2 Spring is ① the best ② time ③. (to visit the island)
3 That ① blouse ② is very cheap ③. (with small polka dots)
4 I want to do ① something ② for ③ my girlfriend. (special)

C
stuff 명 물건
polka dot 물방울무늬

D 다음 밑줄 친 부분을 바르게 고치시오.

1 I have nothing <u>to report particular</u>.
2 Larry saw <u>a cat black</u> on his way home.
3 He has many problems <u>to deal</u>.
4 There was <u>unfamiliar somebody</u> at the front door.

D
particular 형 특정한; *특별한
on one's way home 집으로
돌아오는 길에
unfamiliar 형 익숙지 않은, 낯선

GRAMMAR FOCUS

B 형용사적 수식어구: 분사(구)

1 분사의 종류와 의미

분사는 명사의 앞이나 뒤에서 명사를 수식하며, 현재분사(v-ing)와 과거분사(v-ed)의 두 종류가 있다.

- 현재분사(v-ing): '…하는, …하고 있는'의 뜻으로, 능동·진행의 의미를 나타낸다.
- 과거분사(v-ed): '…된, …한'의 뜻으로, 수동·완료의 의미를 나타낸다.

2 분사(구)의 수식 위치

1) 앞에서 수식: 분사가 단독으로 명사를 수식하는 경우

Do you know that **singing** *couple*? / Ron couldn't move his **broken** *leg*.

2) 뒤에서 수식: 분사가 목적어나 보어, 수식어구 등의 다른 어구를 포함하는 경우

There are many *people* **waiting in line**. / *A woman* **named Betty** said hello to me.

3 형용사로 쓰이는 분사

일부 분사의 경우 형용사처럼 굳어져서 사용된다. 특히, 감정을 나타내는 분사의 경우 수식을 받는 (대)명사가 감정을 일으킬 때는 현재분사를, 감정을 느낄 때는 과거분사를 쓴다.

I heard an **interesting** *story* from her.　　interesting '흥미로운'
Anyone **interested** can participate in this event.　　interested '흥미 있어 하는'

♦ MORE EXPRESSIONS

- exciting (신나게 하는) – excited (신난, 흥분한)
- boring (지루하게 하는) – bored (지루해하는)
- amazing (놀랄 만한) – amazed (놀란)
- shocking (충격적인) – shocked (충격받은)
- surprising (놀라게 하는) – surprised (놀란)
- disappointing (실망스러운) – disappointed (실망한)

⊕ 내신 POINT PLUS

분사의 기타 역할

1 진행형·수동태·완료형을 만들 때

Lisa is **making** some chocolate cookies. (Lisa는 약간의 초콜릿 쿠키를 만들고 있다.) 〈진행형〉
He is **loved** by many people in town. (그는 동네의 많은 사람들에게 사랑받는다.) 〈수동태〉
I have **taught** English for three years. (나는 3년 동안 영어를 가르쳐 왔다.) 〈완료형〉

2 주격 보어, 목적격 보어가 될 때

Our team's performance was **disappointing**. (우리 팀의 성과는 실망스러웠다.) 〈주격 보어〉
I kept the door **shut**. (나는 문을 닫아 두었다.) 〈목적격 보어〉

3 분사구문을 만들 때

Being busy, I couldn't come to the meeting. (바빠서 나는 회의에 참석할 수 없었다.)

A 다음 괄호 안에서 알맞은 말을 고르시오.

1 Who is the man (walking / walked) with David?

2 This is a (boring / bored) book (writing / written) by a politician.

3 The cameras (making / made) in Japan are very popular.

4 Please visit our (exciting / excited) website for more information.

5 He has been looking for the (hiding / hidden) treasure for his whole life.

WORDS

A
politician 몡 정치인
treasure 몡 보물

B 다음 우리말과 일치하도록 괄호 안의 말을 알맞은 형태로 쓰시오.

1 무대에서 피아노를 치고 있는 소년은 내 남동생이다. (play)

→ The boy _____ the piano on the stage is my younger brother.

2 그것은 '탈'이라고 불리는 한국 전통의 가면이다. (call)

→ It's a traditional Korean mask _____ a *tal*.

3 경찰은 그 도둑맞은 그림들을 차고에서 발견했다. (steal)

→ The police found the _____ paintings in a garage.

4 도로를 가로질러 달리고 있는 그 여자는 낮익어 보인다. (run)

→ The woman _____ across the street looks familiar.

5 나는 끓고 있는 물에 소금을 약간 추가했다. (boil)

→ I added some salt to the _____ water.

B
traditional 혱 전통의, 전통적인
garage 몡 차고
familiar 혱 잘 알려진, 낮익은

C 다음 밑줄 친 부분을 바르게 고치시오.

1 Justin ran away from the <u>bark</u> dog.

2 We couldn't believe the <u>surprised</u> news.

3 The narrow road was blocked by <u>falling</u> trees.

4 Where is the suitcase <u>own</u> by Jenny?

5 The person <u>left</u> the classroom last should lock the door.

C
run away 달아나다
bark 동 (개가) 짖다
narrow 혱 좁은
block 동 막다
own 동 소유하다

A 다음 밑줄 친 부분을 바르게 고치시오.

1 The girl has a lot of friends <u>to play</u>.

2 A <u>frightened</u> thought suddenly came into my mind.

3 I needed <u>nice something to wear</u>, so I went shopping.

4 I made a reservation for a twin room <u>stay</u> in for two days.

B 다음 우리말과 일치하도록 괄호 안의 말을 이용하여 문장을 완성하시오.

1 그 배우는 그를 따라오는 기자들로부터 숨었다. (the reporters, follow)

→ The actor hid from _____ _____ _____

_____.

2 그녀에 의해 디자인된 그 드레스가 우리의 가장 잘 팔리는 상품이다.
(the dress, design)

→ _____ _____ _____ by her is our best seller.

3 나는 그 파티에 대해 제안할 아이디어를 가지고 있다. (an idea, suggest)

→ I have _____ _____ _____ _____ for
the party.

4 그 놀라운 발견은 세계를 변화시킬 것이다. (surprise, discovery)

→ The _____ _____ will change the world.

C 다음 두 문장을 한 문장으로 바꿀 때 빈칸에 알맞은 말을 쓰시오.

1 That backpack is mine. It is on the bench.

→ That backpack _____ _____ _____ is mine.

2 I bought a guidebook. It is useful for traveling around Europe.

→ I bought a guidebook _____ _____ _____

_____ _____.

3 The problem hasn't been solved yet. It was discussed on
Monday.

→ The problem _____ _____ _____ hasn't
been solved yet.

1 다음 우리말과 일치하도록 할 때, 빈칸에 들어갈 말로 알맞은 것은?

그 갓 구워진 빵은 매우 맛있어 보인다.
→ The freshly _____ bread looks very delicious.

① bake   ② baked   ③ baking
④ to bake   ⑤ was baked

2 다음 빈칸 ⓐ와 ⓑ에 들어갈 말이 바르게 짝지어진 것은?

- They saw a ____ⓐ____ object in the night sky.
- The ____ⓑ____ spectators left the stadium.

       ⓐ   ⓑ   ⓐ   ⓑ
① fly   – disappoint   ② flying – disappointing
③ flying – disappointed   ④ flown – disappointed
⑤ flown – disappointing

WORDS

2
object 몡 물건, 물체
spectator 몡 관중
stadium 몡 경기장

3 다음 중 어법상 바르지 <u>못한</u> 것은?

① He lifted the bucket full of water.
② She doesn't have anyone to eat lunch.
③ I can't find anything better than this shirt.
④ The excited crowd of people began to shout.
⑤ Some people on the bus are listening to music.

3
bucket 몡 양동이

4 다음 대화를 읽고, ⓐ~ⓒ의 단어를 각각 알맞은 형태로 쓰시오.

A: It's perfect weather ⓐ (go) on a picnic!
B: What about going to the square? There will be a festival!
A: Is there anything ⓑ (interest) at the festival?
B: I heard there will be an ⓒ (amaze) magic show.

ⓐ _____   ⓑ _____   ⓒ _____

4
square 몡 광장

A 다음 우리말과 일치하도록 괄호 안의 말을 바르게 배열하시오.

1 나는 2차 세계 대전에 관한 다큐멘터리를 보았다.
(watched, about, I, a documentary, World War II)
→ _____

2 Sarah는 십 대들에게 인기 있는 모자를 쓰고 있다.
(popular with, a cap, Sarah, teens, is wearing)
→ _____

3 이것은 이야기할만한 흥미로운 주제이다.
(is, an, interesting, to, about, topic, talk, this)
→ _____

B 다음 우리말과 일치하도록 괄호 안의 말을 이용하여 문장을 완성하시오.

1 나는 백 년 전에 지어진 교회를 방문했다. (a church, build)
→ I visited _____ _____ _____ a hundred years ago.

2 그녀는 TV에서 볼 웃긴 것을 찾고 있었다. (funny, watch)
→ She was looking for something _____ _____ _____ on TV.

3 그 공원을 청소하고 있는 학생들은 자원봉사자들이다. (clean, the park)
→ The students _____ _____ _____ are volunteers.

C 괄호 안의 말을 바르게 배열하여 다음 글을 완성하시오.

I found an old lamp in the closet, and I rubbed it. **1** Then _____
_____ (strange, happened, something). A genie appeared and
asked my three wishes. **2** When I said I needed money, he gave me
_____ (a bag, of, full, money).
When I said I wanted a nice car, a fancy sports car arrived.
3 Lastly, I said I needed _____
(a, house, big, to, in, live). My house suddenly became a palace!
"I have everything I need!" I shouted. But just at that moment,
my alarm woke me up from my dream.

1

A program **called "Poop Power"** is getting a lot of attention in Waterloo, Canada. In the past, the city had a serious problem with dog waste **on sidewalks and in parks**. This program, however, has solved the problem by turning the waste into a natural resource. It features special bins **buried in the ground**.

Dog owners <u>walking</u> their pets can simply drop waste into the bins. Later, the waste is collected and brought to a special facility. There, it is mixed with other materials and left in oxygen-free *vats for several weeks. During this time, the bacteria **in the dog waste** releases gas that can be used to run generators. The city hopes each bin will provide enough electricity **to power 26 homes for one year**. The leftover material will be used as fertilizer for farms and gardens.

*vat (산업 현장에 쓰는) 통

1 위 글의 제목으로 가장 알맞은 것은?
  ① A New Kind of Electricity
  ② Pollution Caused by Dogs
  ③ Finding a Use for Dog Waste
  ④ Fertilizer That Runs Generators
  ⑤ Teaching Dogs to Clean Up Waste

2 위 글의 밑줄 친 <u>walking</u>과 쓰임이 같은 것은?
  ① Tommy is <u>telling</u> us an interesting story.
  ② The man <u>standing</u> next to you is my father.
  ③ <u>Reading</u> books is Jessie's favorite hobby.
  ④ She enjoys <u>learning</u> new scientific facts.
  ⑤ We began <u>playing</u> basketball to get healthy.

WORDS **attention** 몡 주의; *관심   **sidewalk** 몡 보도, 인도   **natural resource** 천연자원   **feature** 동 특별히 포함하다, 특징으로 삼다
bin 몡 쓰레기통   **bury** 동 묻다; *(땅속에) 숨기다   **ground** 몡 땅   **collect** 동 모으다, 수집하다
facility 몡 ¹_____   **several** 혱 (몇)몇의   **release** 동 풀어주다; *방출하다   **generator** 몡 발전기
electricity 몡 전기   **leftover** 혱 나머지의   **fertilizer** 몡 ²_____   [문제] **pollution** 몡 오염

2

Each year, about 3.4 million people **around the world** die because they don't have clean water. To solve this problem, a non-profit organization **in the U.S.** has created a book **titled *The Drinkable Book*.** (①) The book is made of special filter paper that can purify dirty water. (②) Each piece of paper is coated with silver *nanoparticles and can remove 99.9% of bacteria, including *cholera, *E. coli*, and typhoid. (③) Just tear out a page, place it inside the filter box, and pour the **polluted** water through it. (④) Each page can purify water for up to thirty days. Each book has (enough, to, four, last, pages, years). (⑤) Moreover, you can learn safe water habits from tips that are printed on each page in edible ink.

*nanoparticle 나노입자(천만분의 1미터 이하인 미세 입자)
*cholera 콜레라, E. coli 대장균, typhoid 장티푸스

---

1 Where would the following sentence best fit?

The book works in three simple steps.

①   ②   ③   ④   ⑤

(!) 서술형

2 Unscramble the words to complete the sentence.

→ Each book has _____.

(enough, to, four, last, pages, years)

A 슬픔, 불만족, 실망의 원인에 대해 묻기

A: **Why are you so disappointed?**
(너는 왜 그렇게 실망했니?)

B: I got a C on my math test.
(나는 수학 시험에서 C를 받았어.)

'Why are you so disappointed[sad]?'는 '너는 왜 그렇게 실망했니[슬프니]?'의 의미로 불만족하거나 실망한[슬픈] 일의 원인에 대해 묻는 표현이다. 이와 유사한 표현으로는 'What's the matter?' '무슨 일이니?' 또는 'What's bothering you?' '무슨 일(걱정)이 있니?' 등이 있다.

➕ EXPRESSION PLUS

A: You seem disappointed. **What's the matter**? (너 실망한 것처럼 보여. 무슨 일이니?)

B: My friends canceled our plans for this weekend. (내 친구들이 이번 주말의 우리 계획을 취소했어.)

A: **What's bothering you** nowadays? (요즘 무슨 일이 있니?)

B: I can't concentrate on school work. (나는 학교 공부에 집중할 수가 없어.)

Check-Up

1 다음 대화의 빈칸에 들어갈 말로 알맞은 것을 고르시오.

A: You look down. _____
B: My best friend is mad at me. I don't know what to do.

① What did you do?　　② How did you do that?
③ What's the matter?　　④ What do you think of it?
⑤ How do you feel about it?

WORDS

1
down 형 우울한
mad 형 화난

2 대화가 자연스럽게 이어지도록 (A)~(D)를 바르게 배열하시오.

(A) Oh, I'm so sorry. I hope he feels better soon.
(B) My dog is very sick. I'm so worried.
(C) Thank you.
(D) You don't look well. What's bothering you?

_____ → _____ → _____ → _____

B 허락 요청하고 답하기

A: **Do you mind if I** use your pen?
(내가 네 펜을 빌려도 될까?)

B: Of course not. You can give it back to me after you use it.
(물론이지. 쓰고 난 후 내게 다시 돌려주면 돼.)

「Do you mind if I ~?」는 '제가 ~해도 될까요?'의 의미로 상대방에게 허락을 구할 때 쓰는 표현이다. 허락을 구하는 다른 표현으로는 「Is it okay if I ~?」 '제가 ~해도 괜찮을까요?', 「Would it be possible ~ ?」 '~하는 것이 가능할까요?' 등이 있고 좀 더 정중한 표현으로 「I was wondering if I ~」 '제가 ~해도 되는지 궁금합니다'가 있다.

➕ EXPRESSION PLUS

· **Is it okay if I** close the door? (내가 문을 닫아도 될까?)
· **Would it be possible** to sit next to you? (당신 옆에 앉아도 될까요?)
· **I was wondering if I** could stay two days longer. (제가 이틀 더 머물러도 되는지 궁금합니다.)

> **TIPS**
> 「Do you mind if I ~?」를 직역하면 '당신은 제가 ~하는 것을 꺼리나요?'라는 의미로, 긍정의 대답을 할 경우에는 '아니요, 전혀 그렇지 않습니다.'의 의미가 될 수 있는 'Not at all.', 'Certainly[Of course] not.' 등의 표현을 쓰고, 부정의 대답을 할 경우에는 'I'm afraid I do.', 'I'm sorry you can't.' 등의 표현을 쓴다.

Check-Up

1 다음 대화의 빈칸에 들어갈 말로 알맞지 <u>않은</u> 것은?

WORDS

A: Do you mind if I eat this apple pie?
B: _____ I am really full.

① No, I don't mind. ② Of course not.
③ Not at all. ④ Certainly not.
⑤ I'm sorry you can't.

2 다음 괄호 안의 말을 이용하여 대화를 완성하시오.

A: _____ _____ _____ _____ to turn off the television? (would, possible)
B: Go ahead.

1 다음 정의에 해당하는 단어를 고르면?

to make water, land, or air dirty and dangerous

① coat ② block ③ pour
④ purify ⑤ pollute

2 다음 빈칸에 들어갈 말을 보기에서 골라 쓰시오.

보기 feature collect release

(1) This car _____s a self-driving mode.
(2) My old phone _____s a lot of heat.

3 다음 질문에 대한 대답으로 알맞지 <u>않은</u> 것은?

What's bothering you?

① I have a horrible headache.
② I'm really sorry to bother you.
③ I can't sleep well these days.
④ I have a lot of homework to do.
⑤ I had an argument with my mother.

4 대화가 자연스럽게 이어지도록 (A)~(D)를 바르게 배열하시오.

(A) I want to join it too. Is it okay if I join you?
(B) Thanks. I'll see you then.
(C) I made an English conversation study group with several friends.
(D) Sure. Our first meeting is tomorrow.

_____ → _____ → _____ → _____

5 다음 대화의 빈칸에 들어갈 말로 알맞은 것은?

A: _____
B: I'm afraid I do. I'm listening to it.

① Is it okay if I turn on the radio?
② Would it be possible to turn on the radio?
③ Why did you turn off the radio?
④ I was wondering if I could listen to the radio.
⑤ Do you mind if I turn off the radio?

[6-8] 다음 빈칸에 들어갈 말로 알맞은 것을 고르시오.

6 Christine was the last student _____ her homework.

① hands in ② handed in
③ to hand in ④ was handed in
⑤ being handed in

7 The man _____ a dog is my uncle.

① walks ② walked ③ walking
④ being walked ⑤ has walked

8 A guitar _____ only once was sold at the auction.

① played ② plays ③ is played
④ playing ⑤ was played

[9-10] 괄호 안의 수식어(구)를 적절한 자리에 넣어 문장을 다시 쓰시오. (필요한 경우, 형태를 변형할 것)

9   The boy is my friend. (under the tree)

→ _____

10   Something happened last night.
(surprise)

→ _____

11 다음 중 어법상 바르지 <u>못한</u> 것은?

① I bought a scarf made of silk.
② Look at the car coming over the hill.
③ My family lives in a peaceful village.
④ I'd like to eat something spicy for lunch.
⑤ We had nothing saying about the matter.

12 다음 빈칸 ⓐ와 ⓑ에 들어갈 말이 바르게 짝지어진 것은?

- I bought a _____ⓐ_____ TV at a good price.
- That boy _____ⓑ_____ across the school yard looks like my brother.

	ⓐ	ⓑ		ⓐ	ⓑ
①	use	– runs	②	using	– running
③	using	– ran	④	used	– running
⑤	used	– runs			

13 다음 두 문장을 한 문장으로 바르게 고친 것은?

He ate a waffle. It was covered with maple syrup.

① He ate a waffle covering maple syrup.
② He ate a waffle covering with maple syrup.
③ He ate a waffle covered maple syrup.
④ He ate a waffle covered with maple syrup.
⑤ He ate a waffle was covered with maple syrup.

14 다음 우리말과 일치하도록 괄호 안의 말을 바르게 배열하시오.

우리는 그곳의 아름다운 경치로 유명한 해변을 거닐었다.
(a beach, walked along, its, we, beautiful, famous for, scenery)

→ _____

_____

15 다음 밑줄 친 부분 중 쓰임이 나머지 넷과 <u>다른</u> 것은?

① She wants to have something <u>to drink</u>.
② She made a promise <u>to come</u> again.
③ Grace is looking for a chair <u>to sit</u> on.
④ My dream is <u>to become</u> a famous chef.
⑤ I don't have enough time <u>to read</u> a book.

16 다음 중 어법상 바른 것은?

① I am looking for a roommate to live.
② A baseball team called the Magicians won the championship.
③ I think home is the best place relaxing.
④ When does this bored class end?
⑤ The woman waited for the bus is Rachel.

! 서술형

17 다음 우리말과 일치하도록 괄호 안의 말을 이용하여 문장을 완성하시오.

Joe는 스페인어로 쓰여진 책을 읽는 것을 좋아한다. (write)

→ Joe likes to read books _____ in Spanish.

18 다음 우리말을 영어로 바르게 옮긴 것은?

나는 얘기할 많은 것들을 갖고 있다.

① I have a lot of to talk about things.
② I have a lot of things talking about.
③ I have to talk about a lot of things.
④ I have a lot of things talked about.
⑤ I have a lot of things to talk about.

19 다음 밑줄 친 부분 중 어법상 바르지 못한 것은?

I went to a ① famous bakery to buy a birthday cake ② for my mom. There were many cakes ③ displaying in the window. I chose one ④ decorated with strawberries. My mom will be ⑤ pleased with the cake.

내신 완성 서술형

20 다음 문장을 바르게 고쳐 쓰시오. (두 군데, to부정사를 사용할 것)

Do you know any places good take a walk around here?

→ _____
_____

21 그림을 보고, 괄호 안의 말을 이용하여 문장을 완성하시오.

→ The girl _____ _____ _____ _____ the café is my daughter. (stand, front)

[22-23] 다음 두 문장을 분사를 이용하여 한 문장으로 바꾸시오.

22 The reporter interviewed the man. He was caught by police.
→ _____
_____

23 I met a man. He works as a hair stylist in a local salon.
→ _____
_____

WORD LIST

✓ Grammar

☐ considerate	형 사려 깊은
☐ invisible	형 보이지 않는
☐ stuff	명 물건
☐ particular	형 특정한; 특별한
☐ unfamiliar	형 익숙지 않은, 낯선
☐ participate	동 참가하다
☐ performance	명 공연; 성과
☐ politician	명 정치인
☐ treasure	명 보물
☐ traditional	형 전통의, 전통적인
☐ bark	동 (개가) 짖다
☐ narrow	형 좁은
☐ thought	명 생각
☐ make a reservation	예약하다
☐ discovery	명 발견
☐ discuss	동 상의하다
☐ spectator	명 관중
☐ square	명 광장

✓ Reading

☐ attention	명 주의; 관심
☐ sidewalk	명 보도, 인도
☐ feature	동 특별히 포함하다, 특징으로 삼다
☐ facility	명 시설
☐ release	동 풀어주다; 방출하다
☐ electricity	명 전기
☐ leftover	형 나머지의
☐ fertilizer	명 비료
☐ non-profit	형 비영리적인
☐ organization	명 조직, 단체
☐ purify	동 정화하다
☐ remove	동 없애다, 제거하다

☐ tear out	…을 뜯다
☐ pollute	동 오염시키다

✓ Communication

☐ bother	동 신경 쓰이게 하다
☐ concentrate on	…에 집중하다
☐ down	형 우울한
☐ mad	형 화난

✓ Final Test

☐ heat	명 열기, 열
☐ argument	명 논쟁; 언쟁, 말다툼
☐ hand in	제출하다
☐ hill	명 언덕
☐ peaceful	형 평화로운
☐ matter	명 문제[일]
☐ be covered with	…로 덮이다
☐ scenery	명 경치
☐ relax	동 휴식을 취하다
☐ display	동 진열하다
☐ decorate with	…로 장식하다
☐ hair stylist	미용사, 헤어 디자이너
☐ local	형 지역의

CHAPTER 08

부사적 수식어구

🔍

● **GET READY**

Mark will stay **at Jinsu's house** when he travels to Korea.
(Mark는 한국을 여행할 때 진수의 집에 머무를 것이다.)

I was surprised **to see** Mike **at the gym**.
(나는 체육관에서 Mike를 보고 놀랐다.)

My nephew is **too young to eat** spicy food.
(나의 조카는 너무 어려서 매운 음식을 먹을 수 없다.)

부사는 동사, 형용사, 다른 부사 또는 문장 전체를 꾸미는 역할을 해요. 전치사구와 to부정사도 이와 같은 부사적 기능을 할 수 있답니다. 이번 과에서는 부사와 전치사구, 그리고 to부정사의 다양한 부사적 쓰임에 대해 알아볼 거예요.

A 부사적 수식어구: 부사, 전치사구, to부정사(구)

1 부사

부사는 동사, 형용사, 다른 부사 또는 문장 전체를 꾸며 준다.

Amy *will enter* a singing contest **soon**. 〈동사 수식〉

This question is **too** *difficult* for me. 〈형용사 수식〉

Cars are going **very** *fast* on the road. 〈부사 수식〉

Luckily, *no one was injured in the accident*. 〈문장 전체 수식〉

> **TIPS**
>
> 의미에 주의해야 하는 부사
> late '늦게' / lately '최근에'
> near '가까이' / nearly '거의'
> most '가장' / mostly '대개'
> hard '열심히' / hardly '거의 …아니다'

2 전치사구

전치사가 이끄는 어구가 문장에서 부사처럼 쓰이기도 한다.

He *plays* basketball **at school** every day. 〈동사 수식〉

Switzerland is really *famous* **for its cheese**. 〈형용사 수식〉

Paul sat *close* **to the back door**. 〈부사 수식〉

> **➕ 내신 POINT PLUS**
>
> 「with+목적어+분사/형용사/부사/전치사구」
> '(목적어가) …한/된 채로, …인 상태로'의 의미로, 두 가지 상황이 동시에 일어나고 있음을 나타낸다. 분사가 쓰일 경우 목적어와의 관계가 능동이면 현재분사를, 수동이면 과거분사를 사용한다.
> Kim sat **with her dog sleeping** at her feet. (Kim은 발치에 그녀의 강아지가 잠든 채로 앉아있었다.)
> Matt was watching TV **with his mouth full**. (Matt은 입에 음식이 가득한 채로 TV를 보고 있었다.)

3 to부정사(구)

1) 목적: '…하기 위해' (= in order to)
Sally turned on the light **to wake up her brother**.

2) 감정의 원인: '…해서, …하니'
I'm happy **to hear** that you had fun during the vacation.

3) 결과: '…해서 (그 결과) ~하다'
The girl grew up **to become a lawyer**.

4) 판단의 근거: '…을 보니, …하다니'
She must be foolish **to trust him**.

5) 형용사 수식: '…하기에 (~하다)'
Laura's handwriting was *difficult* **to read**.

A 보기 와 같이 굵게 쓰여진 말을 꾸며 주는 부분에 밑줄을 그으시오.

보기 Our train **will leave** soon.

1 That math problem was **hard** to solve.

2 Lisa **prepared** perfectly for the final exams.

3 Tina and Eric **live** in the same apartment building.

4 Do you know who is **responsible** for the accident?

WORDS

A
prepare 동 준비하다
final exam 기말고사
responsible 형 책임이 있는

B 다음 괄호 안에서 알맞은 말을 고르시오.

1 They came back from the party (late / lately) last night.

2 I hope to go abroad (experience / to experience) new cultures.

3 The Great Wall is one of the (most / mostly) popular places in China.

4 Jim was waiting for me (with / by) his hands in his pockets.

B
go abroad 외국에 가다
experience 동 경험하다
wait for …을 기다리다

C 다음 우리말과 일치하도록 괄호 안의 말을 이용하여 빈칸에 알맞은 말을 쓰시오.

1 나는 일어나서 집에 아무도 없다는 것을 알았다. (find)

→ I woke up _____ no one else in the house.

2 Ron은 그 가수의 콘서트를 놓쳐서 실망했다. (miss)

→ Ron was disappointed _____ the singer's concert.

3 놀랍게도, 그 팀은 월드컵 16강에 진출했다. (surprising)

→ _____, the team made the round of 16 at the World Cup.

4 Ross는 팔짱을 낀 채로 벽에 기대어 서 있었다. (cross)

→ Ross was standing against the wall _____ his arms _____.

C
round 명 (스포츠 대회에서) 회전
cross 동 서로 겹치게 놓다

D 다음 밑줄 친 부분을 바르게 고치시오.

1 The audience watched the musical <u>silent</u>.

2 He must be kind <u>smile</u> all the time.

3 My dad has worked for his company for <u>near</u> ten years.

D
audience 명 청중[관중]
silent 형 조용한

GRAMMAR FOCUS

B to부정사를 활용한 다양한 표현

1 정도, 결과를 나타내는 to부정사 구문

1) too ... to-v: '너무 ···해서 ~할 수 없다' (= so ... that+주어+cannot[can't] ~)

This cake is **too sweet for me to eat**.
(→ This cake is **so sweet that I cannot eat** it.)
It was raining **too hard for us to go** out.
(→ It was raining **so hard that we couldn't go** out.)

2) ... enough to-v: '~할 정도로 충분히 ···한' (= so ... that+주어+can ~)

Some typhoons are **strong enough to destroy** buildings.
(→ Some typhoons are **so strong that they can destroy** buildings.)
This tent is **big enough for our whole family to sleep** in.
(→ This tent is **so big that our whole family can sleep** in it.)

2 문장 전체를 수식하는 to부정사

to부정사는 그 자체로 독립적인 뜻을 가져서, 문장 전체를 수식하기도 한다.

He is, **so to speak**, the father of classical music.　　so to speak '말하자면'
Strange to say, I like the hot and humid weather.　　strange to say '이상한 이야기지만'

> **◉ MORE EXPRESSIONS**
>
> • to be sure 확실히　　　　　　　　　• to tell (you) the truth 사실대로 말하면
> • to be honest 솔직히 말하면　　　　• not to mention ···은 말할 것도 없이
> • to make matters worse 설상가상으로　• to make a long story short 요약하자면

> **⊕ 내신 POINT PLUS**
>
> 「be+형용사+to부정사」
>
> to부정사가 형용사와 결합하여 다양한 의미로 쓰이기도 한다.
> • be likely to-v ···할 것 같다　　　• be willing to-v 기꺼이 ···하다
> • be easy to-v ···하기 쉽다　　　　• be free to-v 자유롭게 ···하다
> • be sure to-v 반드시 ···하다　　　• be ready to-v ···할 준비가 되어 있다
>
> Charlie **is sure to be** elected school president. (Charlie는 반드시 학생회장으로 선출될 것이다.)
> All students **are free to use** the library. (모든 학생들은 도서관을 자유롭게 이용할 수 있다.)

A 다음 괄호 안에서 알맞은 말을 고르시오.

1 I'm (too / so) tired to finish the work tonight.

2 I'm willing (to teach / teaching) you how to play the piano.

3 He is strong (enough to win / to win enough) the boxing match.

WORDS

A
match 몡 경기, 시합

B 다음 우리말과 일치하도록 빈칸에 알맞은 말을 쓰시오.

1 그녀의 요리법은 따라 하기에 쉽다.

→ Her recipe ＿＿＿＿＿ ＿＿＿＿＿ ＿＿＿＿＿ follow.

2 말하자면, 우리 고양이는 우리 가족의 일원이다.

→ Our cat is a member of our family, ＿＿＿＿＿ ＿＿＿＿＿

＿＿＿＿＿.

3 Olivia는 내가 어려움에 처할 때 나를 도와줄 것 같다.

→ Olivia ＿＿＿＿＿ ＿＿＿＿＿ ＿＿＿＿＿ help me when I'm

in trouble.

4 솔직히 말하면, 나는 당신에게 동의하지 않는다.

→ ＿＿＿＿＿ ＿＿＿＿＿ ＿＿＿＿＿, I don't agree with you.

C 다음 밑줄 친 부분을 바르게 고치시오.

1 Brian was <u>so</u> busy to meet someone.

2 The weather is good enough <u>go</u> on a picnic.

3 All these packages are ready <u>being</u> sent to America.

C
package 몡 꾸러미, 소포

D 두 문장의 의미가 같도록 문장을 완성하시오.

1 I was too full to eat more food.

→ I was ＿＿＿＿＿ ＿＿＿＿＿ ＿＿＿＿＿ I ＿＿＿＿＿ eat

more food.

2 She is brave enough to chase thieves.

→ She is ＿＿＿＿＿ ＿＿＿＿＿ ＿＿＿＿＿ she ＿＿＿＿＿

chase thieves.

3 My shoes are so dirty that I can't wear them.

→ My shoes are ＿＿＿＿＿ ＿＿＿＿＿ for me ＿＿＿＿＿

＿＿＿＿＿.

D
full 혱 배부르게 먹은
chase 동 뒤쫓다
thief 몡 도둑

A 다음 밑줄 친 부분을 바르게 고치시오.

1 <u>Be sure</u>, this is not a small matter.

2 I always try to study <u>hardly</u> for exams.

3 Kate went to the mall <u>buy</u> some summer clothes.

4 This cup is easy <u>breaking</u>, so you need to be careful.

B 다음 빈칸에 들어갈 말을 보기 에서 골라 알맞은 형태로 쓰시오.

> 보기 late   fortunate   blow   ride

1 I have been playing the trumpet _____.

2 _____, there were still a few empty seats.

3 The boy is not tall enough _____ the roller coaster.

4 Mia was standing outside with her hair _____ in the wind.

C 다음 우리말과 일치하도록 괄호 안의 말을 이용하여 빈칸에 알맞은 말을 쓰시오.

1 나는 지금 외출할 준비가 되었다. (go out)

→ I _____ _____ _____ _____ _____ now.

2 이 상자는 너무 커서 나 혼자 들 수 없다. (big, carry)

→ This box is _____ _____ _____ _____ on my own.

3 설상가상으로, 나는 내 돈을 전부 잃어버렸다. (matters)

→ _____ _____ _____ _____, I lost all my money.

4 그 어린 소년은 자라서 유명한 과학자가 되었다. (be, a famous scientist)

→ The young boy grew up _____ _____ _____ _____ _____.

WORDS

A
matter 몡 문제, 일

B
fortunate 혱 운 좋은, 다행인
blow 동 (바람에) 날리다
empty 혱 빈, 비어 있는

C
carry 동 들고 있다

1 다음 빈칸에 들어갈 말로 알맞은 것은?

I was happy _____ to you about the issue.

① talk   ② talked   ③ talks
④ to talk   ⑤ have talked

WORDS

1
issue 명 주제, 쟁점

2 다음 중 밑줄 친 전치사구의 쓰임이 나머지 넷과 <u>다른</u> 것은?

① I wiped my hands <u>with a towel</u>.
② The food <u>in this restaurant</u> is really delicious.
③ Sarah got tired <u>after working out for an hour</u>.
④ It takes ten minutes to get to the bank <u>on foot</u>.
⑤ I was excited because the actor sat <u>beside me</u>.

2
wipe 동 닦다
work out 운동하다
on foot 걸어서

3 다음 중 보기 의 문장과 의미가 같은 것은?

보기 The tea was too hot for me to drink.

① The tea was hot enough to drink.
② The tea wasn't hot enough to drink.
③ The tea was so hot that I could drink it.
④ The tea was so hot that I couldn't drink it.
⑤ The tea wasn't so hot that I could drink it.

4 다음 우리말과 일치하도록 괄호 안의 말을 이용하여 빈칸에 알맞은 말을 쓰시오.

(1) 이 가방은 내 모든 책을 넣을 정도로 충분히 크다. (large)

→ This bag is _____ _____ _____ put all my books in.

(2) 창문이 열린 채로 에어컨을 켜지 마세요. (with, open)

→ Don't turn on the air conditioner _____ _____ _____ _____ .

4
air conditioner 에어컨

A 다음 우리말과 일치하도록 괄호 안의 말을 바르게 배열하시오.

1 나의 친구들과 나는 보육원에서 봉사활동을 할 것이다.

(will volunteer, and, at, my friends, an orphanage, I)

→ _____

2 솔직히 말하면, 그의 행동은 나를 화나게 만들었다. (to, me, his behavior, made, be, honest, mad)

→ _____

3 우리는 당신의 제안을 기꺼이 받아들입니다. (willing, accept, to, we, your, are, suggestion)

→ _____

B 다음 두 문장이 같은 뜻이 되도록 빈칸에 알맞은 말을 쓰시오.

1 Emily washed the dishes because she wanted to help her mother.

→ Emily washed the dishes _____ _____ her mother.

2 The snow is so deep that it can be dangerous.

→ The snow is deep _____ _____ _____ dangerous.

3 The sweater that my sister knitted is so small that I can't wear it.

→ The sweater that my sister knitted is _____ _____ for me _____ _____.

C 괄호 안의 말을 바르게 배열하여 다음 이메일을 완성하시오.

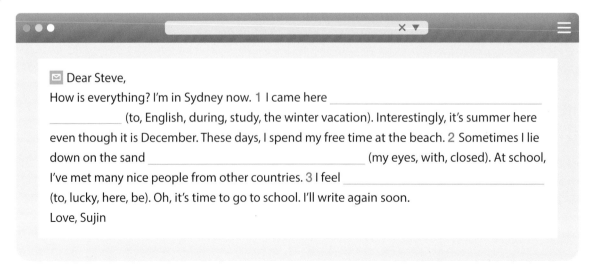

✉ Dear Steve,

How is everything? I'm in Sydney now. **1** I came here _____ _____ (to, English, during, study, the winter vacation). Interestingly, it's summer here even though it is December. These days, I spend my free time at the beach. **2** Sometimes I lie down on the sand _____ (my eyes, with, closed). At school, I've met many nice people from other countries. **3** I feel _____ (to, lucky, here, be). Oh, it's time to go to school. I'll write again soon.

Love, Sujin

1

Lately, more and more consumers have begun to consider the social impact of their purchases. One of the marketing strategies used **to satisfy** these consumers' needs is the "Buy One Give One" or "BOGO" strategy. It started **with a man** named Blake Mycoskie.

While traveling in Argentina in 2006, Blake was shocked **to see** that <u>lots of kids were too poor to buy shoes</u> and suffered injuries to their bare feet. **To help** them, Blake founded a shoe company. It gives a pair of shoes to a child in need for every pair it sells. Many consumers love this idea because it gives them the opportunity to help children simply **by buying** shoes. Since the company was founded, a number of BOGO products have been created, winning consumers' hearts.

1 위 글에서 언급되지 <u>않은</u> 것은?

① what the BOGO strategy is
② how Blake's trip to Argentina inspired him
③ where Blake founded the company
④ how Blake helped children
⑤ why customers like the BOGO strategy

◀)) 서술형

2 위 글의 밑줄 친 부분과 같은 뜻이 되도록 괄호 안의 말을 이용하여 문장을 완성하시오.

→ lots of kids were _____ _____ _____ _____

_____ buy shoes (so)

2

Frida Kahlo was a famous Mexican artist. She is best known **for her self-portraits**. She started painting them after she was in a terrible bus accident. Kahlo was **seriously** injured in the accident, and doctors told her that she would never be able to have children. <u>그녀는 홀로 병원 침대에 있어야 했기 때문에</u>, she started painting pictures of herself. She later said, "I paint myself because I am often alone and I am the subject I know best." Her self-portraits show her physical and emotional pain at that time. Also, they often include monkeys. Many of the monkeys in her paintings seem to be protecting her. **In one of her paintings**, a monkey has its arm around her neck. Kahlo explained that these monkeys represented the children she couldn't have.

1 Which is NOT true about Frida Kahlo according to the passage?
① She is famous for her self-portraits.
② She began to paint herself after suffering an injury.
③ A bus accident made her unable to have children.
④ She expressed her pain in her self-portraits.
⑤ The monkeys in her paintings symbolize her.

2 Unscramble the words to match the Korean sentence.
→ As _____ ,
(stay, alone, had to, in, she, a hospital bed)

WORDS   **self-portrait** 몡 자화상   **seriously** 뭐 심(각)하게   **injure** 동 부상을 입히다   **physical** 혱 육체[신체]의
emotional 혱 1_____   **include** 동 포함하다   **protect** 동 보호하다   **represent** 동 대표하다; *상징하다
[문제] **unable** 혱 …할 수 없는   **express** 동 나타내다, 표현하다   **symbolize** 동 2_____

A 불만 사항 나타내기

> A: Excuse me. **There is a problem with** my food.
> (실례합니다. 제 음식에 문제가 있어요.)
>
> B: I'm sorry. What is the problem?
> (죄송합니다. 무엇이 문제인가요?)
>
> A: There's a hair in it.
> (이 안에 머리카락이 있어요.)

「There is a problem with ~」는 '~에 문제가 있다'라는 의미로 무언가에 대한 문제를 말하며 불평할 때 쓰는 표현이다. 이와 유사한 표현들로는 「It's not fair that ~」 '~하는 것은 불공평하다', 「I'm not happy[satisfied] with ~」 '나는 ~가 만족스럽지 않다' 등이 있다.

➕ EXPRESSION PLUS

· **It's not fair that** he blamed her for the accident. (그가 사고에 대해 그녀 탓을 한 것은 불공평해.)
· **I'm not happy with** my computer. It's too slow. (나는 내 컴퓨터가 만족스럽지 않아. 너무 느려.)
· **I'm not satisfied with** the service of this restaurant. (저는 이 식당의 서비스가 만족스럽지 않아요.)

Check-Up

1 다음 대화의 밑줄 친 문장과 바꿔 쓸 수 있는 것은?

> A: I'm not satisfied with this cell phone.
> B: Can you tell me what the problem is?
> A: The battery dies too quickly.

① I'm happy with this cell phone.
② I bought this cell phone last Sunday.
③ There is a problem with this cell phone.
④ I'd like to recommend this cell phone to you.
⑤ I think this cell phone is better than that one.

WORDS

1
recommend 图 추천하다

2 다음 우리말과 일치하도록 괄호 안의 말을 바르게 배열하시오.
네가 우리의 교실을 청소하지 않아도 되는 것은 불공평하다.
(it's, clean, you, that, our classroom, not, don't have to, fair)

→ _____

B 전화를 하거나 받기

A: Hello? **May I speak to** Jessica, (please)?
(여보세요? Jessica와 이야기할 수 있을까요?)

B: **Who's calling**, (please)?
(누구시죠?)

A: This is Josh. I am calling about a business matter.
(Josh예요. 저는 사업상의 문제로 전화 드렸어요.)

B: Oh. Just a moment, please.
(아. 잠시만 기다려주세요.)

전화를 할 때, 「May[Can] I speak to ~, (please)?」 '~와 이야기할 수 있나요?'를 이용하여 통화하고 싶은 사람을 밝힐 수 있고, 전화를 받을 때는, 'Who's calling, (please)?' '누구세요?'를 이용하여 전화 건 사람을 확인할 수 있다. 메시지를 남길 수 있는지[남길 것인지] 물을 때는 'Can I leave[take] a message?'를 쓸 수 있다.

➕ EXPRESSION PLUS

A: Hello? **Can I speak to** Jason? (여보세요? Jason과 이야기할 수 있나요?)

B: Actually, he is in a meeting right now. **Can I take a message?**
(사실 그는 지금 회의 중이에요. 메시지 남겨드릴까요?)

A: No, thanks. I will call him back. (괜찮아요. 제가 다시 걸게요.)

> **TIPS**
> 전화를 받은 사람 말고 다른 사람에게 연결해 달라고 부탁할 때는 「Could you put me through to ~, (please)?」를 쓸 수 있다.

Check-Up

1 다음 대화의 빈칸에 들어갈 말로 알맞은 것은?

WORDS

> A: Hello. Can I speak to Jenna?
> B: _____
> A: This is her friend, Anne.

① Who's calling, please? ② Who are you calling?
③ Who would you like to call? ④ When are you speaking to her?
⑤ What do you want to say to her?

2 다음 우리말과 일치하도록 괄호 안의 말을 이용하여 문장을 완성하시오.
당신은 저를 Sam에게 연결해 주실 수 있나요? (put, through)
→ Could you _____ _____ _____ _____ Sam,
please?

1 밑줄 친 단어와 유사한 의미의 단어를 고르면?

What is the <u>impact</u> of the policy?

① issue ② purpose ③ effect
④ reason ⑤ history

2 다음 우리말과 일치하도록 빈칸에 알맞은 말을 쓰시오.

그 선생님은 새로운 학습 전략을 제안했다.

→ The teacher suggested a new learning
_____.

3 다음 대화의 빈칸에 들어갈 말로 알맞은 것은?

A: Hello. Can I speak to Ms. Han?
B: I'm sorry, but she's not here now.
A: Oh, okay. _____
B: Sure. Go ahead.

① Who's calling, please?
② Can I leave a message?
③ Can I talk to her right now?
④ Who do you want to speak to?
⑤ Could I take a message for you?

4 대화가 자연스럽게 이어지도록 (A)~(D)를 바르게 배열하시오.

(A) I'm sorry to hear that. Can I ask what the problem is?
(B) There must have been a mistake. I'll send them to you right away.
(C) I want to complain about your delivery service.
(D) I ordered shoes last week, but I haven't received them yet.

_____ → _____ → _____ → _____

!) 서술형

5 다음 우리말과 일치하도록 빈칸에 알맞은 말을 쓰시오.

A: I don't like this hotel.
(나는 이 호텔이 맘에 들지 않아.)
B: What is the problem? (문제가 뭔데?)
A: _____ _____ _____
_____ the room size.
(나는 방 크기가 만족스럽지 않아.)

[6-7] 다음 빈칸에 들어갈 말로 알맞은 것을 고르시오.

6
Scott was _____ busy to spend time with his family last weekend.

① so ② as ③ too
④ much ⑤ enough

7
Max turned on the light _____ read the mystery novel.

① so ② too ③ for
④ in order to ⑤ enough to

8 다음 빈칸에 공통으로 들어갈 말을 쓰시오.

• Henry is likely _____ arrive early.
• David is a walking dictionary, so _____ speak.

[9-10] 다음 우리말과 일치하도록 빈칸에 들어갈 알맞은 말을 고르시오.

9
그녀는 눈에 눈물이 가득한 채로 책을 읽고 있었다.
→ She was reading a book _____
with tears.

① her eyes to fill   ② her eyes fill
③ as her eyes filled   ④ by her eyes filling
⑤ with her eyes filled

10
내가 이 메시지를 기꺼이 Jane에게 전할게.
→ I am _____ give Jane this
message.

① sure to   ② free to   ③ likely to
④ willing to   ⑤ ready to

11 다음 중 어법상 바르지 못한 것은?

① To be honest, I lost your jacket.
② Be careful not to break the vase.
③ Summer vacation starts on July 20.
④ My dad drove his car with the radio on.
⑤ I didn't like your idea, telling you the truth.

●!) 서술형
12 두 문장의 의미가 같도록 문장을 완성하시오.

I am so tall that I can touch the ceiling.

→ I am _____ _____ _____
_____ _____ _____ .

●!) 서술형
[13-14] 다음 우리말과 일치하도록 빈칸에 알맞은 말을 쓰시오.

13
나는 떠날 때 반드시 네게 알려줄게.

→ I'll _____ _____ _____
let you know when I leave.

14
그 계획은 돈은 말할 것도 없이, 시간 낭비일 것이다.

→ The plan will be a waste of time,
_____ _____ _____
money.

●!) 자주 나와요
15 다음 밑줄 친 부분의 쓰임이 나머지 넷과 다른 것은?

① My grandmother lived to be 100 years old.
② I was glad to receive your email.
③ I'm tired, so I don't want to work late.
④ I went to the store to buy some snacks.
⑤ He must be polite to say thank you all the time.

16 다음 우리말을 영어로 바르게 옮긴 것은?

그 호수는 너무 깊어서 네가 수영할 수 없다.

① The lake is so deep for you to swim in.
② The lake is too deep for you to swim in.
③ The lake is so deep that you can swim in.
④ The lake isn't deep enough for you to swim in.
⑤ The lake is too deep that you can't swim in.

[17-18] 다음 우리말과 일치하도록 괄호 안의 말을 바르게 배열하시오.

17
그녀의 조언을 듣다니 Alex는 매우 현명하다.
(listen to, very, is, Alex, her advice, wise, to)

→ _____

! 어려워요

18
요약하자면, 그 나라는 전쟁에서 졌다.
(the country, the war, to, a, short, long, make, story, lost)

→ _____

19 다음 밑줄 친 부분 중 어법상 바르지 <u>못한</u> 것은?

A: How ① <u>did</u> you like your trip ② <u>to</u> Europe?
B: It was great! There were ③ <u>so</u> many tourist spots that I ④ <u>couldn't</u> see them all. I was sad ⑤ <u>to leaving</u>.

20 다음 빈칸 ⓐ와 ⓑ에 들어갈 말이 바르게 짝지어진 것은?

· My family eats out _____ⓐ_____ on Sunday evenings.
· Have you seen Tony _____ⓑ_____?

	ⓐ		ⓑ
①	most	–	late
②	most	–	lately
③	most	–	to late
④	mostly	–	late
⑤	mostly	–	lately

21 다음 문장을 바르게 고쳐 쓰시오. (두 군데)

The food is readily be served to the guests.

→ _____
_____

22 다음 두 문장을 with를 사용하여 한 문장으로 바꿔 쓰시오.

The actor waved to the crowd. His driver was waiting.

→ The actor waved to the crowd _____
_____.

23 다음 대화의 내용과 일치하도록 문장을 완성하시오.

Mina: Have you ever tried kimchi?
Robert: I have, but it was so spicy that I couldn't eat it.

→ Kimchi was _____ _____ for Robert _____ _____.

24 다음 우리말과 일치하도록 주어진 조건을 이용하여 영작하시오.

조건 1 so, loud, hear, everyone을 사용할 것
조건 2 총 9단어로 쓸 것

그는 너무나 시끄러워서 모두가 그를 들을 수 있었다.

→ _____
_____

WORD LIST

✓ Grammar

- ☐ prepare — 동 준비하다
- ☐ responsible — 형 책임이 있는
- ☐ go abroad — 외국에 가다
- ☐ experience — 동 경험하다
- ☐ wait for — …을 기다리다
- ☐ audience — 명 청중[관중]
- ☐ match — 명 경기, 시합
- ☐ chase — 동 뒤쫓다
- ☐ fortunate — 형 운 좋은, 다행인
- ☐ empty — 형 빈, 비어 있는
- ☐ carry — 동 들고 있다
- ☐ wipe — 동 닦다
- ☐ work out — 운동하다
- ☐ on foot — 걸어서
- ☐ orphanage — 명 보육원
- ☐ behavior — 명 행동
- ☐ suggestion — 명 제안

✓ Reading

- ☐ consumer — 명 소비자
- ☐ consider — 동 고려하다
- ☐ impact — 명 영향
- ☐ purchase — 명 구매
- ☐ strategy — 명 전략
- ☐ satisfy — 동 만족[충족]시키다
- ☐ need — 명 필요(성); 욕구
- ☐ suffer — 동 시달리다; (부상 등을) 겪다
- ☐ injury — 명 부상, 상처
- ☐ bare — 형 벌거벗은, 맨
- ☐ found — 동 설립하다
- ☐ in need — 어려움에 처한
- ☐ opportunity — 명 기회

- ☐ a number of — 많은
- ☐ self-portrait — 명 자화상
- ☐ seriously — 부 심(각)하게
- ☐ physical — 형 육체[신체]의
- ☐ include — 동 포함하다
- ☐ protect — 동 보호하다
- ☐ represent — 동 대표하다; 상징하다
- ☐ express — 동 나타내다, 표현하다
- ☐ symbolize — 동 상징하다

✓ Communication

- ☐ fair — 형 공평한
- ☐ blame — 동 탓하다
- ☐ recommend — 동 추천하다

✓ Final Test

- ☐ purpose — 명 목적
- ☐ reason — 명 이유
- ☐ suggest — 동 제안하다
- ☐ delivery — 명 배달
- ☐ order — 동 주문하다
- ☐ receive — 동 받다
- ☐ mystery — 명 수수께끼, 미스터리
- ☐ dictionary — 명 사전
- ☐ all the time — 내내, 줄곧
- ☐ war — 명 전쟁
- ☐ eat out — 외식하다
- ☐ serve — 동 (식당 등에서 음식을) 제공하다
- ☐ wave — 동 (손을) 흔들다

CHAPTER 09

관계사

GET READY

I know the man **who** is dancing in the middle of the stage.
(나는 무대 가운데에서 춤을 추고 있는 그 남자를 안다.)

She gave me a present, **which** was a book.
(그녀는 나에게 선물을 주었는데, 그것은 책이었다.)

Whatever you do, I'm sure you'll do well.
(네가 무엇을 하더라도, 나는 네가 잘할 것이라고 확신한다.)

관계사는 두 문장을 결합할 때 그 사이에서 앞 문장과 뒤 문장을 연결해 주는 역할을 해요. 또한 선행사를 제한적으로 꾸며 주거나 선행사에 대한 부가적인 설명을 제공하기도 하죠. 관계사에 -ever를 붙인 형태인 복합 관계사는 문맥에 따라 명사절 또는 부사절을 이끄는 역할을 한답니다.

A 관계대명사

관계대명사는 접속사의 역할과 관계사절 내에서 대명사 역할을 하며, 선행사를 수식한다.

선행사 격	주격	소유격	목적격
사람	who[that]	whose	who(m)[that]
사물·동물	which[that]	whose	which[that]
선행사 포함	what	–	what

1 주격 관계대명사 who, which, that

주격 관계대명사는 관계사절 내에서 주어 역할을 한다.

Rodney has *a brother* **who**[**that**] has blond hair.

I met my friend on *the bus* **which**[**that**] goes to our school.

2 소유격 관계대명사 whose

소유격 관계대명사는 관계사절 내에서 수식하는 명사의 소유격 역할을 한다.

They are *children* **whose** parents are both teachers.

This is *the car* **whose** engine stopped working.

3 목적격 관계대명사 who(m), which, that

목적격 관계대명사는 관계사절 내에서 동사나 전치사의 목적어 역할을 한다.

He kept thinking of *the girl* **who(m)**[**that**] he had seen on the subway.

This is *the exam* **which**[**that**] I am preparing for.

> **TIPS**
>
> 목적격 관계대명사 whom은 구어체에서는 who로 많이 쓴다. 단, 전치사의 목적어로 쓰일 때는 whom을 쓴다.
>
> I have a friend **to whom** I can tell my worries. (나는 내 고민들을 말할 수 있는 친구를 갖고 있다.)

> **➕ 내신 POINT PLUS**
>
> 주로 관계대명사 that을 사용하는 경우
>
> 선행사가 〈사람+사물/동물〉일 때, all, any, some, -thing으로 끝나는 부정대명사일 때, 그리고 최상급, 서수사, the only, the very, the same, the last, all, every, some, any, no 등이 선행사를 수식할 때 주로 관계대명사 that을 사용한다.
>
> There is *nothing* **that** we can do now. (지금 우리가 할 수 있는 것은 아무것도 없다.)
> This is *the best novel* **that** I have ever read. (이것은 내가 읽어본 소설 중 최고의 소설이다.)

4 관계대명사 what

선행사를 포함한 관계대명사로 '…한 것'의 의미이다. the thing(s) which[that]로 바꿔 쓸 수 있으며 명사절을 이끈다.

What he invented changed the world.
(= The thing which[that])

A 다음 문장에서 밑줄 친 관계대명사의 격을 쓰시오.

1 People <u>that</u> eat junk food often get sick.

2 She gave me a necklace <u>which</u> is made of silver.

3 I can't find the earphones <u>that</u> I borrowed from John.

4 In my class, there is a boy <u>whose</u> mother is a famous singer.

WORDS

B 다음 괄호 안에서 알맞은 말을 고르시오.

1 Rebecca is a person (whom / what) I can rely on.

2 I bought (which / what) I need for the school field trip.

3 He asks me questions (what / which) are difficult to answer.

4 Be careful walking on floors (which / whose) surface is slippery.

B
rely on …에 의지하다
field trip 수학여행
slippery 혱 미끄러운

C 다음 우리말과 일치하도록 빈칸에 알맞은 관계대명사를 쓰시오.

1 귀가 갈색인 개가 나의 개이다.

→ The dog _____ ears are brown is mine.

2 내가 어제 먹은 그 샌드위치는 맛있었다.

→ The sandwich _____ I ate yesterday was delicious.

3 이 엽서는 프랑스에 사는 친구로부터 온 것이다.

→ This postcard is from a friend _____ lives in France.

4 토론하는 동안 아무도 내가 말한 것에 동의하지 않았다.

→ During the discussion, no one agreed with _____ I said.

C
postcard 몡 엽서
discussion 몡 토론

D 다음 밑줄 친 부분을 바르게 고치시오.

1 I went to a restaurant <u>that</u> food was excellent.

2 I didn't enjoy the movie <u>what</u> I saw today.

3 It was the only book <u>which</u> she ever wrote.

4 Do you remember the man <u>whose</u> I introduced you to?

GRAMMAR FOCUS

B 관계부사

관계부사는 접속사의 역할과 관계사절 내에서 부사의 역할을 하며, 선행사를 수식한다. 「전치사+관계대명사」로 바꿔 쓸 수 있다.

1 when 때를 나타내는 명사(the time, the day 등)를 선행사로 한다.

I know *the time* **when** the store opens. (when = at which)

2 where 장소를 나타내는 명사(the place, the city 등)를 선행사로 한다.

The classroom is *the place* **where** we spend lots of time. (where = in which)

3 why 이유를 나타내는 명사(the reason)를 선행사로 한다.

I told him *the reason* **why** I made that decision. (why = for which)

4 how 방법을 나타내는 명사(the way)를 선행사로 한다.

단, 관계부사 how와 선행사 the way는 둘 중 하나만 쓴다.

Can you tell me **how**[**that way**] you solved the math problem?
~~Can you tell me **the way how** you solved the math problem?~~

> **TIPS**
>
> 관계부사의 선행사가 time, place, reason 등 일반적인 경우에는 관계부사와 선행사 중 하나를 생략할 수 있다.
>
> I'll never forget **the day** I met you.
> I'll never forget **when** I met you.
> (너를 만났던 그 날을[때를] 나는 결코 잊지 않을 것이다.)

C 복합 관계사

1 복합 관계대명사

「관계대명사+-ever」의 형태로, 그 자체에 선행사를 포함하며 명사절 또는 부사절을 이끈다.

	whoever	whichever	whatever
명사절 (주어·목적어)	anyone who (…하는 사람은 누구든지)	anything which (…하는 것은 어느 것이든지)	anything that (…하는 것은 무엇이든지)
부사절	no matter who (누가[누구를] …하더라도)	no matter which (어느 것이[을] …하더라도)	no matter what (무엇이[을] …하더라도)

You may take **whichever**(= anything which) you like. (목적어로 쓰인 명사절)
Whatever(= No matter what) you eat, it's free of charge. (부사절)

2 복합 관계부사

「관계부사+-ever」의 형태로, 그 자체에 선행사를 포함하며 부사절을 이끈다.

	whenever	wherever	however
시간·장소를 나타내는 부사절	(at) any time when (…할 때마다)	(at) any place where (…하는 곳은 어디든지)	–
양보의 부사절	no matter when (언제 …하더라도)	no matter where (어디서 …하더라도)	no matter how (아무리[어떻게] …하더라도)

Whenever(= Any time when) he goes to the restaurant, he orders spaghetti.
However(= No matter how) cold it is outside, he doesn't wear a jacket.

A 다음 괄호 안에서 알맞은 말을 고르시오.

1 Busan is the city (when / where) the film festival is held.

2 (Whatever / Wherever) you decide to do, I'll support you.

3 Show me (the way / the way how) you fixed the machine.

4 I can't forget the day (whenever / when) I first rode a bicycle.

5 (How / However) smart she is, she doesn't know all the answers.

WORDS

A
be held (회의·행사 등이) 열리다
support 동 지지하다

B 다음 우리말과 일치하도록 빈칸에 알맞은 말을 쓰시오.

1 당신이 회의에 참석하지 못하는 이유를 말해 주세요.

→ Please tell me the reason _____ you can't attend the meeting.

2 호텔 안에서 어디를 가든지 방 열쇠를 휴대해 주세요.

→ Please bring your room key _____ you go in the hotel.

3 내가 그 빵집에 갔을 때마다, 모든 빵이 다 팔리고 없었다.

→ _____ I went to the bakery, all the bread was sold out.

4 7월 4일은 우리 가족이 이곳으로 이사를 온 날이었다.

→ July 4 was the day _____ my family moved here.

5 아무리 일이 힘들어지더라도, 그녀는 결코 불평하지 않는다.

→ _____ hard the work gets, she never complains.

B
attend 동 참석하다
sold out (가게에서 상품이) 다 팔린
complain 동 불평하다

C 다음 밑줄 친 부분을 바르게 고치시오.

1 You can buy <u>whenever</u> you like.

2 <u>However</u> I see her, she is always smiling.

3 This is <u>the way how</u> our products are made.

4 Fall is the season <u>why</u> farmers harvest rice.

5 <u>Whichever</u> is interested in music can join our club.

C
product 명 생산물, 상품
harvest 동 수확하다

D 주의해야 할 관계사의 용법

1 관계사의 계속적 용법

관계사의 계속적 용법은 관계사 앞에 콤마(,)를 써서 나타내며, 선행사에 대한 보충 설명을 할 때 사용한다.

1) 관계대명사의 계속적 용법: 「접속사+대명사」로 바꿔 쓸 수 있으며 that은 쓸 수 없다.

I wrote a letter to *Mr. Brown*, **who**(= **but he**) didn't answer me quickly.

We stayed at *the Seaside Hotel*, **which**(= **and it**) is near the downtown area.

~~After school I like to play *baseball*, **that** is my favorite sport.~~

> **➕ 내신 POINT PLUS**
>
> 앞의 구 또는 절을 선행사로 하는 계속적 용법의 which
>
> I tried *to become close to Amy*, **which**(= **but it**) was very difficult.
> (나는 Amy와 가까워지려고 노력했지만, 그것은 아주 어려웠다.)
> *Vicki lost her puppy*, **which**(= **and this**) made her very sad.
> (Vicki는 자신의 강아지를 잃어버렸는데, 그 사실이 그녀를 몹시 슬프게 했다.)

2) 관계부사의 계속적 용법: when과 where만 가능하며, 「접속사+부사」로 바꿔 쓸 수 있다.

Jason went to see his boss, **when**(= **but at that time**) she wasn't in her office.

2 관계사의 생략

1) 목적격 관계대명사의 생략: 동사나 전치사의 목적격으로 쓰인 관계대명사는 생략할 수 있다.

My math teacher is a person (**who(m)**[**that**]) I really respect.

2) 「주격 관계대명사+be동사」의 생략

「주격 관계대명사+be동사」는 생략할 수 있으며, 이 경우 뒤에 남는 분사구는 앞의 (대)명사를 수식한다.

Oliver is reading *a novel* (**which**[**that**] **was**) written by Stephen King.

> **TIPS**
>
> 계속적 용법의 관계대명사는 생략할 수 없다.
> I like the watch, **which** Hailey bought for me. (나는 그 시계를 좋아하는데, 그것은 Hailey가 내게 사준 것이다.)
> ~~I like the watch, Hailey bought for me.~~

3 전치사+관계대명사

관계대명사가 전치사의 목적어로 쓰일 때 전치사는 관계사절 끝이나 관계대명사의 바로 앞에 올 수 있다. 전치사가 관계대명사 바로 앞에 올 경우에는 목적격 관계대명사라도 생략할 수 없다.

This is *the house* (**which**[**that**]) Beethoven used to live **in**.

This is *the house* **in which** Beethoven used to live.

~~This is *the house* **in** (**which**) Beethoven used to live.~~

> **TIPS**
>
> 전치사 뒤에 관계대명사 that이나 who를 쓸 수 없다.
> ~~This is *the house* **in that** Beethoven used to live.~~

A 다음 밑줄 친 부분이 생략이 가능하면 ○, 생략이 불가능하면 ×를 쓰시오.

1 Please empty the can <u>which is</u> filled with trash.　　(　)

2 The book <u>which</u> I bought yesterday is very interesting.　　(　)

3 The boy with <u>whom</u> I went to the movie is my best friend.　(　)

4 My sister Lena speaks French, <u>which</u> I want to learn so much. (　)

B 두 문장의 의미가 같도록 빈칸에 알맞은 관계사를 쓰시오.

1 Max called me last night, but at that time I couldn't answer.

　→ Max called me last night, _____ I couldn't answer.

2 Jenny went to a café, and her boyfriend was waiting there.

　→ Jenny went to a café, _____ her boyfriend was waiting.

3 He said he was sick, but this was a lie.

　→ He said he was sick, _____ was a lie.

4 Carrie didn't trust Sean, although he was honest.

　→ Carrie didn't trust Sean, _____ was honest.

C 다음 괄호 안에서 알맞은 말을 고르시오.

1 I messed up the kitchen, (which / that) made my mom angry.

2 I called the man, (who / that) had delivered the wrong package.

3 The girl (is wearing / wearing) a yellow cap is my cousin.

4 What is the topic (which / on which) you'll write your report?

D 다음 밑줄 친 부분을 바르게 고치시오.

1 Who was the girl <u>to that</u> you were talking?

2 The road <u>on</u> I was driving was not smooth.

3 Lauren told me about her new school, <u>what</u> she's enjoying a lot.

4 He visited the restaurant, <u>when</u> he made a reservation.

WORDS

A
empty 동 …를 비우다

C
mess up 지저분하게[엉망으로] 만들다

D
smooth 형 매끈한
make a reservation 예약을 하다

A 다음 밑줄 친 부분을 바르게 고치시오.

1 Everything <u>what</u> he said was correct.

2 My father, <u>that</u> used to run a store, now works for a law firm.

3 I'll compete against the girl <u>which</u> won the last competition.

4 Do you know the year <u>whenever</u> Ray and Brenda got married?

B 다음 빈칸에 알맞은 말을 보기 에서 골라 쓰시오.

보기 whatever   where   that   whose

1 I promise I will believe _____ you say.

2 Alice visited me with a boy _____ name is Sam.

3 My father bought me a smartphone _____ is popular.

4 What is the name of the restaurant _____ we ate lobster?

C 다음 우리말과 일치하도록 알맞은 관계사와 괄호 안의 말을 이용하여 문장을
완성하시오.

1 이것은 그가 작곡했던 첫 번째 피아노 음악이다. (compose)

   → This is the first piano music _____ _____

   _____ .

2 그의 삼촌은 어제 돌아가셨는데, 그것은 그를 슬프게 만들었다. (make, sad)

   → His uncle died yesterday, _____ _____

   _____ _____ .

3 네가 앉은 벤치는 방금 페인트칠 되었다. (sit on)

   → The bench _____ _____ _____ _____

   was just painted.

4 내가 누구에게 이야기하더라도, 아무도 내 상황을 이해하지 못할 것이다.
   (talk to)

   → _____ _____ _____ _____ , no one will

   understand my situation.

5 그녀는 어려움에 처할 때마다 그녀의 부모님에게 조언을 구한다.
   (be in trouble)

   → _____ _____ _____ _____ _____ ,

   she asks her parents for advice.

WORDS

A
run 동 달리다; *경영하다
law firm 법률 사무소
compete 동 경쟁하다
competition 명 대회, 시합

B
lobster 명 바닷가재

C
compose 동 구성하다;
*작곡하다
be in trouble 곤경에 빠지다

1 다음 우리말과 일치하도록 할 때, 빈칸에 들어갈 말로 알맞은 것은?

WORDS

너는 내게 이 스테이크를 요리한 방법을 말해줄 수 있니?

→ Can you tell me _____ you cooked this steak?

① however
② how that
③ the way how
④ the way
⑤ the reason why

2 다음 빈칸에 공통으로 들어갈 말로 알맞은 것은?

· This is the very wallet _____ I've been looking for.
· How was the show _____ you watched last night?

① that
② what
③ whom
④ who
⑤ whose

3 다음 밑줄 친 부분 중 어법상 바르지 못한 것은?

① The city in that we stayed was very clean.
② I wonder why she doesn't write me back.
③ Whoever breaks the law will be punished.
④ Italy is a country which I've always wanted to visit.
⑤ The team lost in the finals, which disappointed their fans.

3
write back 답장을 쓰다
punish 동 처벌하다, 벌주다

4 다음 두 문장을 한 문장으로 바꿀 때 빈칸에 알맞은 말을 쓰시오.

(1) The mirror had a wooden frame. We bought it online.

→ _____ _____ _____ _____

_____ had a wooden frame.

(2) I know the woman. Chris fell in love with her.

→ I know _____ _____ _____ _____

Chris fell in love.

4
frame 명 틀
fall in love with …와 사랑에
빠지다

A 우리말과 일치하도록 괄호 안의 말을 바르게 배열하시오.

1 우리가 바라는 것은 전쟁이 없는 세상이다. (we, is, a world, hope for, what, war, without)

→ _____

2 우리 개는 내가 어디에 가든지 나와 함께 있고 싶어한다.
(wants, my dog, with me, wherever, go, to be, I)

→ _____

3 오늘은 우리 아버지가 출장에서 돌아오시는 그 날이다.
(my father, the day, from, comes back, is, his business trip, today)

→ _____

B 다음 두 문장을 한 문장으로 바꿀 때 빈칸에 알맞은 말을 쓰시오.

1 That's the way. James and I became friends in that way.

→ That's _____ _____ _____ _____ _____ _____.

2 I bought a blue shirt for a friend. His favorite color is blue.

→ I bought a blue shirt for a friend _____ _____ _____ _____

_____.

3 I watched the TV drama. You talked about it the other day.

→ I watched the TV drama _____ _____ _____ _____

_____ _____.

C 괄호 안의 말을 바르게 배열하여 서울의 관광지를 소개하는 글을 완성하시오.

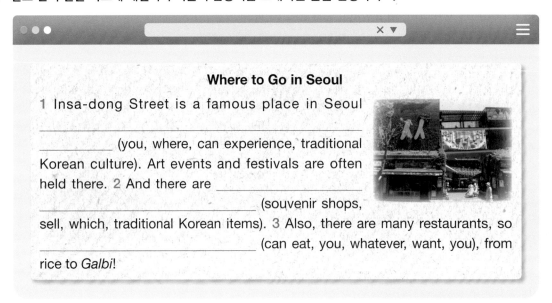

Where to Go in Seoul

1 Insa-dong Street is a famous place in Seoul _____

_____ (you, where, can experience, traditional Korean culture). Art events and festivals are often held there. **2** And there are _____

_____ (souvenir shops, sell, which, traditional Korean items). **3** Also, there are many restaurants, so _____ (can eat, you, whatever, want, you), from rice to *Galbi*!

1

Imagine you bought an airline ticket. But when you arrive at the airport, the flight is already full. What happened? Actually, it wasn't a mistake. Airlines often sell more tickets than they should. This is because they expect some no-shows—people **who** buy a ticket but don't show up at the airport. Sometimes, however, this practice results in overbooked flights, ___(A)___ don't have enough seats for everyone. When this happens, the airline looks for people ___(B)___ will volunteer to miss the flight. In return, they get money or some other reward. However, if no one volunteers, the airline chooses people to miss the flight. Sometimes they choose randomly; other times the people **who** bought their tickets most recently lose their seat. This can create a very annoying and inconvenient situation. And it happens because airlines want to make a bigger profit!

1 위 글의 제목으로 가장 알맞은 것은?

① Mistakes that Airlines Make
② Flights Without Enough Seats
③ How to Avoid Overbooked Flights
④ No-Shows: A Serious Social Problem
⑤ Better Ways to Book an Airline Ticket

!) 서술형

2 위 글의 빈칸 (A)와 (B)에 들어갈 알맞은 관계사를 쓰시오.

(A) _____　　(B) _____

WORDS **imagine** 동 상상하다　　**full** 형 가득한, 빈 공간이 없는　　**expect** 동 예상하다　　**show up** 나타나다　　**practice** 명 실행; *관행
overbook 동 예약을 한도 이상으로 받다　　**volunteer** 동 자원하다　　**in return** (…에 대한) 보답으로　　**reward** 명 보상
randomly 부 무작위로　　**annoying** 형 1_____　　**inconvenient** 형 2_____　　**profit** 명 이익, 수익

관계사 ⚲ 145

2

Hanukkah is an important *Jewish holiday. During Hanukkah, people celebrate one of the greatest miracles in Jewish history by keeping candles lit for eight days. ① A long time ago, some Jewish people lit a temple lamp after they repaired a temple, **which**

had been destroyed during a war with *the Seleucid Empire. ② The Jewish people gained their independence from this empire after a big revolt. ③ Lighting the temple's lamp was their way of giving the temple back to God. ④ They thought the lamp only had enough oil to burn for one day. ⑤ Surprisingly, however, it burned for eight days. This is 유대교 사람들이 하누카를 8일 동안 축하하는 이유이다. Hanukkah is also a family event **where** people get together to eat delicious food and play traditional games. In some families, children even get a present each night for eight days.

*Jewish 유대인[유대교]의
*the Seleucid Empire 셀레우코스 제국(현재 시리아 지역)

1 Which sentence is NOT needed in the passage?

①   ②   ③   ④   ⑤

(!) 서술형

2 Unscramble the words to match the Korean sentence.

→ This is _____.

(celebrate, for eight days, why, Hanukkah, Jewish people)

WORDS   holiday 몡 휴가; *(공)휴일   celebrate 동 기념하다, 축하하다   miracle 몡 기적   candle 몡 양초
light 동 불을 붙이다 (light-lit-lit)   temple 몡 신전, 사원   repair 동 수리하다, 보수하다   destroy 동 파괴하다
gain 동 얻다   independence 몡 ¹_____   revolt 몡 반란, 봉기   burn 동 (불이) 타오르다
get together 모이다   traditional 형 ²_____

A 설명 요청하기

A: Did you hear that Liam was selected as MVP?
(너는 Liam이 MVP로 선정되었다는 것을 들었니?)

B: **What do you mean by** "MVP"?
(MVP가 무슨 뜻이야?)

A: It means he's the most valuable player.
(그건 그가 가장 우수한 선수라는 뜻이야.)

상대방의 말이 무슨 의미인지 구체적인 설명을 요청할 때에는 '~가 무슨 뜻이니?'라는 의미인 「What do you mean by ~?」의 표현을 쓸 수 있다. 유사한 표현으로는 「Can you explain what ~ means?」 '~가 무슨 뜻인지 설명해 줄 수 있니?'가 있다.

⊕ EXPRESSION PLUS

A: Do you know Jack? He's such a cold fish! (너 Jack이 누군지 아니? 그는 정말 cold fish야!)
B: A cold fish? **Can you explain what** that **means?** (cold fish라고? 그게 무슨 뜻인지 설명해 줄 수 있니?)
A: It means he's unfriendly. (그건 그가 친절하지 않다는 뜻이야.)

Check-Up

1 다음 대화의 빈칸에 들어갈 말로 알맞은 것은?

A: The final test was a piece of cake.
B: A piece of cake? _____
A: It means the test was very easy.

① Why didn't you tell me?　② How could you say that?
③ What do you think of it?　④ Do you know what I mean?
⑤ Can you explain what that means?

WORDS

1
final test 기말고사

2 대화가 자연스럽게 이어지도록 (A)~(D)를 바르게 배열하시오.

(A) What do you mean by "DIY"?
(B) Well, why don't you make a DIY sweater?
(C) I need a new sweater. But I don't have much money.
(D) It means "do it yourself." You can make a sweater
　　yourself.

_____ → _____ → _____ → _____

B 제안 및 권유하기

> A: I can't concentrate on my homework.
> (나는 숙제에 집중이 안돼.)
>
> B: **I suggest you turn off** your cell phone
> when you study.
> (나는 네가 공부할 때 휴대전화를 꺼 놓기를 권해.)

「I suggest (that) you (should)+동사원형」은 '나는 네가 ~하기를 제안해[권해]'의 의미로 상대방에게 무언가를 제안하거나 권유할 때 쓸 수 있는 표현이다. 상대방에게 제안하는 다른 표현들로는 「I think you should ~」, '나는 네가 ~해야 한다고 생각해', 「Why don't we[you] ~?」, 「What do you say to v-ing」 '~하는 것이 어때?' 등이 있다.

➕ EXPRESSION PLUS

A: Oh no, I broke my sister's perfume bottle. (이런, 내가 언니의 향수병을 깨뜨렸어.)
B: **I think you should buy** her a new one. (나는 네가 그녀에게 새것을 사줘야 한다고 생각해.)

A: I want to make a change to our apartment. (나는 우리 집에 변화를 좀 주고 싶어.)
B: **What do you say to buying** some new furniture? (새로운 가구를 사보는 것이 어때?)

Check-Up

1 다음 대화의 빈칸에 들어갈 말로 알맞지 <u>않은</u> 것은?

A: I'd like to go somewhere this weekend.
B: ＿＿＿＿＿＿＿＿＿＿＿＿＿＿＿＿

① Why did you go on a picnic at Seoul Forest?
② I suggest we go on a picnic at Seoul Forest.
③ Why don't we go on a picnic at Seoul Forest?
④ I think we should go on a picnic at Seoul Forest.
⑤ What do you say to going on a picnic at Seoul Forest?

WORDS

1
somewhere 🝖 어딘가로

2 다음 괄호 안의 말을 이용하여 대화의 빈칸에 알맞은 말을 쓰시오.

A: I have a terrible headache.
B: ＿＿＿＿＿ ＿＿＿＿＿ ＿＿＿＿＿ ＿＿＿＿＿ get
some rest. (think)

2
headache 🝖 두통
get some rest 약간의 휴식을
취하다

1 밑줄 친 단어와 반대되는 의미의 단어를 고르면?

They <u>destroyed</u> the old building.

① light   ② imagine   ③ collect
④ reflect   ⑤ construct

[2-3] 다음 우리말과 일치하도록 주어진 첫 철자를 이용하여 빈칸에 알맞은 말을 쓰시오.

2   미국에서 사람들은 7월 4일에 독립기념일을 기념한다.

→ People c_____ Independence Day
on July 4 in the U.S.

3   그 아이는 착한 행동에 대한 보상을 받을 만하다.

→ The child deserves a r_____ for
her good behavior.

4 다음 대화의 빈칸에 들어갈 말로 알맞은 것은?

A: What's the matter?
B: I think I left my purse on the bus.
A: _____

① I'm sorry, I missed the bus.
② I dropped my wallet in the street.
③ I don't think that's a good idea.
④ I saw you get on the bus yesterday.
⑤ I suggest you call the bus company.

5 다음 중 화자의 의도가 같은 문장을 <u>모두</u> 고르면?

① I suggest you eat something light.
② Why don't you eat something light?
③ You don't need to eat something light.
④ I think you should eat something light.
⑤ I don't want you to eat something light.

6 다음 문장이 들어갈 위치로 가장 알맞은 곳은?

What do you mean by that?

A: I bought a tablet PC that was
released yesterday.
B: (①) Already? (②) Wow, you're an
early adopter! (③)
A: An early adopter? (④) I've never
heard of it before.
B: (⑤) It means you are a person who
buys new products before other
people.

[7-9] 다음 빈칸에 들어갈 말로 알맞은 것을 고르시오.

7   Please show me _____ you got
for your birthday.

① whose   ② that   ③ whom
④ when   ⑤ what

8   He is the greediest man _____ I've
ever known.

① which   ② how   ③ that
④ what   ⑤ whose

9   _____ wins the match, it will be
exciting to watch.

① Who   ② What   ③ Whoever
④ Whenever ⑤ However

10
　내일은 전시회가 시작하는 날이다.
　→ Tomorrow is _____ the exhibition
　　starts.

　① that　　② when　　③ where
　④ of which　⑤ for which

11
　Tom은 아픈데, 그것은 그의 엄마를 걱정시킨다.
　→ Tom is sick, _____.

　① his mother is worried
　② which worries his mother
　③ that made his mother worry
　④ for his mother worried about him
　⑤ what his mother is worried about him

!) 서술형

12 다음 우리말과 일치하도록 괄호 안의 말을 이용하여 빈칸에 알맞은 말을 쓰시오.

　나는 형이 조종사인 친구가 있다. (a pilot)

　→ I have a friend _____ _____

　　_____ _____ _____.

!) 어려워요

13 다음 중 어법상 바른 것은?

　① I can't see that is written on the board.
　② I know the man whom is giving a
　　speech.
　③ This is the way how we do our
　　homework.
　④ I finished the report who is due by next
　　Monday.
　⑤ Whoever participates in this event will
　　get a gift.

14 다음 중 어법상 바르지 **못한** 것은?

　① Marado is an island close to Jeju-do.
　② He is the only person that I saw there.
　③ What I saw yesterday was really
　　amazing.
　④ I don't remember the store which I
　　bought this.
　⑤ However hard she tried, she couldn't
　　beat her rival.

!) 서술형

15 다음 우리말과 일치하도록 괄호 안의 말을 바르게 배열하시오.

　그녀는 네가 그녀에게 사주는 것은 무엇이든 좋아할
　것이다.
　(she, buy, will, for her, whatever, you,
　like)

　→ _____

16 다음 밑줄 친 부분과 바꿔 쓸 수 있는 것은?

　Jack met his friends at 5 p.m., and at
　that time it began to rain.

　① why　　② how　　③ when
　④ that　　⑤ where

17 다음 두 문장을 한 문장으로 바르게 고친 것은?

　This is the station. We will transfer at
　this station.

　① This is the station at we will transfer.
　② This is the station which we will transfer.
　③ This is the station where we will
　　transfer.
　④ This is the station at that we will
　　transfer.
　⑤ This is the station at where we will
　　transfer.

18 다음 우리말과 일치하도록 알맞은 복합 관계사를 이용하여 문장을 완성하시오.

그녀는 그녀가 가는 곳은 어디든지 안경을 가지고 간다.

→ She takes her glasses _____

_____ _____.

19 다음 빈칸에 공통으로 들어갈 말로 알맞은 것은?

· This is a lake in _____ a variety of animals live.
· He was hungry, _____ led him to cook something for himself.

① that   ② what   ③ which
④ when   ⑤ where

20 다음 두 문장을 한 문장으로 바꿀 때 빈칸에 알맞은 말을 쓰시오.

My class has a new student. She comes from Australia.

→ My class has a new student _____

_____ _____ _____.

21 다음 밑줄 친 부분 중 생략할 수 있는 것은?

① This is the letter which he sent me.
② The girl who is mopping the floor is Lisa.
③ I ate a piece of cake, which was leftover from a party.
④ I live in a house from which I can see the ocean.
⑤ I went to a shop whose prices were too high.

내신 완성 서술형

22 다음 두 문장을 알맞은 관계부사를 이용하여 한 문장으로 바꿔 쓰시오.

He may have forgotten the place. We met for the first time at that place.

→ _____

_____

_____

[23-24] 다음 대화를 읽고 알맞은 관계사를 이용하여 문장을 완성하시오.

23   Ted: What does your sister do?
   Hal: She is working at a fast-food restaurant.

→ Hal has a sister, _____

_____.

24   Kevin: Emily is angry at me. Do you know why?
   Anna: No, I don't.

→ Anna doesn't know the reason _____ Kevin.

25 다음 우리말과 일치하도록 주어진 조건을 이용하여 영작하시오.

조건 1 anything, taste like를 사용할 것
조건 2 관계대명사를 사용할 것
조건 3 총 7단어로 쓸 것

Chris는 치즈 같은 맛이 나는 것은 무엇이든 좋아한다.

→ _____

_____

WORD LIST

✓ Grammar

☐ rely on	…에 의지하다
☐ discussion	명 토론
☐ be held	(회의·행사 등이) 열리다
☐ support	동 지지하다
☐ attend	동 참석하다
☐ sold out	(가게에서 상품이) 다 팔린
☐ product	명 생산물, 상품
☐ harvest	동 수확하다
☐ mess up	지저분하게[엉망으로] 만들다
☐ smooth	형 매끈한
☐ make a reservation	예약을 하다
☐ run	동 달리다; 경영하다
☐ compete	동 경쟁하다
☐ compose	동 구성하다; 작곡하다
☐ punish	동 처벌하다, 벌주다
☐ frame	명 틀
☐ fall in love with	…와 사랑에 빠지다

✓ Reading

☐ imagine	동 상상하다
☐ expect	동 예상하다
☐ show up	나타나다
☐ volunteer	동 자원하다
☐ reward	명 보상
☐ annoying	형 짜증스러운
☐ inconvenient	형 불편한
☐ profit	명 이익, 수익
☐ celebrate	동 기념하다, 축하하다
☐ miracle	명 기적
☐ light	동 불을 붙이다 (light-lit-lit)
☐ temple	명 신전, 사원

☐ destroy	동 파괴하다
☐ gain	동 얻다
☐ independence	명 독립
☐ get together	모이다
☐ traditional	형 전통적인

✓ Communication

☐ select	동 선발하다
☐ valuable	형 소중한, 귀중한
☐ unfriendly	형 불친절한
☐ final test	기말고사
☐ turn off	…을 끄다
☐ somewhere	부 어딘가로

✓ Final Test

☐ reflect	동 반사하다; 반영하다
☐ deserve	동 자격이 있다, 받을 만하다
☐ release	동 풀어주다; 공개하다, 발표하다
☐ greedy	형 욕심 많은
☐ exhibition	명 전시회
☐ due	형 …하기로 예정된
☐ participate	동 참가[참여]하다
☐ beat	동 이기다
☐ rival	명 경쟁자
☐ transfer	동 이동하다; 갈아타다
☐ a variety of	여러 가지의
☐ mop	동 걸레로 닦다
☐ leftover	명 남은 음식

CHAPTER 10

접속사   🔍

● GET READY

Because Zoe spoke too fast, I couldn't understand her.
(Zoe가 너무 빠르게 말해서, 나는 그녀를 이해할 수 없었다.)

Both American **and** British people speak English.
(미국인과 영국인 모두 영어를 한다.)

This store is **so** popular **that** it is always full of people.
(이 가게는 너무 인기가 있어 항상 사람들로 가득하다.)

접속사는 단어와 단어, 구와 구, 절과 절을 연결하는 역할을 해요. 이번 과에서는 절과 절을 연결하는 다양한 접속사와, 짝으로 이루어진 접속사에 대해 알아볼 거예요.

GRAMMAR FOCUS

A 부사절을 이끄는 접속사

1 이유를 나타내는 접속사   because[since/as](···하기 때문에, ···해서)

I was late for school **because** the subway was delayed.
Since she was very sick, she couldn't come to the picnic.
As the movie was boring, I fell asleep in the theater.

2 시간을 나타내는 접속사   when[as](···할 때), while(···하는 동안), since(···한 이래로),
as soon as(= on v-ing/···하자마자), every time(= whenever/···할 때마다), until[till](···할 때까지)

When[As] I arrived at the station, Jim and Tom were waiting for me.
My brother ate the cake **while** I was taking a shower.
Sam and I have been friends **since** we were elementary school students.
Colin said hello **as soon as** he saw me.
Every time I touch my cat, it scratches me.
I waited **until[till]** the nurse called my name.

> **TIPS**
>
> 시간을 나타내는 부사절에서는 미래를 나타내더라도 미래시제가 아닌 현재시제를 쓴다.
> I'll go to bed *as soon as* I **finish** reading this book.
> (나는 이 책을 읽는 것을 끝내자마자 잠을 잘 것이다.)

3 양보를 나타내는 접속사   although[though/even though]((비록) ···지만), even if(설령 ···할지라도)

Although[Though/Even though] it was cold, Dave was wearing shorts.
We should not waste water **even if** there seems to be enough.

4 조건을 나타내는 접속사   if(만일 ···한다면), unless(= if ... not/···하지 않는다면)

Please call back **if** you change your mind.
Let's go to the beach **unless** it rains.
(→ Let's go to the beach **if** it does**n't** rain.)

> **TIPS**
>
> 조건을 나타내는 부사절에서는 미래를 나타내더라도 미래시제가 아닌 현재시제를 쓴다.
> *If* you **take** this pill, you will feel better. (네가 이 약을 먹으면, 몸이 나아질 것이다.)

➕ 내신 POINT PLUS

명사절을 이끄는 접속사
접속사 that과 whether[if]는 명사절을 이끌어 문장 내에서 주어·목적어·보어의 역할을 한다.

1 that: '···하는 것'
It is true **that** Annie is transferring soon. (Annie가 곧 전학을 간다는 것은 사실이다.) 〈가주어 it, 진주어 that절〉
※ that절이 주어로 쓰일 경우 보통 뒤로 보내고 주어 자리에 가주어 it을 쓴다.
I think **that** he is the best writer in Korea. (나는 그가 한국 최고의 작가라고 생각한다.) 〈목적어〉
The problem is **that** we're running out of time. (문제는 우리가 시간이 부족하다는 것이다.) 〈보어〉

2 whether[if]: '···인지'
Whether he is rich (or not) is not important. (그가 부자인지(아닌지)는 중요하지 않다.) 〈주어〉
※ 주어나 보어로 쓰이는 명사절을 이끄는 경우에는 if 대신 주로 whether를 쓴다.
I don't know **whether[if]** Max will come (or not). (나는 Max가 올지 (안 올지) 모르겠다.) 〈목적어〉

Check-Up

A 다음 괄호 안에서 알맞은 말을 고르시오.

1 (When / If) I saw Sarah, she was going to the mall.

2 (As / Unless) it is sunny, we can go for a walk.

3 (Because / Although) I overslept, I arrived at school on time.

4 I will go directly home as soon as the class (is / will be) over.

5 You will have a stomachache (if / until) you drink bad milk.

WORDS

A
oversleep 동 늦잠 자다
(oversleep-overslept)
stomachache 명 복통

B 다음 우리말과 일치하도록 빈칸에 알맞은 접속사를 쓰시오.

1 네가 설령 택시를 타더라도 너는 콘서트에 늦을 것이다.

→ You will be late for the concert _____ you take a taxi.

2 내가 설거지를 하는 동안 언니는 방을 청소했다.

→ My sister cleaned the house _____ I washed the dishes.

3 태풍이 마을을 강타한 이래로 우리는 마을을 복구하려고 애써오고 있다.

→ _____ the storm hit the town, we have been trying to restore it.

4 우리는 어두워질 때까지 카페에서 이야기했다.

→ We chatted at the café _____ it got dark.

B
restore 동 복구하다
chat 동 이야기를 나누다

C 두 문장이 같은 뜻이 되도록 빈칸에 알맞은 말을 쓰시오.

1 Whenever I call Amy, her phone is turned off.

→ _____ _____ I call Amy, her phone is turned off.

2 I'd like to interview you if you are not busy.

→ I'd like to interview you _____ you are busy.

3 On arriving in New York, I went to Dean's house.

→ _____ _____ _____ I arrived in New York, I went to Dean's house.

C
turn off (전기·가스 등을) 끄다

B 짝으로 이루어진 접속사

1 문법상 같은 역할을 하는 어구들을 취하는 접속사

일부 접속사들은 짝을 이루어 쓰이며, 이때 접속사 뒤에 나오는 A와 B의 자리에는 보통 문법상 같은 역할을 하는 어구들이 온다.

1) both A and B: 'A와 B 둘 다'

Jenny is interested in **both** *singing* **and** *dancing*.

2) not only A but also B: 'A뿐만 아니라 B도' (= B as well as A)

The novel was **not only** *long* **but also** *boring*.
(= The novel was *boring* **as well as** *long*.)

3) either A or B: 'A 또는 B 둘 중 하나'

You can choose **either** *pancakes* **or** *toast* for your breakfast.

4) neither A nor B: 'A도 B도 아닌'

Neither *John* **nor** *Dave* knows how to ski.

5) not A but B: 'A가 아니라 B'

This art class is **not** *for beginners* **but** *for advanced learners*.

> **➕ 내신 POINT PLUS**
>
> 짝으로 이루어진 접속사의 동사의 수 일치
>
> both A and B는 복수 취급하므로 복수형 동사를 쓰며, 그 외에는 B에 동사의 수를 일치시킨다.
> *Both* the bus *and* the subway **go** to the zoo. (버스와 지하철 둘 다 그 동물원에 간다.)
> *Neither* Logan *nor* I **live** near Matt's house. (Logan도 나도 Matt의 집 근처에 살지 않는다.)

2 such ... that ~ / so ... that ~

1) 「**such (a/an)+형용사+명사+that ~**」: '너무[매우] …해서 ~하다' 〈결과〉

It was **such a cloudy day that** I felt gloomy all afternoon.

2) 「**so+형용사/부사+that ~**」: '너무[매우] …해서 ~하다' 〈결과〉

I was **so tired that** I fell asleep on the bus.

> **TIPS**
>
> 「so (that)+주어+동사」: '…가 ~하도록', '…가 ~하기 위하여' 〈목적〉
> I'll give you my number **so that** you can call me. (네가 나에게 전화할 수 있도록 내 전화번호를 네게 줄게.)

A 다음 괄호 안에서 알맞은 말을 고르시오.

1 Patrick is not my friend (but / but also) my brother.

2 I think either white (or / and) black pants will suit you well.

3 The bag was (so / too) big that I couldn't carry it by myself.

4 I sat by the window so (to / that) I could see the landscape.

5 This tea not only calms you down but also (helps / to help) you sleep better.

WORDS

A

suit 동 …에 잘 맞다, 어울리다
by oneself 혼자서
landscape 명 경치
calm down …을 진정시키다

B 다음 우리말과 일치하도록 빈칸에 알맞은 말을 쓰시오.

1 가을에는 날씨가 덥지도 춥지도 않다.

→ The weather is _____ hot _____ cold in fall.

2 내 지갑은 가방 속이 아니라 책상 위에 있었다.

→ My wallet was _____ in my bag _____ on the desk.

3 그것은 매우 좋은 노래여서 나는 그것을 계속 듣고 있다.

→ It is _____ a nice song _____ I keep listening to it.

4 Lisa와 John 둘 다 내년에 유럽에 갈 계획이다.

→ _____ Lisa _____ John plan to go to Europe next year.

5 내 친구는 영어뿐만 아니라 스페인어도 할 수 있다.

→ My friend can speak _____ _____ English _____ _____ Spanish.

C 다음 밑줄 친 부분을 바르게 고치시오.

1 I like both chocolate <u>or</u> strawberry ice cream.

2 My sister, as well as I, <u>like</u> to watch baseball games.

3 I will go to either Hong Kong <u>nor</u> Japan this summer.

4 The lecture was <u>such</u> boring that I couldn't concentrate on it.

C
lecture 명 강의
boring 형 재미없는, 지루한
concentrate 동 집중하다

A 다음 밑줄 친 부분을 바르게 고치시오.

1 Both John and I <u>am</u> from the same town.

2 Unless you <u>don't water</u> these flowers, they will die.

3 Not only Nancy but also Ronald <u>enjoy</u> playing the guitar.

4 I want either to exchange this shirt or <u>getting</u> a refund.

5 Please give me a phone call if it <u>will rain</u> this afternoon.

B 다음 빈칸에 들어갈 말을 보기 에서 골라 쓰시오.

보기 such   that   neither   even if

1 They _____ texted him nor sent him an email.

2 I don't think _____ anyone can prove this theory.

3 _____ I stay up all night, I can't finish the work.

4 The hill has _____ a nice view that many tourists go there.

C 다음 우리말과 일치하도록 알맞은 접속사와 괄호 안의 말을 이용하여 문장을 완성하시오.

1 비록 그녀가 부유하지는 않지만, 그녀는 어려움에 처한 사람을 돕는다. (rich)

→ _____ _____ _____ _____ _____ ,
she helps people in need.

2 나는 네가 집에 올 때까지 저녁을 먹지 않을 것이다. (come)

→ I won't have dinner _____ _____
_____ .

3 내가 Jim에게 질문할 때마다, 그는 친절하게 대답한다. (ask)

→ _____ _____ _____ _____ Jim a
question, he answers kindly.

4 우리 팀이 일등상을 탈 수 있도록 우리는 최선을 다할 것이다. (so)

→ We will do our best _____ _____ our team can
win first prize.

WORDS

A
water 동 물을 주다
exchange 동 교환하다
get a refund 환불받다

B
text 동 (휴대 전화로)
문자를 보내다
prove 동 증명하다
theory 명 이론
stay up all night 밤을 새우다
view 명 견해; *경치

C
in need 어려움에 처한

1 다음 빈칸에 들어갈 말로 알맞은 것은?

_____ she arrived home, she washed her dirty hands.

① Until ② While ③ Whether
④ Although ⑤ As soon as

WORDS

2 다음 밑줄 친 since의 의미가 나머지 넷과 다른 것은?

① I wore my jacket since it was a little chilly.
② I skipped lunch since I had a late breakfast.
③ Since the dog kept barking, I couldn't sleep last night.
④ I haven't seen Nick since I graduated from middle school.
⑤ I made a mistake since I didn't prepare enough for the presentation.

2
chilly 형 쌀쌀한
skip 동 거르다
make a mistake 실수하다
prepare 동 준비하다

3 다음 중 어법상 바르지 못한 것은?

① Not only Lisa but also Stan jogs every day.
② It was so a spicy dish that I couldn't finish it.
③ Although the book was boring, I kept reading it.
④ I don't know whether the team will win the game or not.
⑤ I bumped into another player while I was playing basketball.

3
bump into …와 부딪치다

4 다음 두 문장이 같은 뜻이 되도록 빈칸에 알맞은 말을 쓰시오.

(1) I can visit you tomorrow, or I can visit you this Saturday.

→ I can visit you _____ _____ _____ _____ _____.

(2) If you don't come here soon, we will eat your pizza.

→ _____ _____ _____ here soon, we will eat your pizza.

A 다음 우리말과 일치하도록 괄호 안의 말을 바르게 배열하시오.

1 Raymond는 매우 재능 있는 선수여서 모든 팀이 그를 원한다.
(every team, such, talented, that, wants, Raymond, is, a, player, him)
→ _____

2 그녀는 런던이 아니라 맨체스터에 살았다. (in London, she, but, not, lived, in Manchester)
→ _____

3 그녀는 졸업하자마자 음악가가 되었다. (became, she, as, graduated, soon, she, a musician, as)
→ _____

B 다음 두 문장을 보기 에 주어진 접속사를 이용하여 한 문장으로 바꾸시오. (단, 한 번 씩만 쓸 것)

보기 while   even though   either ~ or

1 He studied hard. But he didn't pass the exam.
→ _____, he didn't pass the exam.

2 I was doing my homework. During that time, my brother was sleeping.
→ I was _____.

3 Jane has to clean before the guests arrive, or her sister has to clean before the guests arrive.
→ _____ before the guests arrive.

C 다음 우리말과 일치하도록 괄호 안의 말을 이용하여 문장을 완성하시오.

Hi everyone. My name is Brian. I'm standing here to ask you to elect me school president. 1 여러분도 알다시피 우리의 학생 식당은 너무 낡아서 그것은 보수되어야 합니다. (old) If I become president, I'll make sure we get a new cafeteria. 2 게다가, 저는 말을 잘 들어주는 사람일 뿐만 아니라 책임감 있는 리더입니다. (only, a good listener, a responsible leader) I will do my best for the students as well as the school. 3 여러분이 제게 투표하신다면, 실망하지 않을 것입니다. (vote for)

1 As you know, our cafeteria is _____ it needs to be renovated.

2 Furthermore, I am _____.

3 You won't be disappointed _____.

1

If you are a fan of the color pink, then you would probably like Lake Retba in Senegal. This lake, also called Lake Rose, catches the eye because of its vivid pink color.

So what makes the lake pink? Lake Retba has a high salt concentration. The lake's salt density is so that high a kind of algae, *Dunaliella salina, can thrive*. To absorb sunlight for energy, the algae produce a red pigment. This pigment then turns the water pink and has made the lake a popular attraction. Lake Retba is **not only** a famous tourist destination **but also** a source of income for locals. About 3,000 local salt miners harvest salt from the lake. **If** you visit the lake, you will see that they harvest salt from the bottom of the lake and pile it up on the shore. This salt is exported all over West Africa.

*Dunaliella salina 두날리엘라 살리나(조류의 일종)

1 위 글에 따르면 Retba 호수가 분홍색을 띠는 이유는?

① 낮은 염분 때문에

② 인공 색소 때문에

③ 조류의 영향 때문에

④ 특수한 기후 조건 때문에

⑤ 무분별한 소금 채취 때문에

🔊 서술형

2 위 글의 밑줄 친 문장에서 어법상 바르지 못한 부분을 찾아 바르게 고치시오.

_____ → _____

WORDS **catch the eye** 시선을 잡다, 눈길을 끌다　　**vivid** 혱 (기억, 묘사 등이) 생생한; *(빛·색깔 등이) 선명한　　**concentration** 몡 집중; *농도
density 몡 밀도; *농도　　**algae** 몡 조류　　**thrive** 동 번창하다; *잘 자라다　　**absorb** 동 ¹_____
pigment 몡 색소　　**attraction** 몡 명소[명물]　　**tourist destination** 관광지　　**income** 몡 수입　　**local** 몡 주민, 현지인
miner 몡 광부　　**harvest** 동 ²_____　　**pile** 동 쌓다　　**shore** 몡 해변, 호숫가　　**export** 동 수출하다

2

We need water in order to survive. Fortunately, we can easily carry water anywhere we go with plastic bottles. However, these bottles are bad for the environment. They **not only** require a lot of energy to make **but also** take a long time to break down after we throw them away. For these reasons, a company has invented a new way to carry water around— capsules made from seaweed.

The capsules look like small water balloons. (A) Although / When you get thirsty, you just put one in your mouth and bite it. You can eat the whole thing **because** the capsules are edible. But (B) if / unless you don't want to do this, you can just throw the used capsules in the trash. Unlike plastic bottles, they are completely natural and break down quickly.

1 **What is the best title for the passage?**

① The Inventor of Water Capsules
② The Importance of Plastic Bottles
③ Environmentally Friendly Water Capsules
④ Effective Ways to Recycle Plastic Bottles
⑤ Why Plastic Bottles Are Bad for the Environment

⚠️ 서술형

2 **Choose the correct words for (A) and (B).**

(A) _____   (B) _____

WORDS   survive 통 살아남다, 생존하다   carry 통 들고 있다; *휴대하다   require 통 ¹_____   break down (물질을) 분해하다   throw away …을 버리다, 없애다   invent 통 ²_____   capsule 명 캡슐, 작은 플라스틱 용기   seaweed 명 해조, 해초   bite 통 (이빨로) 물다[베어 물다]   edible 형 먹을 수 있는   completely 부 완전히   [문제] importance 명 중요성   environmentally friendly 환경친화적인   effective 형 효과적인

162 ♀ CHAPTER 10

A 의무 표현하기

A: You **are required to return** these books by next Friday.
(당신은 이 책들을 다음 주 금요일까지 반납해야 합니다.)

B: Okay. I will.
(네. 그렇게 할게요.)

「be required to-v」는 '~해야 한다'의 의미로 의무를 나타낼 때 쓰는 표현이다. 의무를 나타내는 다른 표현들로는 「be supposed to-v」, 「need to[have to/must/should]+동사원형」 등이 있다.

➕ EXPRESSION PLUS

· Workers **are supposed to wear** a helmet. (근로자들은 헬멧을 써야 한다.)
· You **need to do** your homework now. (너는 지금 네 숙제를 해야 해.)
· We **have to tell** her the truth. (우리는 그녀에게 사실을 말해야 해.)
· You **must apologize** to him. (너는 그에게 사과해야 해.)
· Students **should pay** attention in class. (학생들은 수업시간에 집중해야 한다.)

Check-Up

1 다음 문장의 밑줄 친 부분과 바꿔 쓸 수 없는 것은?

You <u>have to</u> complete the project by tomorrow.

① may   ② must   ③ should
④ need to   ⑤ are supposed to

WORDS

1
complete 동 완료하다

2 다음 대화의 빈칸에 들어갈 말로 알맞은 것은?

A: _____
B: Okay. I'll take them off.

① You often take your shoes off in the temple.
② You need to take your shoes off in the temple.
③ I'm annoyed that you take your shoes off in the temple.
④ I thought you'd like to take your shoes off in the temple.
⑤ I can't believe that you want to take your shoes off in the temple.

2
take off …을 벗다

B 오해 지적해 주기

> A: Did you just say I was wrong?
> (당신은 지금 제가 틀렸다는 건가요?)
>
> B: **That is not exactly what I meant to say**. I just wanted to ask you again.
> (제 말은 정확하게는 그게 아니에요. 나는 단지 당신에게 한 번 더 물어보고 싶었어요.)

'That is not (exactly) what I meant to say.'는 '제 말은 (정확하게는) 그게 아니에요.'의 뜻으로 상대방이 말을 오해했을 때 쓰는 표현이다. 이와 비슷한 표현으로는 'I'm afraid that is wrong[not right].' '그게 아닌 것 같아요.', 「(No,) I mean ~ not ....」 '(아니요,) 제 뜻은 ⋯가 아니라 ~예요.' 등이 있다.

➕ EXPRESSION PLUS

A: I heard the accident wasn't serious. (저는 그 사고가 심하지 않았다고 들었어요.)
B: **I'm afraid that is wrong**. There was a lot of damage to my car.
 (그렇지 않아요. 제 차가 많이 손상되었어요.)

Check-Up

WORDS

1 대화가 자연스럽게 이어지도록 (A)~(D)를 바르게 배열하시오.

(A) I see. How about a comedy?
(B) You don't want to go to the movies tonight?
(C) That is not exactly what I meant to say. I just don't want to see a horror movie.
(D) That would be great!

_____ → _____ → _____ → _____

2 다음 대화의 빈칸에 들어갈 말로 알맞지 <u>않은</u> 것은?

A: You said you wanted an expensive new car, didn't you?
B: _____
A: I guess I misunderstood you.

① I'm afraid that is wrong.
② I meant reliable, not expensive.
③ Okay, I will get one.
④ That is not right.
⑤ That is not exactly what I meant to say.

2
misunderstand 통 오해하다
(misunderstand-
misunderstood)
reliable 형 믿을 수 있는

1 밑줄 친 단어와 반대되는 의미의 단어를 고르면?

How much is your monthly income?

① plan   ② money   ③ expense
④ savings   ⑤ allowance

2 다음 빈칸에 들어갈 말을 보기 에서 골라 쓰시오.

보기   harvest   bite   survive

(1) All living things need water to

_____ .

(2) This year, the corn was _____(e)d later than usual.

3 대화가 자연스럽게 이어지도록 (A)~(D)를 바르게 배열하시오.

(A) Oh, then is everything all right?
(B) Did you say you need a refund?
(C) I'm afraid not. Can you get me a new one?
(D) No, that is not what I meant.

_____ → _____ → _____ → _____

4 다음 중 화자의 의도가 같은 문장을 모두 고르면?

① You will come home by eight.
② You need to come home by eight.
③ You have to come home by eight.
④ You don't have to come home by eight.
⑤ You're required to come home by eight.

5 다음 중 짝지어진 대화가 어색한 것은?

① A: How can I become healthier?
   B: You should drink a lot of water.
② A: How often should I take these pills?
   B: You need to take these pills.
③ A: I heard Ben didn't get hurt at all.
   B: I'm afraid that's not right.
④ A: Did you want me to call you later?
   B: I meant tomorrow, not today.
⑤ A: I was almost hit by a car.
   B: You have to be careful when you cross the road.

[6-7] 다음 빈칸에 들어갈 말로 알맞은 것을 고르시오.

6

Nobody was home _____ I came back from school.

① if   ② when   ③ since
④ unless   ⑤ because

7

_____ you don't know him, you should help him.

① So   ② Until   ③ When
④ Even if   ⑤ Because

🔊 자주 나와요   🔊 서술형

8 다음 두 문장이 같은 뜻이 되도록 빈칸에 알맞은 말을 쓰시오.

The movie was touching as well as interesting.

→ The movie was _____ _____ interesting _____ _____ touching.

[9-10] 다음 빈칸에 공통으로 들어갈 접속사를 쓰시오.

9

> • We will make a snowman _____ it snows tomorrow.
> • I'm not sure _____ Sarah will like my gift.

_____

13 **다음 밑줄 친 부분과 바꿔 쓸 수 있는 것은?**

> <u>As soon as she heard</u> the news, she started to cry.

① If hearing   ② Since she heard
③ On hearing   ④ When hearing
⑤ While she heard

10

> • _____ I was seven, I haven't seen my cousin.
> • I'll give her a ride _____ it's so late.

_____

14 **다음 중 어법상 바른 것을 <u>모두</u> 고르시오.**

① I like peanuts as well as walnuts.
② I'll leave early so that I can arrive on time.
③ Both you and I am good at cooking.
④ As soon as I will find my phone, I'll call you.
⑤ The pie was such delicious that I had another piece.

11 **다음 중 어법상 바르지 <u>못한</u> 것은?**

① I cut my finger while I was cooking.
② I'm not sure whether the thief is a man.
③ I couldn't sleep until my sister got home.
④ You can choose either the front seat and a back seat.
⑤ They studied so hard that they were accepted by a top university.

15 **다음 밑줄 친 that의 쓰임이 나머지 넷과 <u>다른</u> 것은?**

① She said <u>that</u> her team lost the game.
② I heard <u>that</u> Sean will visit us tomorrow.
③ It is surprising <u>that</u> Tina won the lottery.
④ I didn't believe the story <u>that</u> he told me.
⑤ The problem is <u>that</u> this machine is too old.

12 **다음 우리말과 일치하도록 빈칸에 알맞은 말을 쓰시오.**

> 내가 Kate를 볼 때마다, 그녀는 책을 읽고 있다.
>
> → _____ _____ I see Kate, she is reading a book.

[16-17] 다음 문장에서 어법상 바르지 <u>못한</u> 곳을 찾아 바르게 고치시오.

16

> Not Sarah but Tom were in charge of cleaning the bathroom yesterday.
>
> _____ → _____

17

I want neither to stay home nor going to school.

_____ → _____

18 다음 문장과 의미가 같은 것은?

If you don't want this chair, I will give it to Jane.

① If you want this chair, I won't give it to you.
② If you want this chair, I'll give it to Jane.
③ Unless you want this chair, I will give it to Jane.
④ Unless you want this chair, I won't give it to Jane.
⑤ Unless you don't want this chair, I will give it to Jane.

19 다음 밑줄 친 부분 중 어법상 바르지 못한 것은?

Jim, as well as Susan, ① like the actress Natalie Portman. She is not only pretty ② but also very talented. Her acting is ③ so great ④ that she has won a lot of awards. They hope ⑤ that they can meet her in person someday.

!) 서술형

20 다음 주어진 문장과 같은 뜻이 되도록 빈칸에 알맞은 말을 쓰시오.

I didn't go to Japan by ship. I went there by plane.

→ I went to Japan _____ _____ _____ _____ by plane.

21 다음 두 문장을 괄호 안의 접속사를 이용하여 한 문장으로 바꿔 쓰시오.

We lost the last two games. We will certainly win today's game. (although)

→ _____
_____

22 다음 우리말과 일치하도록 주어진 조건을 이용하여 영작하시오.

조건 1 such, nice, everyone을 사용할 것
조건 2 총 10단어로 쓸 것

Kelly는 정말 좋은 사람이어서 모든 사람이 그녀를 좋아한다.

→ _____
_____

[23-24] 학생들의 취미와 희망 직업을 나타낸 다음 표를 보고 괄호 안의 말을 이용하여 문장을 완성하시오.

	Hobby	Dream Job
Anna	playing soccer	writer
Lucy	watching movies	writer
James	playing soccer	soccer player

23 _____
_____ playing soccer.
(not only, like)

24 _____
_____ writers.
(both, want, be)

WORD LIST

✓ *Grammar* ·······················

☐ run out of ···이 없어지다, 바닥나다
☐ oversleep 동 늦잠 자다
(oversleep–overslept)
☐ restore 동 복구하다
☐ advanced 형 (학습 과정이) 고급의, 상급의
☐ suit 동 ···에 잘 맞다, 어울리다
☐ landscape 명 경치
☐ calm down ···을 진정시키다
☐ concentrate 동 집중하다
☐ exchange 동 교환하다
☐ get a refund 환불받다
☐ prove 동 증명하다
☐ theory 명 이론
☐ stay up all night 밤을 새우다
☐ make a mistake 실수하다
☐ prepare 동 준비하다
☐ bump into ···와 부딪치다
☐ elect 동 (선거로) 선출하다

✓ *Reading* ·······················

☐ thrive 동 번창하다; 잘 자라다
☐ absorb 동 흡수하다
☐ income 명 수입
☐ local 명 주민, 현지인
☐ harvest 동 수확[채취]하다
☐ pile 동 쌓다
☐ shore 명 해변, 호숫가
☐ export 동 수출하다
☐ survive 동 살아남다, 생존하다
☐ require 동 필요(로)하다
☐ break down (물질을) 분해하다
☐ throw away ···을 버리다, 없애다

☐ invent 동 발명하다
☐ completely 부 완전히
☐ effective 형 효과적인

✓ *Communication* ·················

☐ return 동 돌아오다; 반납하다
☐ pay attention 집중하다
☐ complete 동 완료하다
☐ take off ···을 벗다
☐ damage 명 손상, 피해
☐ misunderstand 동 오해하다
(misunderstand–
misunderstood)
☐ reliable 형 믿을 수 있는

✓ *Final Test* ·····················

☐ allowance 명 용돈
☐ take a pill 약을 복용하다
☐ touching 형 감동적인
☐ give ... a ride ···을 태워주다
☐ seat 명 좌석
☐ accept 동 인정하다; 받아주다
☐ piece 명 한 부분[조각]
☐ win the lottery 복권에 당첨되다
☐ in charge of ···을 담당하는
☐ talented 형 재능 있는

CHAPTER 11

분사구문 🔍

● **GET READY**

Hearing the news, she began to cry.
(그 소식을 듣고, 그녀는 울기 시작했다.)

Being busy, we went to a fast-food restaurant.
(바빠서, 우리는 패스트푸드 식당에 갔다.)

Not realizing how cold it was outside, I left without a coat.
(밖이 얼마나 추운지 모른 채, 나는 코트 없이 나갔다.)

「접속사+주어+동사」의 부사절을 분사가 이끄는 부사구로 간결하게 나타낸 것을 분사구문이라고 해요. 분사구문을 이해하는 핵심은 문맥에 따라 다양하게 변하는 의미(이유, 시간, 동시동작, 연속동작, 조건 등)를 파악하는 것이에요. 이번 과에서는 다양한 분사구문의 형태와 의미에 대해 알아볼 거예요.

A 분사구문

분사구문은 분사로 시작하는 어구가 부사절에서 「접속사+주어+동사」의 역할을 대신하는 것으로 문맥에 따라 다양한 의미를 나타낼 수 있다.

1 분사구문 만드는 법

부사절의 주어와 주절의 주어가 같은 경우, 부사절의 접속사와 주어를 삭제하고 동사를 현재분사(v-ing)로 바꾼다.

Seeing me, the cat ran away.

(← When *the cat* saw me, *it* ran away.)
　　　　부사절

> **TIPS**
>
> 분사구문의 부정
> 분사 앞에 not/never를 쓴다.
> **Not** *being* hungry, we ate only fruit for dinner. (배가 고프지 않아서 우리는 저녁으로 과일만 먹었다.)
> (← **As we weren't hungry**, we ate only fruit for dinner.)

2 분사구문의 의미

1) 이유·원인: '…때문에(because, as, since 등)'

Knowing little about the machine, he read the manual thoroughly.

(← **Because[As/Since] he knew** little about the machine, he read the manual thoroughly.)

2) 시간: '…할 때(when)', '…하는 동안(while)', '…한 후에(after)'

Living in Korea five years ago, Mark taught Korean students English.

(← **When he lived** in Korea five years ago, Mark taught Korean students English.)

3) 동시동작, 연속동작: '…하면서(as)', '…하고 나서(and)'

She is drinking tea, **writing** in her diary. (동시동작)

(← She is drinking tea **as she writes** in her diary.)

The plane left Seoul at 2 p.m., **arriving** in China at 6 p.m. (연속동작)

(← The plane left Seoul at 2 p.m., **and it arrived** in China at 6 p.m.)

4) 조건: '…하면(if)'

Sleeping too much, I get a headache.

(← **If I sleep** too much, I get a headache.)

5) 양보: '…이지만(although/though)'

Although taking medication, he didn't feel any better.

(← **Although he took** medication, he didn't feel any better.)

※ 양보를 나타내는 분사구문은 문장의 의미를 명확히 하기 위해 일반적으로 접속사를 남겨둔다.

A 다음 괄호 안에서 알맞은 말을 고르시오.

1 (Finding / To find) his lost bag, he sighed with relief.

2 (Knowing not / Not knowing) what to say, he kept silent.

3 My dad ate popcorn, (watched / watching) the movie.

4 (Leave / Leaving) your house early, you can get there on time.

WORDS

A
sigh 동 한숨을 쉬다
relief 명 안도, 안심
silent 형 말을 안 하는

B 다음 밑줄 친 분사구문과 같은 뜻이 되도록 빈칸에 알맞은 말을 쓰시오.

1 Taking this subway, you will get to Suwon.

→ _____ _____ _____ this subway, you will get to Suwon.

2 Walking to school, she saw a bluebird.

→ _____ _____ _____ to school, she saw a bluebird.

3 Not having appropriate clothes to wear, he went shopping.

→ _____ _____ _____ _____ appropriate clothes to wear, he went shopping.

B
appropriate 형 적합한, 어울리는

C 다음 두 문장이 같은 뜻이 되도록 빈칸에 알맞은 말을 쓰시오.

1 He extended his hand as he smiled brightly.

→ He extended his hand, _____ brightly.

2 Since I didn't feel well, I took the day off.

→ _____ _____ well, I took the day off.

3 When I took a walk in a park, I met a friend of mine.

→ _____ a walk in a park, I met a friend of mine.

C
extend one's hand 손을 내밀다
take ... off …(동안)을 쉬다
take a walk 산책하다

D 다음 밑줄 친 부분을 바르게 고치시오.

1 To listen to the lecture, they took notes.

2 Wanting not to disturb him, I didn't talk to him.

3 Rushed for the bus, the little boy fell down.

4 Remember he needed milk, he walked to the store.

D
take notes 메모하다
disturb 동 방해하다
rush 동 급히 움직이다

GRAMMAR FOCUS

B 여러 가지 분사구문

1 완료형 분사구문

부사절의 시제가 주절의 시제보다 앞선 경우에 having v-ed 형태의 완료형 분사구문을 쓴다.

Having lost her hairband, she bought a new one.

(← Because she **had lost** her hairband, she **bought** a new one.)

2 수동형 분사구문

수동형을 만들기 위한 being이나 having been은 생략할 수 있어서 형용사나 과거분사만 남을 수 있다.

1) **단순수동태(being v-ed):** 부사절이 수동태이고, 부사절의 시제가 주절의 시제와 같을 때 쓴다.

  (Being) Interested in movies, Ben wants to be a director.

  (← As he **is interested** in movies, Ben **wants** to be a director.)

2) **완료수동태(having been v-ed):** 부사절이 수동태이고, 부사절의 시제가 주절의 시제보다 앞설 때 쓴다.

  (Having been) Paid, I went shopping. (← After I **had been paid**, I **went** shopping.)

3 접속사, 주어가 있는 분사구문

1) **접속사가 있는 분사구문:** 분사구문의 뜻을 명확히 하거나 강조하기 위해 분사 앞에 접속사를 남기기도 한다.

  While running away, the thief dropped the stolen money. (← **While he was running** away, ...)

2) **주어가 있는 분사구문:** 분사구문의 주어와 주절의 주어가 다를 때는 분사 앞에 주어를 생략하지 않고 쓴다.

  The water being too cold, **I** couldn't get in. (← Since **the water** was too cold, **I** ....)

4 with+(대)명사+분사

1) 「**with+(대)명사+현재분사**」: '…가[를] ~한 채로'의 의미로 (대)명사와 분사의 관계가 능동일 때 쓴다.

  She jogs every morning **with her puppy following** her.

2) 「**with+(대)명사+과거분사**」: '…가[를] ~된 채로'의 의미로 (대)명사와 분사의 관계가 수동일 때 쓴다.

  Andy came home **with his shoes covered** with mud.

C 관용적으로 쓰이는 분사구문

일부 분사구문은 그 형태 자체로 의미가 굳어져 숙어처럼 관용적인 표현으로 쓴다.

Generally speaking, buying a car costs a lot of money.   generally speaking '일반적으로 말해서'
Judging from the look of the sky, we'll have rain this evening.   judging from '…로 판단하건대'

> **MORE EXPRESSIONS**
>
> - strictly speaking 엄밀히 말해서
> - frankly speaking 솔직히 말해서
> - speaking of …에 대해 말하자면
> - considering …을 고려하면

Check-Up

A 다음 괄호 안에서 알맞은 말을 고르시오.

1 He listened to me with his arms (folding / folded).

2 (Having / Had) finished the race, they all drank water.

3 (Tiring / Tired) from working all day, he fell asleep on the sofa.

4 After (performing / performed) on stage, she got a big hand.

WORDS

A
fold one's arms 팔짱을 끼다
perform 통 공연하다, 연기하다
get a big hand 큰 박수를 받다

B 다음 우리말과 일치하도록 빈칸에 알맞은 말을 쓰시오.

1 솔직히 말해서, 나는 Brian과 친하지 않다.

→ _____ _____ , I am not close with Brian.

2 목소리로 판단하건대, 그는 화가 났음이 틀림없다.

→ _____ _____ his voice, he must be angry.

3 일반적으로 말해서, 아기들이 성인보다 더 많이 잔다.

→ _____ _____ , babies sleep more than adults.

4 엄밀히 말해서, 그 문장은 문법적으로 틀리다.

→ _____ _____ , the sentence is grammatically wrong.

B
close 형 가까운, 친한
grammatically 부 문법적으로

C 다음 괄호 안의 단어를 빈칸에 알맞은 형태로 쓰시오.

1 It _____ Christmas Eve, the restaurant is full of people. (be)

2 _____ by a famous artist, the painting is very expensive. (paint)

3 _____ _____ too much pizza last night, I am still full. (eat)

4 With everyone _____ , she started to sing. (watch)

C
be full of …로 가득 찬
full 형 가득한; *배부르게 먹은

D 다음 밑줄 친 부분을 바르게 고치시오.

1 While <u>taken</u> the English test, you can't use your dictionary.

2 She stood by the window with her hair <u>waved</u> in the wind.

3 <u>Had</u> had a big fight, they don't talk to each other anymore.

4 <u>Leaving</u> alone in the house, the little girl began to cry.

D
dictionary 명 사전

Grammar Practice

A 다음 밑줄 친 부분을 바르게 고치시오.

1 The computer is all right <u>considered</u> that it's used.

2 He was sitting in the front row with his legs <u>crossing</u>.

3 One of the pages <u>be</u> missing, the book is worthless.

4 Jake met many kind people while <u>traveled</u> all around Europe.

WORDS

A
used 형 중고의
front row 앞줄
missing 형 없어진
worthless 형 쓸모없는

B 다음 빈칸에 들어갈 말을 보기 에서 골라 알맞은 형태로 쓰시오. (단, 한 번씩만 쓸 것)

보기　eat　　　judge from　　　exercise　　　follow

1 _____ regularly, I'm very healthy.

2 _____ his clothes, he must be meeting someone important.

3 _____ anything this morning, I'm very hungry.

4 _____ this recipe, you will be able to make a delicious tuna sandwich.

B
regularly 부 규칙적으로

C 다음 밑줄 친 부분을 분사구문으로 바꿔 쓰시오.

1 <u>After I had had breakfast in a hurry</u>, I left for school.

　→ _____, I left for school.

2 <u>While he was asked unexpected questions</u>, he got embarrassed.

　→ _____, he got embarrassed.

3 <u>Because it was rainy</u>, the soccer game was called off.

　→ _____, the soccer game was called off.

4 <u>As we were lost in the mountains</u>, we had to work together to survive.

　→ _____, we had to work together to survive.

5 <u>If you bring this coupon</u>, you can get a 10% discount on any item.

　→ _____, you can get a 10% discount on any item.

C
in a hurry 서둘러[급히]
unexpected 형 예상 밖의, 뜻밖의
embarrassed 형 당황한
call off 중지하다, 취소하다

1 다음 빈칸에 들어갈 말로 알맞은 것은?

_____ by a car, she couldn't remember anything.

① Hitting   ② Had hit   ③ Being hitting
④ Having hit   ⑤ Having been hit

WORDS

2 다음 우리말을 영어로 바르게 옮긴 것은?

그녀의 번호를 몰라서 나는 그녀에게 연락할 수 없었다.

① Know not her phone number, I couldn't contact her.
② Not know her phone number, I couldn't contact her.
③ Not known her phone number, I couldn't contact her.
④ Knowing not her phone number, I couldn't contact her.
⑤ Not knowing her phone number, I couldn't contact her.

2
contact 동 연락하다

3 다음 밑줄 친 부분 중 어법상 바르지 <u>못한</u> 것은?
① <u>Born</u> in China, she speaks Chinese fluently.
② <u>Jogging</u> in the park, I saw two people fighting.
③ <u>Before setting off</u>, we planned our trip in detail.
④ <u>Being warm and sunny</u>, we had lunch at the park.
⑤ <u>Having</u> plenty of time, we walked to our destination.

3
set off 출발하다
in detail 상세하게
plenty of 많은
destination 명 목적지

4 다음 우리말과 일치하도록 괄호 안의 말을 이용하여 문장을 완성하시오.
소년은 그의 눈을 빛내면서 내게 말했다. (with, shine)
→ The boy talked to me _____ _____ _____
_____.

A 다음 우리말과 일치하도록 괄호 안의 말을 바르게 배열하시오.

1 농구 경기 동안 부상을 입어서, Dave는 병원에 있다.

(the basketball game, in the hospital, injured, Dave, during, is)

→ _____

2 엄밀히 말하면, 그 사고는 네 잘못이 아니었다.

(was, speaking, the accident, strictly, not, your fault)

→ _____

3 사람들이 눈을 감은 채 기도를 하고 있었다. (with, people, their eyes, were, closed, praying)

→ _____

B 다음 우리말과 일치하도록 괄호 안의 말을 이용하여 분사구문을 완성하시오.

1 그 방이 어두워서, 우리는 아무것도 볼 수 없었다. (be, dark)

→ _____ _____ _____ _____ , we couldn't see anything.

2 그녀의 친구에게서 온 이메일을 읽으면서, Sue는 차를 마셨다. (read, an email)

→ _____ _____ _____ from her friend, Sue had some tea.

3 그녀의 이름을 기억하지 못해서, 나는 내 옆의 친구에게 물어보았다. (remember, her name)

→ _____ _____ _____ _____ , I asked my friend next to me.

C 괄호 안의 말을 이용하여 다음 신문 기사를 완성하시오.

New York Daily   *Wednesday, August 12*

A Robbery on 23rd Street under Investigation

A house on 23rd Street was robbed last night. **1** _____ (shock) to find his house robbed, Mr. Jones, the owner of the house, reported it to the police right away. Fortunately, a security camera had recorded the crime. **2** _____ (check) the recording, the police saw what the robbers looked like. **3** _____ _____ (after, investigate) the crime scene, the police are going to search for the robbers. They hope to find the robbers soon.

1

Most people think all soil is brown. It usually is, but **when mixed** with the right minerals, it can be many different colors. For example, you can see several different colors in the walls of the Grand Canyon. And in Dongchuan, an area in southern

China, the soil is dark red. The color comes from the large amounts of *iron and *copper in the soil. <u>When the soil is exposed</u> to high temperatures and rain, it experiences a chemical reaction that makes it turn red. In spring, when farmers start to turn over the soil in their fields, many professional photographers travel to Dongchuan. They want to get the perfect photo of the colorful landscape. It contains one of the brightest color combinations in nature, **with** a blue sky, green plants, and fields of yellow wheat **surrounding** the red soil.

*iron 철 *copper 구리

1 위 글에 대한 내용으로 옳지 <u>않은</u> 것은?

① 흙이 미네랄과 섞이면 다양한 색을 낼 수 있다.
② Grand Canyon의 벽은 여러 색으로 이루어져 있다.
③ Dongchuan의 흙에는 철과 구리가 많이 들어있다.
④ 고온 다습한 지역의 흙은 화학 반응을 겪으며 빨간색으로 변한다.
⑤ 사진작가들은 가을에 Dongchuan을 많이 방문한다.

!) 서술형

2 위 글의 밑줄 친 부분을 분사구문으로 바꿔 쓰시오.

→ _____

WORDS soil 명 토양, 흙   mix with …와 섞다   mineral 명 무기물, 미네랄   several 형 몇몇의   southern 형 남부에 위치한
expose 동 드러내다; *노출시키다   temperature 명 ¹_____   experience 동 겪다, 경험하다
chemical reaction 화학 반응   turn over …을 뒤집다   landscape 명 풍경   contain 동 들어있다, 함유하다
combination 명 조합   wheat 명 밀   surround 동 ²_____

2

In 1587, an Englishman, John White, sailed to North America and established a colony on Roanoke Island. Soon, more than 100 people lived there. **Needing** supplies, White sailed back to England. Unfortunately, a war between England and Spain delayed his return to the colony. Finally, three years later, he was able to return. <u>Arriving at the colony, he found that everyone was gone!</u> The only clue was the word "Croatoan" carved in a fence post. This was the name of a nearby island. White sailed around, **looking** for the colonists, but he never found them.

Today, researchers believe the colonists went to Croatoan in order to search for food. Native Americans may have found the colonists there, **accepting** them into their tribe. However, there is no evidence to prove this theory. The disappearance of the colony remains a mystery.

1 What is NOT true according to the passage?

① The colony was located on an island.
② White went back to England to fight in a war.
③ White returned to the colony after three years.
④ There was an island called Croatoan near the colony.
⑤ Even today, no one knows what happened to the colony.

2 What is the best choice for blank (A)?

Arriving at the colony, he found that everyone was gone!

→ _____(A)_____ at the colony, he found that everyone was gone!

① If he arrived   ② Because he arrived
③ When he arrived   ④ Before he arrived
⑤ While he arrived

WORDS **sail** 동 항해하다   **establish** 동 설립하다   **colony** 명 ¹ _____   **supply** 명 《pl.》 보급품[물자]
delay 동 미루다; *지연시키다   **clue** 명 단서   **carve** 동 (글씨를) 새기다[파다]   **post** 명 우편; *기둥
colonist 명 식민지 주민   **tribe** 명 부족, 종족   **evidence** 명 증거, 흔적   **prove** 동 ² _____
theory 명 이론, 학설   **disappearance** 명 사라짐   **remain** 동 계속[여전히] …이다   **mystery** 명 수수께끼, 미스터리

A 요청하기

A: **I was wondering if you could** turn down the volume.
(네가 소리를 줄여줄 수 있는지 궁금해.)

B: Sure. I didn't realize that it was that loud.
(물론이지. 이렇게 (소리가) 큰지 몰랐어.)

「I was wondering if you could ~」는 '나는 네가 ~을 해줄 수 있을지 궁금해'라는 의미로 상대방에게 무언가를 요청할 때 쓰는 표현이다. 유사한 표현으로 '~해주겠니?'의 의미인 「Can[Could] I ask you to ~?」, 「Do[Would] you mind v-ing ~?」 등이 있다. 「Do[Would] you mind v-ing ~?」를 직역하면 '너는 ~하는 것을 꺼리니?'라는 의미로 긍정의 대답을 할 때는 'Not at all.', 'Of course not.' 등의 표현을 쓴다.

➕ EXPRESSION PLUS

A: **Can I ask you to** turn the light off? (불 좀 꺼주겠니?)
B: Sorry, but I can't do that right now. (미안하지만, 지금은 그렇게 할 수 없어.)

A: **Do you mind passing** me the salt? (제게 소금을 좀 건네주시겠어요?)
B: Not at all. (물론이죠.)

Check-Up

1 다음 대화의 빈칸에 들어갈 말로 알맞은 것은?

  A: _____
  B: Not at all. Here you go.

① Why don't you lend me a dollar?
② I think you should lend me a dollar.
③ Could I ask you to lend me a dollar?
④ Would you mind lending me a dollar?
⑤ I was wondering if you could lend me a dollar.

WORDS

1
lend 동 빌려주다

2 다음 두 문장이 같은 뜻이 되도록 괄호 안의 말을 이용하여 빈칸에 알맞은 말을 쓰시오.
I was wondering if you could wash the dishes. (can, ask)
→ _____ _____ _____ _____ _____
_____ the dishes?

B 놀람 표현하기

> A: Wow, Alex has just crossed the finish line.
> (와, Alex가 막 결승선을 통과했어.)
>
> B: **I can't believe that** he finished the race first!
> (그가 1등으로 경주를 끝냈다니 믿을 수 없어!)

「I can't believe that ~」은 '~라니 믿을 수 없다'라는 의미로 어떤 사실에 대해 놀람을 표현할 때 쓰는 표현이다. 유사한 표현으로는 「It's unbelievable that ~」 '~라니 믿을 수 없다', 「I'm surprised[It's surprising] that ~」 '~라니 놀랍다' 등이 있다.

➕ EXPRESSION PLUS

· **It's unbelievable that** you had 10 pieces of pizza. (네가 피자 10조각을 먹었다니 믿을 수 없어.)
· **I'm surprised that** he is such a liar. (그가 그런 거짓말쟁이라니 놀라워.)
· **It's surprising that** Jessica likes Michael. (Jessica가 Michael을 좋아한다니 놀라워.)

Check-Up

1 다음 중 짝지어진 대화가 <u>어색한</u> 것은?

① A: I'm surprised that she raised seven kids by herself.
　 B: So am I.

② A: Amy said that she won the lottery last week.
　 B: Really? That's unbelievable!

③ A: It's unbelievable that she can't remember anything about the accident.
　 B: Yes. It really is surprising.

④ A: It's surprising that the soccer player retired.
　 B: I'm surprised, too.

⑤ A: Did you hear that Chris has gone to Chicago?
　 B: I can't believe that you are leaving.

WORDS

1
retire 동 은퇴하다

2 다음 우리말과 일치하도록 괄호 안의 말을 이용하여 빈칸에 알맞은 말을 쓰시오.
그가 수학 시험에서 A⁺를 받았다니 놀라워! (surprise)
→ It's _____ _____ he got an A⁺ on the math test!

1 다음 중 우리말 뜻이 바르게 연결되지 <u>않은</u> 것은?

① expose – 노출시키다 ② delay – 지연시키다
③ several – 심각한 ④ contain – 들어있다
⑤ experience – 겪다

2 다음 빈칸에 들어갈 말을 보기 에서 골라 쓰시오.

보기 remain sail surround

(1) I'd buy a boat and _____ around the world.
(2) Even after a big fight, they _____ best friends.
(3) The soldiers were _____ed by the enemy.

3 다음 대화의 빈칸에 들어갈 말로 알맞지 <u>않은</u> 것은?

A: I was chosen to receive a free ticket to Spain!
B: _____ that you are going to Spain!
A: I know. I am so excited.

① I can't believe
② I didn't know
③ I'm surprised
④ It's unbelievable
⑤ It's surprising

4 다음 대화의 밑줄 친 문장과 바꿔 쓸 수 있는 것은?

A: Do you mind waiting just a minute?
B: <u>Of course not.</u>

① Not at all. ② My pleasure.
③ That's all right. ④ No, thank you.
⑤ I have no idea.

5 다음 대화가 자연스럽게 이어지도록 (A)~(D)를 바르게 배열하시오.

(A) Sure, no problem.
(B) Is there anything I can help you with?
(C) Yes! Can I ask you to send this package?
(D) There is so much work to do. I don't know where to start.

_____ → _____ → _____ → _____

[6-8] 다음 빈칸에 들어갈 말로 알맞은 것을 고르시오.

6
_____ with snow, the mountain looks wonderful.

① Cover ② Covered
③ Covering ④ Being cover
⑤ Being covering

7
_____ the password, I couldn't use the computer.

① Knowing ② Knowing not
③ Not known ④ Not knowing
⑤ Being not known

8
_____ for his flight, he shopped at a duty-free shop.

① Wait ② waited
③ Waiting ④ Being waited
⑤ Been waiting

9 다음 밑줄 친 부분과 바꿔 쓸 수 있는 것은?

Boiling water, Lisa washed vegetables.

① If she boiled water
② Since she boiled water
③ While she boiled water
④ Though she boiled water
⑤ Because she boiled water

10 다음 밑줄 친 부분과 바꿔 쓸 수 없는 것은?

Falling asleep, he missed his favorite TV show.

① Because he fell asleep
② As he fell asleep
③ Since he fell asleep
④ When he fell asleep
⑤ Though he fell asleep

어려워요

11 다음 중 어법상 바르지 못한 것은?

① Surprised by the noise, Daisy screamed.
② Strictly speaking, you broke the law.
③ The audience stood up, applauding the actors.
④ The magician came out on stage with a black suit on.
⑤ Seeing from a distance, the rock looks like a horse.

서술형

12 다음 우리말과 일치하도록 괄호 안의 말을 바르게 배열하시오.

그 소년은 신발 끈이 풀린 채 뛰고 있었다.
(with, the boy, untied, was, his shoes, running)

→ _____

서술형

[13-14] 다음 우리말과 일치하도록 빈칸에 알맞은 말을 쓰시오.

13 솔직히 말해서, 나는 이 문제의 답을 모르겠다.

→ _____ _____, I don't know the answer to this question.

14 그의 복장으로 판단하건대 그는 경찰임이 틀림없다.

→ _____ _____ his clothes, he must be a policeman.

어려워요

[15-16] 다음 우리말과 일치하도록 빈칸에 들어갈 알맞은 것을 고르시오.

15 우리 형이 입은 후, 내 스웨터가 늘어났다.
→ _____ by my brother, my sweater was stretched out.

① After wearing
② After been worn
③ After being worn
④ After been wearing
⑤ After being wearing

16 지난 축구 경기 도중에 부상을 입었기 때문에, 나는 지금 뛸 수가 없다.
→ _____ during the last soccer game, I cannot run now.

① Injuring
② Been injuring
③ Having being injured
④ Having been injuring
⑤ Having been injured

[17-18] 다음 밑줄 친 부분을 분사구문으로 바꿔 쓰시오.

17

Because the computer was old, I decided to throw it away.

→ _____ ,

I decided to throw it away.

18

After Anthony had painted the picture, he showed it to me.

→ _____ ,

Anthony showed it to me.

19 다음 우리말을 영어로 바르게 옮긴 것은?

음악 소리가 커서, 나는 잠을 잘 수 없었다.

① Was loud, I couldn't sleep.
② Being loud, I couldn't sleep.
③ Having been loud, I couldn't sleep.
④ The music been loud, I couldn't sleep.
⑤ The music being loud, I couldn't sleep.

[20-21] 다음 우리말과 일치하도록 괄호 안의 말을 이용하여 문장을 완성하시오.

20

늦게 일어났지만, 그녀는 버스를 놓치지 않았다.
(though, get up)

→ _____ _____ _____

late, she didn't miss the bus.

21

그 개가 나를 쫓아와서, 나는 마당에서 도망쳤다.
(the dog, chase)

→ _____ _____ _____ me,

I ran from the yard.

22 다음 문장을 분사구문을 이용한 문장으로 바꿔 쓰시오.

Because she was brought up on a farm, she isn't used to city life.

→ _____

_____

[23-24] 다음 글에서 어법상 바르지 못한 두 군데를 찾아 바르게 고치시오.

I went shopping last Sunday. Looked around the mall, I found a store that sells shirts. Consider their price, they were quite nice.

23 _____ → _____

24 _____ → _____

25 다음 우리말과 일치하도록 주어진 조건을 이용하여 영작하시오.

조건 1 take, this medicine, should, avoid를 사용할 것
조건 2 분사구문을 사용하여 총 7단어로 쓸 것

이 약을 먹기 때문에, 당신은 커피를 피해야 합니다.

→ _____

_____

WORD LIST

✓ Grammar

☐ thoroughly	興 철저히, 철두철미하게
☐ sigh	동 한숨을 쉬다
☐ relief	명 안도, 안심
☐ silent	형 말을 안 하는
☐ appropriate	형 적합한, 어울리는
☐ disturb	동 방해하다
☐ fold one's arms	팔짱을 끼다
☐ get a big hand	큰 박수를 받다
☐ close	형 가까운, 친한
☐ used	형 중고의
☐ missing	형 없어진
☐ worthless	형 쓸모없는
☐ unexpected	형 예상 밖의, 뜻밖의
☐ embarrassed	형 당황한
☐ call off	중지하다, 취소하다
☐ contact	동 연락하다
☐ set off	출발하다
☐ in detail	상세하게
☐ plenty of	많은

✓ Reading

☐ several	형 몇몇의
☐ temperature	명 온도, 기온
☐ experience	동 겪다, 경험하다
☐ turn over	…을 뒤집다
☐ landscape	명 풍경
☐ contain	동 들어있다, 함유하다
☐ combination	명 조합
☐ surround	동 둘러싸다, 에워싸다
☐ establish	동 설립하다
☐ colony	명 식민지
☐ delay	동 미루다; 지연시키다

☐ carve	동 (글씨를) 새기다[파다]
☐ evidence	명 증거, 흔적
☐ prove	동 입증하다
☐ remain	동 계속[여전히] …이다
☐ mystery	명 수수께끼, 미스터리

✓ Communication

☐ turn down	(소리 등을) 낮추다
☐ volume	명 용량; 음량
☐ realize	동 깨닫다
☐ finish line	결승선
☐ retire	동 은퇴하다

✓ Final Test

☐ receive	동 받다
☐ boil	동 끓다[끓이다]
☐ scream	동 비명을 지르다
☐ break the law	법률을 위반하다
☐ audience	명 관중
☐ applaud	동 박수를 치다
☐ distance	명 거리; 먼 곳[지점]
☐ throw away	버리다
☐ chase	동 뒤쫓다
☐ bring up	기르다, 양육하다
☐ be used to	…에 익숙하다
☐ take medicine	약을 먹다

CHAPTER 12

가정법

GET READY

If I **were** rich, I **could buy** a house.
(만약 내가 부자라면, 나는 집을 살 텐데.)

I wish I **could go** to a tennis match with you.
(내가 너와 함께 테니스 경기를 한다면 좋을 텐데.)

Karen talks **as if** she **had visited** America.
(Karen은 그녀가 미국에 방문했던 것처럼 이야기한다.)

Without water, no one **could survive**.
(물이 없다면, 아무도 생존할 수 없을 것이다.)

"내가 만약 돈이 많다면…", "내가 좀 더 열심히 공부했더라면…"과 같이 현재 또는 과거의 사실과 반대되거나 실현 가능성이 희박한 상황을 가정할 때 가정법으로 표현할 수 있어요. 이번 과에서는 다양한 가정법 표현에 관해 알아봐요.

A 가정법의 의미와 형태

현재 또는 과거의 사실과 반대되거나 실현 가능성이 거의 없는 일을 가정하여 나타내는 것을 가정법이라고 한다.

1 가정법 과거

현재 사실과 반대되는 상황이나, 현재/미래에 실현 가능성이 희박한 일을 가정할 때 쓴다.

- **형태:** 「If+주어+동사의 과거형/were, 주어+would[could/might]+동사원형」
- **의미:** '만약 …라면, ~할 텐데'

If I **had** enough money, I **could buy** her a ring.
(← As I don't have enough money, I can't buy her a ring.)

> **TIPS**
>
> 가정법 과거의 if절에서 be동사를 사용할 경우 주어의 인칭과 수에 상관없이 were를 사용한다.
> **If** I **were** a director, I **could work** with Ryan Gosling. (만약 내가 감독이라면, Ryan Gosling과 일할 텐데.)
> (← As I'm not a director, I can't work with Ryan Gosling.)

2 가정법 과거완료

과거의 사실과 반대되는 상황을 가정할 때 쓴다.

- **형태:** 「If+주어+had v-ed, 주어+would[could/might] have v-ed」
- **의미:** '만약 …했더라면, ~했을 텐데'

If I **had known** about the computer class, I **could have signed** up for it.
(← As I didn't know about the computer class, I couldn't sign up for it.)
If I **hadn't gotten** your advice, I **would have wasted** my time.
(← As I got your advice, I didn't waste my time.)

3 혼합 가정법

과거에 실현되지 못한 일이 현재까지 영향을 미치는 상황을 가정할 때 쓴다.

- **형태:** 「If+주어+had v-ed, 주어+would[could/might]+동사원형」
- **의미:** '(과거에) 만약 …했더라면, (지금) ~할 텐데'

If I **had gone** grocery shopping, I **would have** something to eat now.
(← As I didn't go grocery shopping, I don't have anything to eat now.)

> **TIPS**
>
> 단순 조건문(직설법) vs. 가정법
> 단순 조건문은 실제로 발생 가능한 일을, 가정법 과거는 실제로 발생하지 않을 것 같은 일을 가정할 때 쓴다.
> **If** William **helps** me, I **can finish** the project sooner. (도와줄 가능성이 있음)
> (William이 나를 도와주면 나는 그 프로젝트를 더 빨리 끝낼 수 있다.)
> **If** William **helped** me, I **could finish** the project sooner. (도와줄 가능성이 거의 없음)
> (만약 William이 나를 도와준다면 나는 그 프로젝트를 더 빨리 끝낼 텐데.)

Check-Up

A 다음 괄호 안에서 알맞은 말을 고르시오.

1 If Diana (were / had been) here right now, she would agree with me.
2 If Sam (ran / had run) the race a little faster, he could have won.
3 If I played hockey well, I could (join / have joined) the national team.
4 If Joey had studied music, he could (be / have been) a singer-songwriter now.

WORDS

A
national team 국가대표팀
singer-songwriter 가수 겸 작곡가

B 다음 우리말과 일치하도록 괄호 안의 말을 알맞은 형태로 쓰시오.

1 만약 Dean이 더 일찍 출발했더라면, 그는 버스를 놓치지 않았을 텐데. (miss)
   → If Dean had left earlier, he would not _____ the bus.
2 만약 내가 일본어를 한다면, 그 관광객들을 안내할 수 있을 텐데. (speak)
   → If I _____ Japanese, I could guide tourists around.
3 만약 내가 면접을 놓치지 않았더라면, 나는 지금 직업이 있을 텐데. (have)
   → If I hadn't missed the interview, I would _____ a job now.
4 만약 내가 바쁘지 않다면, 나는 박물관에 갈 수 있을 텐데. (be)
   → If I _____ not busy, I could go to the museum.
5 만약 우리가 그녀의 생일인지 알았더라면, 생일파티를 열어줬을 텐데. (know)
   → If we _____ it was her birthday, we would have thrown a birthday party.

B
tourist 명 관광객
throw a party 파티를 열다

C 다음 밑줄 친 부분을 바르게 고치시오.

1 If I <u>knew</u> about the problem, I wouldn't have bought that car.
2 If Jennifer <u>likes</u> her job, she would work very hard.
3 If I were in Sydney, I <u>could have visited</u> the opera house.
4 If his leg hadn't been hurt, he <u>could play</u> in that game.

GRAMMAR FOCUS ·····································

B I wish, as if[though], without[but for]

1 I wish+가정법

1) I wish+가정법 과거:「I wish+주어+동사의 과거형/were」
'…라면 좋을 텐데'라는 의미로 현재 사실과 반대 또는 실현 가능성이 희박한 일에 대한 소망을 나타낸다.
I wish I **knew** how to ski. (← I am sorry that I don't know how to ski.)

2) I wish+가정법 과거완료:「I wish+주어+had v-ed」
'…했더라면 좋을 텐데'라는 의미로 과거 사실과 반대 또는 실현 가능성이 희박했던 것에 대한 소망을 나타낸다.
I have a stomachache. **I wish** I **hadn't eaten** so much ice cream.
(← I am sorry that I ate so much ice cream.)

2 as if[though]+가정법

1) as if[though]+가정법 과거:「as if[though]+주어+동사의 과거형/were」
'마치 …인 것처럼'의 의미로 주절과 같은 시점의 일을 반대로 가정할 때 쓴다.
Cathy explains English grammar **as if[though]** she **were** a teacher.
(← In fact, she is not a teacher.)

2) as if[though]+가정법 과거완료:「as if[though]+주어+had v-ed」
'마치 …였던 것처럼'의 의미로 주절보다 과거의 일을 반대로 가정할 때 쓴다.
Alice behaves **as if[though]** she **hadn't lied** before.
(← In fact, she lied before.)

> **TIPS**
>
> 사실일 가능성이 있는 경우 as if[though] 다음에 직설법을 쓴다.
> It looks **as if[though]** it**'s going to** rain.
> (곧 비가 올 것 같다.)

3 without[but for] …,+가정법

'(만약) …가 없(었)다면'의 의미로, 가정법의 if절을 대신한다. 가정법 과거와 과거완료에 모두 쓰인다.

1) Without[But for] the Internet, our lives **would be** inconvenient. 〈가정법 과거〉
   (← **If it were not for** the Internet, ….)

2) Without[But for] your call, I **would have been** late for school. 〈가정법 과거완료〉
   (← **If it had not been for** your call, ….)

> **➕ 내신 POINT PLUS**
>
> **접속사 if의 생략**
>
> if절의 (조)동사가 were 또는 had인 경우 접속사 if를 생략할 수 있으며, 이때 주어와 (조)동사의 위치를 바꾸어 「Were/Had+주어」의 형태로 쓴다.
> **Were I** in your place, I would accept his apology. (만약 내가 네 입장이라면, 그의 사과를 받아줄 텐데.)
> (← **If I were** in your place, ….)
> **Had I** known about the musical, I would have gone to see it.
> (만약 내가 그 뮤지컬에 대해 알았더라면, 그것을 보러 갔을 텐데.)
> (← **If I had** known about the musical, ….)

A 다음 괄호 안에서 알맞은 말을 고르시오.

1 I share a room with my sister. I wish I (had / had had) my own room.

2 (Without / But) for Kate's idea, they couldn't have developed the product.

3 I wish I (learned / had learned) Spanish before I traveled to Spain.

4 He acted as if he (cleaned / had cleaned) his room yesterday, but he didn't.

5 If it (were not / had not been) for the surgery, the patient would have died.

WORDS

A
develop 통 개발하다
surgery 명 수술
patient 명 환자

B 다음 우리말과 일치하도록 괄호 안의 말을 이용하여 문장을 완성하시오.

1 내가 어제 스마트폰을 잃어버리지 않았더라면 좋았을 텐데. (lose)

→ I wish I _____ _____ my smartphone yesterday.

2 내가 두 개 이상의 언어를 말할 수 있다면 좋을 텐데. (speak)

→ I wish I _____ _____ more than two languages.

3 Lucy는 마치 오랫동안 아팠던 것처럼 보였다. (be)

→ Lucy looked as if she _____ _____ ill for a long time.

4 눈이 없었다면, 겨울이 지겨웠을 텐데. (the snow)

→ _____ _____ _____, winters would have been boring.

B
ill 형 아픈, 병든

C 다음 밑줄 친 부분을 바르게 고치시오.

1 <u>Were if I</u> in her shoes, I would do the same.

2 If it <u>were not</u> for the traffic jam, we could have arrived on time.

3 I'm very tired. I wish I <u>went</u> to bed early last night.

4 I will go to the beach this Sunday. I wish tomorrow <u>had been</u> Sunday.

5 Sam talks as if he <u>wrote</u> his report by himself, but his sister helped him.

C
in one's shoes …의 입장이 되어
traffic jam 교통 체증
by oneself 혼자서

A 다음 밑줄 친 부분을 바르게 고치시오.

1 I'm sleepy. I wish I <u>could have taken</u> a nap now.

2 What would you do if you <u>had become</u> invisible?

3 If it had not been for the blanket, I <u>would catch</u> a cold last night.

4 <u>Had if you</u> come early, you might have gotten the writer's autograph.

WORDS

A
take a nap 낮잠을 자다
invisible 혱 보이지 않는
autograph 몡 (유명인의) 사인

B 다음 빈칸에 들어갈 말을 보기 에서 골라 알맞은 형태로 쓰시오.

보기 do   tell   meet   succeed

1 If I knew the answer, I _____ you.

2 I wish I _____ my best in our last game.

3 He talks as if he _____ Susan before, but he didn't.

4 Without his help, my presentation _____ yesterday.

C 다음 두 문장이 같은 뜻이 되도록 빈칸에 알맞은 말을 쓰시오.

1 As Tom doesn't live near my house, I can't visit him often.

→ If Tom _____ near my house, I _____ _____ him often.

2 If it had not been for the umbrella, I would have gotten wet.

→ _____ _____ _____ _____, I would have gotten wet.

3 In fact, Peter wasn't seriously injured.

→ Peter talks _____ _____ _____ _____ seriously injured.

4 As we didn't reserve a table, we waited for a long time.

→ If we _____ _____ _____ _____, we wouldn't have waited for a long time.

5 As I ate so much in the morning, I'm not hungry now.

→ If I _____ _____ so much in the morning, I would be hungry now.

C
reserve 동 예약하다

내신 완성 *Grammar Practice*

1 다음 빈칸에 들어갈 말로 알맞은 것은?

My brother treats me as if I _____ a kid, but I'm not.

① be　　　　　　② am　　　　　　③ were
④ have been　　　⑤ had been

WORDS

1
treat 통 대하다, 다루다

2 다음 중 어법상 바르지 <u>못한</u> 것은?

① Robert looked as though he had won a gold medal.
② I wish someone cleaned my room for me.
③ But for the air, nothing could live.
④ If I had more free time, I could exercise regularly.
⑤ Had I known that you were sick, I would buy you medicine.

2
regularly 부 규칙적으로

3 다음 우리말을 영어로 바르게 옮긴 것은?

네 설명이 없었더라면 나는 그 영화를 이해하지 못했을 텐데.

① But for your explanation, I could understand the movie.
② With your explanation, I couldn't have understood the movie.
③ Without your explanation, I couldn't have understood the movie.
④ If it were not for your explanation, I couldn't understand the movie.
⑤ If it had not been for your explanation, I could have understood the movie.

3
explanation 명 설명

4 다음 우리말과 일치하도록 괄호 안의 말을 이용하여 문장을 완성하시오.

(1) 만약 이 노트북이 그렇게 비싸지 않다면, 나는 그것을 살 수 있을 텐데. (buy)

→ If this laptop _____ so expensive, I _____ it.

(2) Dave가 어제 내 파티에 왔더라면 좋을 텐데. (come to, my party)

→ I wish Dave _____ yesterday.

A 다음 우리말과 일치하도록 괄호 안의 말을 바르게 배열하시오.

1 내가 내 휴가를 너와 함께 보낼 수 있다면 좋을 텐데.
(wish, spend, with, could, I, my holidays, you, I)

→ _____

2 Julie는 마치 내가 그녀 옆에 서 있지 않은 것처럼 행동했다.
(acted, weren't, next to, Julie, if, her, as, I, standing)

→ _____

3 그의 활약이 없었더라면 우리는 결승전에 진출하지 못했을 텐데.
(the finals, without, we, great performance, wouldn't, his, to, have, gone)

→ _____

B 괄호 안의 말을 이용하여 다음 문장을 가정법 문장으로 바꾸시오.

1 As I don't have a lot of time, I can't take violin lessons. (if)

→ _____

2 I am sorry Jina transferred to another school. (wish)

→ _____

C 다음 사진을 보고 괄호 안의 말을 이용하여 문장을 완성하시오.

1

If it were sunny, we _____
the game. (could, continue)

2

If Jane had hurried, she _____
the train. (might, miss)

1

Without digital devices, our lives **would be** difficult. That was what I thought. My phone was always in my hand, and I spent my leisure time in front of the computer. One day, I realized that I was suffering from serious neck pain and poor eyesight. After my doctor said it ① <u>could be caused</u> by overuse of digital devices, I decided ② <u>to cut</u> down on using them.

At first, I was anxious without my phone and felt **as if** it ③ <u>is</u> vibrating in my pocket. However, I tried ④ <u>to spend</u> my time reading or meeting my friends instead of using my smartphone. Slowly, my neck pain ⑤ <u>got</u> better, and now I can enjoy my time with my family and friends much more! If you have similar problems, why don't you try unplugging like I did?

1 위 글의 요지로 가장 알맞은 것은?

① Create a world without technology.
② Fill your life with your family and friends.
③ Spend more time doing outdoor activities.
④ Be free from your digital devices for a while.
⑤ Find ways to deal with computers and smartphones.

2 위 글의 밑줄 친 ①~⑤ 중 어법상 바르지 못한 것은?

①   ②   ③   ④   ⑤

WORDS device 몡 장치, 기구   leisure 몡 여가   suffer from ⋯로 고통받다   serious 혱 심각한   eyesight 몡 시력
overuse 몡 과도한 사용   cut down on ⋯을 줄이다   anxious 혱 ¹_____   vibrate 동 떨다, 진동하다
pain 몡 통증   similar 혱 ²_____   unplug 동 플러그를 뽑다   [문제] outdoor 혱 실외의
deal with ⋯을 다루다

2

Three businessmen were on a trip and staying on the top floor of a sixty-story hotel. One day the elevator broke, and the men had to take the stairs all the way up to their room. _____, they tried to think positively. They decided to make their walk up the stairs fun. They agreed that the first man would tell jokes until the twentieth floor, then the second man would sing until the fortieth floor, and finally the third man would tell stories until they reached the top.

When they reached the fortieth floor, they were tired but in a good mood. They all thought, "**Without** this entertainment, this climb **would be** awful!" Then the third man began telling his story. He said, "I wish I <u>can</u> tell you a funny story. But I have to tell you a sad one: I left the room key in the car."

1 What is the best choice for the blank?
① Moreover ② Otherwise ③ For example
④ Nevertheless ⑤ On the other hand

(!) 서술형
2 Correct the underlined word in the passage.

_____

WORDS stay 동 1_____ story 명 이야기; *(건물의) 층 all the way …하는 내내 positively 부 긍정적으로
stair 명 《pl.》 계단 joke 명 우스갯소리, 농담 reach 동 2_____ entertainment 명 오락(물), 여흥
climb 명 오르기, 등산 awful 형 끔찍한, 지독한

194 ♀ CHAPTER 12

A 바람 묻고 표현하기

A: **Do you want to go** somewhere?
(너는 어딘가에 가고 싶니?)

B: Yes. **I want to go to** the amusement park.
(응. 나는 놀이공원에 가고 싶어.)

상대방의 바람을 물어볼 때는 「Do you want to/wish (you could) ~?」 '너는 ~ 하기를 바라니?'의 표현을 쓸 수 있다. 비슷한 표현으로는 'What would you like to do?' '너는 무엇을 하고 싶니?', 「Are you looking forward to v-ing ~?」 '너는 ~을 하기를 기대하니?' 등이 있다. 자신의 바람이나 소망을 표현할 때는 「I wish I could ~」 '나는 내가 ~을 할 수 있으면 좋겠어'나 '나는 ~하고 싶어'라는 의미의 「I want to-v ~」, 「I'd like to ~」 '나는 ~하기를 기대해'라는 의미의 「I'm looking forward to v-ing ~」 등의 표현을 쓸 수 있다.

⊕ EXPRESSION PLUS

A: **What would you like to do?** (너는 무엇을 하고 싶니?)

B: **I'd like to hang out** with my friends. (나는 친구들과 함께 시간을 보냈으면 좋겠어.)

A: **Are you looking forward to going** to Hong Kong? (너는 홍콩에 가기를 기대하니?)

B: Yes. **I wish I could** leave right now. (응. 나는 지금 당장 떠날 수 있으면 좋겠어.)

Check-Up

1 다음 중 화자의 의도가 보기 와 같은 것은?

WORDS

보기 I'd like to have some Mexican food.

① I want to have some Mexican food.
② I'm likely to have some Mexican food.
③ I should have had some Mexican food.
④ I think you should have some Mexican food.
⑤ I'm afraid I have to have some Mexican food.

2 다음 우리말과 일치하도록 괄호 안의 말을 이용하여 문장을 완성하시오.
나는 내가 유명한 사람들을 만날 수 있으면 좋겠어. (wish, meet)

→ _____ _____ _____ _____ _____
famous people.

2
famous 형 유명한

B 가정하여 묻고 표현하기

A: **What would you do if you had** a million dollars?
(만약 네게 백만 달러가 있다면 너는 무엇을 하겠니?)

B: **I would travel** all around the world.
(나는 세계 일주를 할 거야.)

「What would you do if+주어+동사의 과거형/were ~?」는 '만약 ~라면 너는 무엇을 하겠니?'의 의미로 현재 사실과 반대되는 상황을 가정하여 물을 때 쓰는 표현이다. 대답할 때는 「I would+동사원형」 '나는 ~할 거야'를 쓸 수 있다.

➕ EXPRESSION PLUS

A: **What would you do if you were** me? (만약 네가 나라면 어떻게 하겠니?)

B: **I would ask** her out on a date. (나는 그녀에게 데이트를 신청할 거야.)

Check-Up
- - - - - - - - - - -

1 다음 대화의 빈칸에 들어갈 말로 알맞은 것은?

> A: What would you do if you had a superpower?
> B: _____

① I would help people in danger.
② I'd better not use the superpower.
③ I always wanted to have a superpower.
④ It's important to help people in need.
⑤ It would be great if I had a superpower.

WORDS

1
in danger 위험에 처한
in need 도움이 필요한

2 대화가 자연스럽게 이어지도록 (A)~(D)를 바르게 배열하시오.

(A) I would buy a nice sports car.
(B) I would buy a huge house. What about you?
(C) What would you do if you could buy anything you wanted?
(D) That sounds amazing.

_____ → _____ → _____ → _____

2
huge 형 거대한

1 밑줄 친 단어와 유사한 의미의 단어를 고르면?

The weather yesterday was really <u>awful</u>.

① wet   ② terrible   ③ lovely
④ surprising   ⑤ regular

[2-3] 다음 우리말과 일치하도록 빈칸에 알맞은 말을 쓰시오.

2 배터리 없이는 그 전자기기를 사용할 수 없다.

→ Without batteries, you can't use that
electronic _____ .

3 그들은 더 건강한 식습관을 위해 설탕을 줄이려고
노력한다.

→ They try to _____ _____

_____ sugar for a healthier diet.

4 다음 질문에 대한 대답으로 알맞지 <u>않은</u> 것은?

What would you like to do today?

① I want to go swimming.
② Let's just go to see a movie.
③ I wish I could go for a jog.
④ I'd like to see the photo exhibit.
⑤ I wish I could be a soccer player.

5 대화가 자연스럽게 이어지도록 (A)~(D)를 바르게 배
열하시오.

(A) Why would you do that?
(B) Because I want to help the poor.
(C) I would donate the money to charity.
(D) What would you do if you won the
lottery?

_____ → _____ → _____ → _____

6 다음 문장이 들어갈 위치로 가장 알맞은 곳은?

What would you do if you could do that?

A: Do you wish you could be president?
(①)
B: No, but I wish I could meet him in
person. (②)
A: Meeting the president? (③)
B: I would give policy suggestions. (④)
A: That sounds interesting. (⑤)

[7-8] 다음 빈칸에 들어갈 말로 알맞은 것을 고르시오.

7 If Carl _____ not busy, we could
have dinner together.

① is   ② be   ③ were
④ has been   ⑤ had been

8 I wish I _____ my promise to her
yesterday.

① don't break   ② didn't break
③ haven't broken   ④ hadn't broken
⑤ couldn't have broken

9 다음 중 어법상 바르지 <u>못한</u> 것은?

① I wish you had heard the news.
② Steve acts as if he were honest.
③ But for this water, this plant would die.
④ If it had not been for the accident, he
would have been alive now.
⑤ Without his help, we wouldn't have
gotten out of the burning building.

10 다음 우리말과 일치하도록 빈칸에 알맞은 말을 쓰시오.

이 구명조끼가 없었더라면 나는 살아남지 못했을 텐데.

→ _____

this life jacket, I wouldn't have survived.

11 다음 빈칸에 공통으로 들어갈 말로 알맞은 것은?

- Tim acts as if he _____ my father.
- If I _____ not sick, I could go hiking with you.

① is ② am ③ were
④ would be ⑤ had been

[12-13] 다음 우리말과 일치하도록 괄호 안의 말을 알맞은 형태로 쓰시오.

12 내가 작년에 약간의 돈을 저축했더라면 좋을 텐데.
(save)

→ I wish I _____ some money last year.

13 내가 내 숙제를 했더라면 지금 나는 쉴 수 있을 텐데.
(take)

→ If I had done my homework, I _____
_____ a break now.

14 다음 문장을 가정법 문장으로 바르게 고친 것은?

I'm sorry you can't join our club.

① I wish you can join our club.
② I wish you can't join our club.
③ I wish you could join our club.
④ I wish you couldn't join our club.
⑤ I wish you could have joined our club.

[15-16] 다음 밑줄 친 부분을 바르게 고친 것을 고르시오.

15 <u>You had come</u> to the party, we would have had fun together.

① If you came ② You came
③ If you come ④ Had you come
⑤ You have come

16 If it had not been for the map, I <u>couldn't find</u> any tourist spots.

① didn't find ② hadn't found
③ haven't found ④ could have found
⑤ couldn't have found

17 다음 우리말과 일치하도록 괄호 안의 말을 바르게 배열하시오.

Mike는 마치 그가 우리에게 저녁을 사줬던 것처럼 말한다.
(as, bought, dinner, Mike, if, had, talks, he, us)

→ _____

[18-19] 다음 우리말을 영어로 바르게 옮긴 것을 고르시오.

18 그는 마치 자신이 많은 책을 읽는 것처럼 말한다.
(실제로 그는 책을 많이 읽지 않음)

① He talks as if he read many books.
② He talks as if he reads many books.
③ He talks as if he has read many books.
④ He talks as if he had read many books.
⑤ He talks as if he didn't read many books.

19 만약 내가 최선을 다했더라면 그를 이길 수 있었을 텐데.

① If I do my best, I could beat him.
② If I did my best, I could beat him.
③ If I did my best, I couldn't beat him.
④ If I had done my best, I could beat him.
⑤ If I had done my best, I could have beaten him.

20 **다음 빈칸 ⓐ와 ⓑ에 들어갈 말이 바르게 짝지어진 것은?**

• I wish you ____ⓐ____ here now.
• If I ____ⓑ____ there, I would have been injured in the earthquake.

ⓐ	ⓑ	ⓐ	ⓑ
① am	- had been	② was	- were
③ were	- had been	④ were	- were
⑤ had been	- had been		

서술형

21 **다음 괄호 안의 말을 빈칸에 알맞은 형태로 쓰시오.**

If Emma ______________________ in herself, she couldn't have succeeded. (not, believe)

내신 완성 서술형

[22-23] 다음 문장을 가정법 문장으로 바꿔 쓰시오.

22 I'm sorry I didn't learn to ride a bicycle when I was young.

→ I wish ______________________
______________________.

23 As he didn't work hard on the project, he couldn't get it done by last Friday.

→ If ______________________
____
______________________.

24 **다음 우리말과 일치하도록 주어진 조건을 이용하여 영작하시오.**

조건 1 feel, in a dream을 사용할 것
조건 2 총 9단어로 쓸 것

그는 마치 그가 꿈속에 있는 것처럼 느꼈다.
→ ______________________
____

25 **다음 그림을 보고 괄호 안의 말을 이용하여 문장을 완성하시오.**

→ If I had a key, I ______________________
______________________.
(open the door)

WORD LIST

✓ Grammar

☐ national team	국가대표팀
☐ singer-songwriter	가수 겸 작곡가
☐ throw a party	파티를 열다
☐ apology	몡 사과
☐ develop	동 개발하다
☐ surgery	몡 수술
☐ patient	몡 환자
☐ traffic jam	교통 체증
☐ by oneself	혼자서
☐ take a nap	낮잠을 자다
☐ invisible	혱 보이지 않는
☐ autograph	몡 (유명인의) 사인
☐ reserve	동 예약하다
☐ treat	동 대하다, 다루다
☐ regularly	부 규칙적으로
☐ explanation	몡 설명

✓ Reading

☐ device	몡 장치, 기구
☐ leisure	몡 여가
☐ suffer from	…로 고통받다
☐ serious	혱 심각한
☐ eyesight	몡 시력
☐ overuse	몡 과도한 사용
☐ cut down on	…을 줄이다
☐ anxious	혱 불안해하는, 염려하는
☐ vibrate	동 떨다, 진동하다
☐ pain	몡 통증
☐ similar	혱 비슷한
☐ outdoor	혱 실외의
☐ deal with	…을 다루다
☐ story	몡 이야기; (건물의) 층

☐ all the way	…하는 내내
☐ positively	부 긍정적으로
☐ reach	동 이르다, 도달하다
☐ entertainment	몡 오락(물), 여흥
☐ awful	혱 끔찍한, 지독한

✓ Communication

☐ hang out with	…와 시간을 보내다
☐ famous	혱 유명한
☐ in danger	위험에 처한
☐ in need	도움이 필요한
☐ huge	혱 거대한

✓ Final Test

☐ electronic	혱 전자의
☐ diet	몡 식습관
☐ donate	동 기부하다
☐ charity	몡 자선 단체
☐ in person	직접
☐ policy	몡 정책
☐ suggestion	몡 제안
☐ get out of	…에서 나가다
☐ life jacket	구명조끼
☐ tourist spot	관광지[명소]
☐ injure	동 부상을 입히다
☐ earthquake	몡 지진
☐ succeed	동 성공하다

CHAPTER 13

비교 구문 🔍

● GET READY

They arrived **earlier than** Sarah did.
(그들은 Sarah보다 더 일찍 도착했다.)

More and more customers are visiting his restaurant.
(점점 더 많은 손님이 그의 식당을 방문하고 있다.)

Nothing is **as delicious as** a strawberry cupcake.
(그 어떤 것도 딸기 컵케이크만큼 맛있지 않다.)

두 가지 이상의 대상을 비교하여 나타내는 비교 구문에는 원급, 비교급, 최상급 비교가 있어요. 이번 과에서는 원급, 비교급, 최상급을 이용한 비교 구문과, 여러 가지 최상급 표현 및 비교 구문에 대해 알아보기로 해요.

GRAMMAR FOCUS

A 원급, 비교급, 최상급

1 「as+형용사/부사의 원급+as」 '…만큼 ~한/하게'

Tom's younger brother is **as tall as** Tom.

The problem is not **as big as** you imagine.

This summer is **not as[so] hot as** last summer.

※ 부정형으로 쓸 때는 앞에 있는 as 대신 so를 쓰기도 한다.

2 「형용사/부사의 비교급+than」 '…보다 더 ~한/하게'

비교급을 만들 때는 보통 원급에 -(e)r을 붙이며, 2음절 단어 중 -ous, -ful, -less 등으로 끝날 때나 3음절 이상의 단어 앞에는 more를 쓴다.

My grades are **higher than** average.

Jim has **more** experience **than** me[I do].

Cooking is **less** expensive **than** eating out.　「less+형용사/부사의 원급+than」: '…보다 덜 ~한/하게'

(= Cooking is **not as[so]** expensive **as** eating out.)

TIPS

비교급을 강조할 때는 비교급 앞에 much, even, far, a lot 등의 부사를 쓰며 '훨씬'의 의미이다. 부사 very는 쓸 수 없다.
The plane is **much[~~very~~]** *faster* than the car. (비행기는 자동차보다 훨씬 더 빠르다.)

➕ 내신 POINT PLUS

than 대신 to를 쓰는 비교 표현

1 prefer A to B: 'B보다 A를 더 좋아하다'

My dad **prefers** being with us **to** being alone.

(나의 아버지는 혼자 있는 것보다 우리와 함께 하는 것을 더 좋아한다.)

2 prior(이전의), superior(우수한), inferior(열등한) 등 -or로 끝나는 형용사

This computer is **superior to** any other computer in the world.

(이 컴퓨터는 세계의 다른 어떤 컴퓨터보다 더 우수하다.)

3 「the+형용사/부사의 최상급」 '가장 …한/하게'

최상급을 만들 때는 보통 원급에 -(e)st을 붙이며, 2음절 단어 중 -ous, -ful, -less 등으로 끝날 때나 3음절 이상의 단어 앞에는 most를 쓴다.

How much are **the cheapest shoes in this shop**?　「the+최상급+in+장소·범위의 단수명사」 '…안에서 가장 ~한'

Clara is **the most diligent of the three girls**.　「the+최상급+of+비교 대상이 되는 명사」 '…중에서 가장 ~한'

I booked **the least expensive** plane ticket.　「the least+형용사/부사의 원급」 '가장 덜 …한/하게'

A 다음 괄호 안에서 알맞은 말을 고르시오.

1 Rocks are not as (hard / harder) as diamonds.

2 What is the (longer / longest) river in the world?

3 The hotel was (even / very) more luxurious than I expected.

4 Sam prefers studying in the café (than / to) studying at home.

5 This question is (more / the most) complicated than that one.

WORDS

A
luxurious 형 호화로운
complicated 형 복잡한

B 다음 우리말과 일치하도록 괄호 안의 말을 이용하여 문장을 완성하시오.

1 Jenny의 손은 얼음만큼 차갑다. (cold)

→ Jenny's hands are _____ _____ _____ ice.

2 이곳이 시내에서 가장 붐비는 제과점이다. (crowded)

→ This is _____ _____ _____ bakery downtown.

3 지구는 달보다 훨씬 더 크다. (far, big)

→ The earth is _____ _____ _____ the moon.

4 Emily는 어리지만, 그녀의 오빠보다 더 책임감이 있다. (responsible)

→ Emily is young, but she is _____ _____ _____ her brother.

5 영화를 보는 것은 책을 읽는 것보다 덜 지루하다. (less)

→ Watching movies is _____ _____ _____ reading books.

B
crowded 형 붐비는
downtown 부 시내에서
responsible 형 책임감 있는
boring 형 지루한

C 다음 밑줄 친 부분을 바르게 고치시오.

1 I'm more strong than my little brother.

2 My sofa is as not comfortable as yours.

3 For me, Monday morning is busier time of the week.

4 She prefers going out than staying home on weekends.

C
comfortable 형 편안한

GRAMMAR FOCUS ··········

B 최상급의 의미를 나타내는 여러 가지 표현

1 원급과 비교급을 이용한 최상급의 표현

- 「부정주어(nothing, none, no+(대)명사 등) ... as+원급+as」: '어떤 것도 ~만큼 …하지 않는/않게'
- 「부정주어 ... 비교급+than」: '어떤 것도 ~보다 더 …하지 않는/않게'
  - → 「비교급+than any other+단수명사」: '다른 어떤 ~보다 더 …한/하게'
  - → 「비교급+than all the other+복수명사」: '다른 모든 ~보다 더 …한/하게'

Russia is **the largest** country in the world. 「the+최상급」
→ **No country** in the world is **as large as** Russia. 「부정주어 ... as+원급+as」
→ **No country** in the world is **larger than** Russia. 「부정주어 ... 비교급+than」
→ Russia is **larger than any other country** in the world. 「비교급+than any other+단수명사」
→ Russia is **larger than all the other countries** in the world. 「비교급+than all the other+복수명사」

2 최상급을 포함한 중요 구문

1) 「**one of the+최상급+복수명사**」: '가장 …한 것[사람]들 중 하나'

Times Square is **one of the most popular tourist attractions** in New York.
The trumpet is **one of the hardest instruments** to play.

2) 「**the+최상급(+that)+주어+have[has] ever v-ed**」: '지금까지 …한 것[사람] 중 가장 ~한'

She has **the most beautiful smile** (that) **I've ever seen**.
Paul is **the most positive person** (that) **she has ever known**.

C 여러 가지 비교 구문

1 「as+원급+as possible」 '가능한 한 …한/하게'(=「as+원급+as+주어+can」)

My brother tries to get up **as early as possible**.
(=My brother tries to get up **as early as he can**.)

2 「배수사+as+원급+as」 '…보다 몇 배만큼 ~한/하게'(=「배수사+비교급+than」)

My luggage is **four times as heavy as** yours.
(= My luggage is **four times heavier than** yours.)

3 「비교급+and+비교급」 '점점 더 …한/하게'

Summer is getting **hotter and hotter** each year because of global warming.

4 「the+비교급, the+비교급」 '…(하면) 할수록 더 ~한/하게'

The faster you drive, **the more dangerous** it becomes.

A 다음 괄호 안에서 알맞은 말을 고르시오.

1 (More / The more) he lied to me, the angrier I became.

2 Van Gogh is one of the greatest (artist / artists) in history.

3 Jake plays (better / best) than any other player on his team.

WORDS

B 다음 주어진 문장과 같은 뜻이 되도록 문장을 완성하시오.

Ryan was the youngest participant in the marathon.

1 → No participant in the marathon was as _____ _____ Ryan.

2 → No participant in the marathon was _____ _____ Ryan.

3 → Ryan was _____ _____ _____ _____ participant in the marathon.

4 → Ryan was _____ _____ _____ _____ participants in the marathon.

B
participant 몡 참가자

C 다음 우리말과 일치하도록 괄호 안의 말을 이용하여 문장을 완성하시오.

1 Rachel은 가능한 한 크게 소리를 질렀다. (loudly)

→ Rachel yelled _____ _____ _____ _____.

2 서울은 세계에서 가장 붐비는 도시들 중 하나이다. (busy)

→ Seoul is _____ _____ _____ _____ cities in the world.

3 Anna는 내가 함께 일해본 사람 중 가장 재미있는 사람이다. (humorous)

→ Anna is _____ _____ _____ person that I've ever worked with.

C
yell 통 소리 지르다
humorous 혱 재미있는

D 다음 밑줄 친 부분을 바르게 고치시오.

1 Mike is taller than any other <u>boys</u> in his class.

2 It was <u>the more impressive</u> speech I've ever heard.

3 This building is higher than all the other <u>building</u> in the world.

D
impressive 혱 감명 깊은

A 다음 밑줄 친 부분을 바르게 고치시오.

1 <u>The old</u> Laurel gets, the wiser she becomes.

2 The festival is <u>ten</u> as big as it used to be.

3 No other athlete in the world is <u>the fastest</u> than him.

4 She prefers walking home <u>than</u> taking a bus.

WORDS

A
athlete 명 운동선수

B 다음 우리말과 일치하도록 괄호 안의 말을 이용하여 문장을 완성하시오.

1 컴퓨터는 점점 더 똑똑해지고 있다. (smart)

→ Computers are becoming _____ _____ _____.

2 가능한 한 조심스럽게 걷도록 애써라. (carefully)

→ Try to walk _____ _____ _____ _____.

3 내게는 수학이 과학만큼 어렵다. (difficult)

→ Math is _____ _____ _____ science for me.

4 속도위반은 가장 흔한 교통사고의 원인들 중 하나이다. (common)

→ Speeding is _____ _____ _____ _____
_____ causes of traffic accidents.

B
speeding 명 속도위반
cause 명 원인, 이유
traffic accident 교통사고

C 다음 두 문장이 같은 뜻이 되도록 문장을 완성하시오.

1 John is not as considerate as his father.

→ John is _____ _____ than his father.

2 The auditorium is five times as wide as the classroom.

→ The auditorium is _____ _____ _____ than
the classroom.

3 Ice hockey is the most popular sport in Canada.

→ Ice hockey is _____ _____ _____
_____ _____ _____ sports in Canada.

4 Alice swung as high as possible.

→ Alice swung _____ _____ _____
_____.

C
considerate 형 사려 깊은
auditorium 명 강당
swing 동 흔들리다; *그네에
타다 (swing-swung)

1 다음 빈칸에 들어갈 말로 알맞지 <u>않은</u> 것은?

The shopping mall was _____ more crowded than I thought.

① far   ② even   ③ very
④ much   ⑤ a lot

WORDS

2 다음 밑줄 친 부분과 바꿔 쓸 수 있는 것은?

My old smartphone was <u>not so convenient as</u> my new one.

① as convenient as
② less convenient than
③ more convenient than
④ less inconvenient than
⑤ even more convenient than

2
convenient 혱 편리한
(↔ inconvenient)

3 다음 밑줄 친 부분 중 어법상 바르지 <u>못한</u> 것은?

① Nothing is <u>more precious</u> than time.
② I hope you feel <u>good</u> than you did yesterday.
③ I'm <u>the least nervous</u> about taking the science exam.
④ No other student in my class is <u>as smart as</u> June.
⑤ This waterfall is <u>the most beautiful</u> sight in my country.

3
precious 혱 소중한
sight 몡 보기, 봄; *관광지

4 다음 대화를 읽고 ⓐ와 ⓑ의 단어를 알맞은 형태로 쓰시오.

A: How much is this blue coat?
B: It's 90 dollars. It is cheaper than any other ⓐ (coat) in our store.
A: Oh, then what about that black one?
B: The black one is three times ⓑ (expensive) than the blue one. It is handmade.

ⓐ _____   ⓑ _____

4
handmade 혱 수제의

A 다음 우리말과 일치하도록 괄호 안의 말을 바르게 배열하시오.

1 낮이 점점 더 짧아지고 있다. (are, shorter, the days, getting, and, shorter)

→ _____

2 이 노트북은 내가 썼던 것 중 가장 작은 것이다.
(have, the, used, one, I, this laptop, ever, smallest, is)

→ _____

3 어떤 것도 행복만큼 중요하지 않다. (nothing, as, happiness, as, is, important)

→ _____

B 다음 두 문장이 같은 뜻이 되도록 빈칸에 알맞은 말을 쓰시오.

1 They pushed the door as hard as they could.

→ They pushed the door _____ _____ _____ _____ .

2 As you practice more, you'll be able to skate better.

→ _____ _____ you practice, _____ _____ you'll be able to skate.

C 그래프를 보고 괄호 안의 말을 이용하여 문장을 완성하시오.

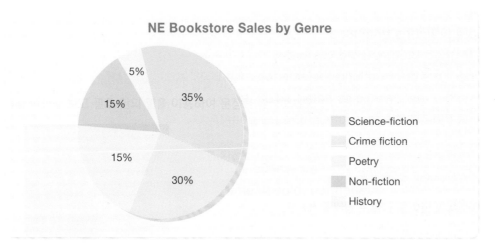

NE Bookstore Sales by Genre

If we look at the pie chart, we can see that:

1 Science-fiction is _____ _____ than any other genre. (popular)

2 Crime fiction is _____ _____ _____ _____ non-fiction.
(twice, as, popular)

3 Poetry is _____ _____ _____ crime fiction. (popular, than)

4 History is _____ _____ _____ genre of all. (popular)

1

Have you ever wondered how submarines can sometimes float and sometimes sink underwater? This experiment will help you understand. Turn a mug upside down and try to push it down into a sink full of water. <u>그것은 여러분이 생각하는 것만큼 쉽지 않을 것이다</u>. You'll need to put a lot of pressure on it. As soon as you remove this pressure from the mug, (A) <u>it</u> will shoot back up to the surface. This is because the air inside the mug makes the mug **lighter than** water. Submarines are similar. A submarine fills its large tank with air in order to float. On the other hand, when a submarine needs to dive, the tank fills with seawater, which causes the submarine to become **heavier than** (B) <u>it</u> was originally. Therefore it is able to sink to great depths.

(!) 서술형

1 위 글의 밑줄 친 우리말과 일치하도록 괄호 안의 말을 이용하여 문장을 완성하시오.

→ It won't be _____ _____ _____ _____ _____.
(as, think)

2 위 글의 밑줄 친 (A)와 (B)의 it이 가리키는 것이 바르게 짝지어진 것은?

	(A)		(B)
①	the mug	–	the air
②	the mug	–	the submarine
③	the pressure	–	the submarine
④	the water	–	the air
⑤	the water	–	the tank

WORDS **submarine** 몡 잠수함　　**float** 동 뜨다　　**sink** 동 가라앉다 몡 싱크대, 개수대　　**underwater** 뷔 물속에
experiment 몡 실험　　**upside down** 거꾸로, 뒤집혀　　**pressure** 몡 ¹_____　　**remove** 동 없애다, 제거하다
shoot 동 쏘다; *획[불쑥] 움직이다　　**surface** 몡 ²_____　　**similar** 혱 비슷한　　**originally** 뷔 원래, 본래
depth 몡 깊이; *《*pl.*》 깊은 곳, 깊은 바다

2

Disposable coffee cups are (A) more convenient / most convenient than coffee mugs, but they are also **one of the most serious environmental problems** in the UK today. British coffee drinkers throw away about 2.5 billion disposable coffee cups each year. These cups are made of cardboard covered by a layer of plastic. Because it is difficult to separate the cardboard from the plastic, recycling disposable coffee cups is very expensive. So most of them are simply burned or buried in landfills.

To deal with this problem, the government is thinking about putting a tax on disposable coffee cups. The UK already has a tax on plastic bags. Since the tax was introduced in 2015, the use of disposable plastic bags has decreased by about 85%. The government believes a tax on disposable coffee cups could be as (B) successful / most successful as the one on plastic bags. The tax may be able to reduce damage to the environment **even further**.

---

1 What is the passage mainly about?

① coffee cups made of reusable materials
② the convenience of using disposable coffee cups
③ environmentally friendly ways of using disposable cups
④ the bad effects of burying coffee cups in landfills
⑤ a tax that helps decrease the use of disposable coffee cups

---

(!) 서술형

2 Choose the correct forms for (A) and (B).

(A) _____   (B) _____

WORDS

disposable 형 ¹_____   **convenient** 형 편리한, 간편한   **throw away** 버리다, 없애다
cardboard 명 마분지, 두꺼운 종이   **layer** 명 층, 막   **separate** 동 분리하다   **recycle** 동 재활용하다
burn 동 태우다   **bury** 동 묻다[매장하다]   **landfill** 명 쓰레기 매립지   **tax** 명 세금   **plastic bag** 비닐봉지
introduce 동 소개하다; *도입하다   **damage** 명 ²_____   [문제] **reusable** 형 재사용할 수 있는
material 명 직물; *재료   **convenience** 명 편리함   **environmentally friendly** 환경친화적인

A 충고 구하고 답하기

A: I have a hard time studying. **What should I do?**
(나는 공부하는 게 힘들어. 내가 어떻게 해야 할까?)

B: **If I were you, I would join** a study club.
(만약 내가 너라면, 난 스터디 그룹에 가입하겠어.)

상대방에게 충고를 구할 때는 'What should I do?' '내가 어떻게 해야 할까?', 「Do you think I should ~?」 '너는 내가 ~해야 한다고 생각하니?' 등의 표현을 쓸 수 있다. 상대방에게 충고할 때는 「If I were you, I would+동사원형」 '내가 너라면 ~하겠어', 「I think you should ~」, '나는 네가 ~해야 한다고 생각해' 「You had['d] better+동사원형」 '너는 ~하는 게 좋겠어' 등의 표현을 쓸 수 있다.

⊕ EXPRESSION PLUS

A: I don't feel well. **Do you think I should** go home and rest?
(몸이 안 좋아. 너는 내가 집에 가서 쉬어야 한다고 생각하니?)

B: **I think you should see** a doctor before you get worse.
(나는 더 안 좋아지기 전에 네가 병원에 가야 한다고 생각해.)

Check-Up

1 다음 대화의 빈칸에 들어갈 말로 알맞은 것은?

A: I lost my credit card. What should I do?
B: _____ before somebody else uses it.

① I wish you the best of luck
② You need to save your money
③ You'd better cancel the card
④ You should keep it in your wallet
⑤ I wonder if you have another one

WORDS

1
cancel 동 취소하다

2 다음 우리말과 일치하도록 빈칸에 알맞은 말을 쓰시오.
만약 내가 너라면, 나는 더 많은 책을 읽겠어.
→ If _____ _____ _____, I _____ _____
more books.

B 선호하는 것 묻고 답하기

A: **Which do you prefer,** Coke **or** lemonade**?**
(너는 콜라와 레모네이드 중에서 어느 것을 더 좋아하니?)
B: **I prefer** lemonade.
(나는 레모네이드를 더 좋아해.)

'Which do you prefer, A or B?' '너는 A와 B중 어느 것을 더 좋아하니?'와 'Do you like A better[more] than B?' '너는 B보다 A를 더 좋아하니?'는 선호하는 것을 물을 때 쓰는 표현이다. 대답할 때는 'I prefer A (to[rather than] B).' '나는 (B보다) A를 좋아해.' 'I think A is better than[preferable to] B.' '나는 A가 B보다 더 낫다고 생각해.' 등의 표현을 쓸 수 있다.

➕ EXPRESSION PLUS

A: **Which do you prefer,** soccer **or** baseball**?** (너는 축구와 야구 중에 어느 것을 더 좋아하니?)
B: **I prefer** baseball **to** soccer. (나는 축구보다 야구를 더 좋아해.)

A: **Do you like** English **better than** science**?** (너는 과학보다 영어를 더 좋아하니?)
B: Yes. **I think** English is **better than** science. (응. 나는 과학보다 영어가 더 나은 것 같아.)

Check-Up

1 다음 대화의 빈칸에 들어갈 말로 알맞지 <u>않은</u> 것은?

> A: Which do you prefer, spaghetti or pizza?
> B: _____

① I prefer spaghetti.
② I often eat spaghetti.
③ I prefer spaghetti to pizza.
④ I prefer spaghetti rather than pizza.
⑤ I think spaghetti is better than pizza.

WORDS

1
prefer 동 …을 더 좋아하다

2 다음 우리말과 일치하도록 빈칸에 알맞은 말을 쓰시오.

> A: Do you like coffee _____ _____ tea?
> 너는 차 보다 커피를 더 좋아하니?
> B: Yes. I _____ coffee _____ tea.
> 응. 나는 차보다는 커피를 더 좋아해.

1 다음 정의에 해당하는 단어를 고르면?

to part or divide something

① affect   ② separate   ③ reflect
④ shoot   ⑤ decrease

2 다음 빈칸에 들어갈 말을 보기 에서 골라 쓰시오.

보기   float   remove   recycle

(1) Stones don't _____ on water.
(2) If we _____, we can save a lot of trees.
(3) This soap can _____ the stain on your shirt.

3 다음 대화의 빈칸에 들어갈 말로 알맞은 것은?

A: My car stops running sometimes. What should I do?
B: _____

① I wonder if you can drive.
② You must stop at a red light.
③ I prefer driving to walking, too.
④ If I were you, I would stop for a second.
⑤ I think you should have your car checked.

서술형

[4-5] 다음 우리말과 일치하도록 빈칸에 알맞은 말을 쓰시오.

4
너는 지금 당장 떠나는 게 좋겠어.

→ You _____ _____ leave right away.

5
너는 생선보다 고기를 더 좋아하니?

→ Do you like meat _____ _____ fish?

6 다음 중 짝지어진 대화가 <u>어색한</u> 것은?

① A: Do you think I should buy a new car?
  B: No, I don't think so.
② A: Do you think I should take his advice?
  B: If I were you, I would.
③ A: I feel dizzy. What should I do?
  B: I think you should get some sleep.
④ A: Which do you like better, milk or juice?
  B: I feel like drinking another glass of juice.
⑤ A: Which do you prefer, the red one or the black one?
  B: I prefer the black one.

[7-9] 다음 빈칸에 들어갈 말로 알맞은 것을 고르시오.

7
It's the _____ mistake I've ever made.

① bad   ② worse   ③ worst
④ very bad   ⑤ most worst

8
They walked to school as _____ as possible.

① quickest   ② quicker
③ quickly   ④ more quickly
⑤ most quickly

9
Lena looks _____ than before. Has she been working out recently?

① healthy   ② healthier
③ healthiest   ④ the healthier
⑤ much healthiest

10 다음 두 문장이 같은 뜻이 되도록 할 때, 빈칸에 들어갈 말로 알맞은 것은?

> Mt. Halla is the highest mountain in South Korea.
> → Mt. Halla is _____ than any other mountain in South Korea.

① higher   ② highest   ③ high
④ as high   ⑤ most highest

11 다음 중 어법상 바르지 <u>못한</u> 것은?

① I'm feeling a lot better than yesterday.
② February is shortest month of the year.
③ The shouts got louder and louder.
④ The younger you are, the easier it is to learn new things.
⑤ The interview took three times longer than I had expected.

● 어려워요

12 다음 중 어법상 바른 것은?

① I read as more books as Tom does.
② Push the button as hardly as you can.
③ Try to laugh as much you possible.
④ The harder you exercise, healthier you will become.
⑤ Canada is larger than any other country in North America.

[13-14] 다음 우리말을 영어로 바르게 옮긴 것을 고르시오.

13 오늘은 어제만큼 춥지는 않다.

① Today is as cold as yesterday.
② Today is little cold than yesterday.
③ Today is not as cold as yesterday.
④ Today is less colder than yesterday.
⑤ Today is colder than yesterday.

14 이 프랑스 와인은 다른 나라의 와인보다 2배만큼 더 비싸다.

① This French wine is more expensive than wine from other countries.
② This French wine is twice expensive than wine from other countries.
③ This French wine is as expensive twice as wine from other countries.
④ This French wine is twice as expensive as wine from other countries.
⑤ This French wine is as twice expensive as wine from other countries.

● 자주 나와요

15 다음 대화의 밑줄 친 문장과 바꿔 쓸 수 있는 것은?

> A: <u>Nothing is more important than love.</u>
> B: You can say that again. Love is the most important thing.

① Love is important of all.
② Nothing is as important as love.
③ Nothing is most important than love.
④ Love is as important as other things.
⑤ Love is important than any other things.

● 서술형

16 다음 우리말과 일치하도록 괄호 안의 말을 바르게 배열하시오.

> 그의 신곡은 점점 더 인기 있어지고 있다.
> (song, is, more, popular, more, his, and, new, getting)

→ _____

[17-19] 다음 우리말과 일치하도록 괄호 안의 말을 이용하여 문장을 완성하시오.

17 사람들은 더 추위를 느낄수록, 난방기를 더 많이 사용한다. (cold, much)

→ _____ _____ people get, _____ _____ they use their heaters.

18 그는 미국의 다른 모든 영화감독들보다 더 재능이 있다. (talented)

→ He is _____ _____ than _____ _____ _____ film directors in the U.S.

19 투우는 가장 위험한 스포츠들 중 하나이다. (dangerous, sport)

→ Bullfighting is _____ _____ _____ _____ _____.

20 다음 중 의미가 나머지 넷과 <u>다른</u> 것은?

① Jane is the kindest person in this town.
② No one in this town is kinder than Jane.
③ Jane is as kind as other people in this town.
④ Jane is kinder than any other person in this town.
⑤ Jane is kinder than all the other people in this town.

21 다음 문장을 바르게 고쳐 쓰시오. (두 군데)

He is one of most successful actor in the world.

→ _____

_____

[22-23] 다음 문장과 같은 뜻이 되도록 괄호 안의 말을 이용하여 영작하시오.

22 The economy is recovering three times faster than last year. (as)

→ _____

_____

23 This black hat is not so expensive as that white one. (less)

→ _____

_____

24 다음 우리말과 일치하도록 주어진 조건을 이용하여 영작하시오.

조건 1 this tree, old, any를 사용할 것
조건 2 총 8단어로 쓸 것

이 나무는 다른 어떤 나무보다 더 오래되었다.

→ _____

_____

WORD LIST

✓ Grammar

☐ luxurious   혱 호화로운
☐ complicated   혱 복잡한
☐ crowded   혱 붐비는
☐ downtown   뷔 시내에서
☐ responsible   혱 책임감 있는
☐ boring   혱 지루한
☐ comfortable   혱 편안한
☐ participant   몡 참가자
☐ humorous   혱 재미있는
☐ impressive   혱 감명 깊은
☐ athlete   몡 운동선수
☐ cause   몡 원인, 이유
☐ traffic accident   교통사고
☐ considerate   혱 사려 깊은
☐ auditorium   몡 강당
☐ convenient   혱 편리한 (↔ inconvenient)
☐ precious   혱 소중한
☐ handmade   혱 수제의

✓ Reading

☐ submarine   몡 잠수함
☐ float   동 뜨다
☐ sink   동 가라앉다   몡 싱크대, 개수대
☐ underwater   뷔 물속에
☐ experiment   몡 실험
☐ upside down   거꾸로, 뒤집혀
☐ pressure   몡 압박, 압력
☐ remove   동 없애다, 제거하다
☐ surface   몡 표면, 수면
☐ similar   혱 비슷한
☐ originally   뷔 원래, 본래
☐ disposable   혱 일회용의

☐ separate   동 분리하다
☐ landfill   몡 쓰레기 매립지
☐ tax   몡 세금
☐ damage   몡 손상, 피해
☐ reusable   혱 재사용할 수 있는
☐ material   몡 직물; 재료

✓ Communication

☐ have a hard time v-ing   ···하는 데 어려움을 겪다
☐ cancel   동 취소하다
☐ prefer   동 ···을 더 좋아하다

✓ Final Test

☐ affect   동 영향을 미치다
☐ reflect   동 비추다
☐ stain   몡 얼룩
☐ check   동 살피다[점검하다]
☐ advice   몡 조언, 충고
☐ dizzy   혱 어지러운
☐ recently   뷔 최근에
☐ shout   몡 외침, 고함
☐ expect   동 기대하다
☐ talented   혱 재능 있는
☐ director   몡 감독[연출자]
☐ successful   혱 성공한
☐ economy   몡 경제
☐ recover   동 회복되다

CHAPTER 14

GET READY

It was Sam **that** ate the pancakes in the refrigerator.
(냉장고 안의 팬케이크를 먹은 것은 바로 Sam이었다.)

Never have I seen such a cute dog before.
(나는 그렇게 귀여운 개를 전에 본 적이 없다.)

Not everyone agrees with Peter's opinion.
(모두가 Peter의 의견에 동의하는 것은 아니다.)

David **said that he** would call me on Tuesday.
(David는 화요일에 내게 전화하겠다고 말했다.)

영어에서는 특정 부분을 강조하거나 문장 앞으로 도치시키는 등의 여러 가지 표현법을 사용하여 문장에 묘미를 더해줘요. 이번 과에서는 다양한 특수구문과 다른 사람이 한 말을 전달하는 간접 화법에 대해 알아봐요.

Ⓐ 강조

❶ do 강조

동사 앞에 do를 써서 「do/does/did+동사원형」의 형태로 동사의 뜻을 강조할 수 있으며 '정말 …하다'로 해석한다.

I **do like** comic books.

Kate **does look** good in the black dress.

I **did buy** a present for you, but I forgot to bring it.

❷ It is[was] ... that ~ 강조 구문

'~한 것은 바로 …이[였]다'의 의미로, 강조하고자 하는 말(주어, 목적어, 부사(구) 등)을 It is[was]와 that 사이에 둔다.

My sister played Juliet at Andrew's Theater.

→ **It was** *my sister* **that[who]** played Juliet at Andrew's Theater. 〈주어 강조〉

→ **It was** *Juliet* **that[who(m)]** my sister played at Andrew's Theater. 〈목적어 강조〉

→ **It was** *at Andrew's Theater* **that** my sister played Juliet. 〈부사구 강조〉

> **TIPS**
>
> 강조하는 대상이 사람일 때 that 대신 관계사 who[m]를 쓸 수 있다.
> **It was** *Tom* **who[that]** bought the pants at the store. (그 가게에서 그 바지를 산 사람은 바로 Tom이었다.)

> **➕ 내신 POINT PLUS**
>
> 강조 구문 vs. 가주어, 진주어 구문
>
> 강조 구문은 강조를 위해 It is[was]와 that을 덧붙인 것이므로, It is[was]와 that을 제거해도 완전한 문장이 된다. (단, 강조하고자 하는 단어를 옮겨도 된다.) 그러나 가주어, 진주어 구문은 It is[was]와 that 없이는 완전한 문장이 되지 않는다.
>
> **It was** because of me **that** my friends fought each other. 〈강조 구문〉
> (내 친구들이 서로 싸운 것은 바로 나 때문이었다.)
> → Because of me, my friends fought each other. (o)
> **It was** my fault **that** my friends fought each other. 〈가주어, 진주어 구문〉
> (내 친구들이 서로 싸운 것은 내 잘못이었다.)
> → My fault, my friends fought each other. (×)

Ⓑ 병렬

등위접속사(and, but, or 등)나 상관접속사(both A and B, either A or B, neither A nor B, not only A but also B 등)에 의해 연결되는 말은 동일한 문법 형태와 구조를 가진다.

Emma is **honest**, **diligent**, *and* **kind**.

My car key is *neither* **in my room** *nor* **in the living room**.

A 다음 밑줄 친 부분을 강조하여 쓸 때 빈칸에 알맞은 말을 쓰시오.

1   Sophie wants to major in <u>science</u>.

→ It _____ Sophie wants to major in.

2   James <u>likes</u> movies that Tim Burton directed.

→ James _____ movies that Tim Burton directed.

3   <u>Ron</u> threw a party at the Green Restaurant.

→ It _____ threw a party at the Green Restaurant.

4   I bought the magazine <u>at the Main Bookstore</u>.

→ It _____ I bought the magazine.

B 다음 우리말과 일치하도록 괄호 안의 말을 이용하여 문장을 완성하시오.

1   Gabby는 요리하는 것뿐만 아니라 빵을 굽는 것도 즐긴다. (cook, bake)

→ Gabby enjoys not only _____ but also _____.

2   Sam은 학교 축구팀에 정말 가입했지만, 그의 친구들은 그것을 믿지 않았다. (join)

→ Sam _____ _____ the school soccer team, but his friends didn't believe it.

C 다음 문장이 강조 구문인지 가주어, 진주어 구문인지 쓰시오.

1   It was in front of the school that I met Mike.

2   It was Christina that I went on a holiday with.

3   It is watching movies that I like to do in my free time.

4   It is surprising that Jimmy will leave Korea next week.

D 다음 밑줄 친 부분을 바르게 고치시오.

1   Elliot is funny, rich, and <u>generously</u>.

2   It is my wallet <u>who</u> I left on the bus this morning.

3   Dave doesn't believe in aliens, but I <u>did</u> believe in them.

4   Carrie doesn't remember the title of the book, but she <u>do</u> remember the writer.

WORDS

A
major in …을 전공하다
direct 통 지도하다;
*감독[연출]하다
throw a party 파티를 열다

C
go on a holiday 휴가를 가다

D
alien 명 외계인

GRAMMAR FOCUS

C 부정 구문

1 부정의 의미를 가진 어구

few, little, hardly, scarcely, seldom, never 등의 단어는 부정의 의미를 포함하므로 not 등의 부정어와 함께 쓰지 않는다.

Sarah is very busy, so she has **little** time to talk with me.

I **seldom** go to the movies. I go only once or twice a year.

2 부분부정과 전체부정

1) 부분부정: 「not+all, every, always 등」의 형태로 '모두[항상] …한 것은 아니다'의 의미이다.

Not all of those books are mine. / Her novels are **not always** interesting.

2) 전체부정: no one, none, neither, never 등으로 '아무도/결코 …않다'의 의미이다.

None of the soldiers got injured. (all의 전체부정)

Neither of his parents is a teacher. (both의 전체부정)

D 도치

1 부사(구)를 강조하는 도치

「부사(구)+동사+주어」의 어순으로 도치된다.

There **goes the airplane**.

Right around the corner **is the store** that Larry owns.

> **TIPS**
>
> 부사(구)가 문장의 앞에 오더라도, 주어가 대명사인 경우에는 주어와 동사의 어순을 도치하지 않는다.
>
> Here **he comes** with his phone in his hand. (그가 손에 그의 전화를 든 채 여기로 온다.)

2 부정어를 강조하는 도치

1) 조동사/be동사가 있는 문장: 「부정어(never, not, seldom, hardly, little, rarely 등)+조동사/be동사+주어」

Hardly **could I** believe the story.

Not only **is he** a good writer, but he is also a talented artist.

2) 일반동사가 있는 문장: 「부정어(never, not, seldom, hardly, little, rarely 등)+do/does/did+주어+동사원형」

Rarely **does Anne go** shopping with her mother.

> **TIPS**
>
> 부정에 가까운 의미를 갖는 only가 문장 앞에 올 때도 주어와 동사를 도치한다.
>
> *Only* recently **did my father start** to work out. (나의 아버지는 최근에야 운동을 시작하셨다.)

3 so/neither[nor] 도치

'…도 또한 그렇다/아니다'의 뜻으로, 긍정문 뒤에는 「so+do/조동사/be동사+주어」를, 부정문 뒤에는 「neither[nor]+do/조동사/be동사+주어」를 쓴다.

I'm tired. – **So am I**.

I don't like hiking. – **Neither[Nor] do I**.

A 다음 괄호 안에서 알맞은 말을 고르시오.

1 Never (Billy has / has Billy) eaten Korean barbecue before.

2 I'm not interested in bungee jumping, and (so / neither) is Sarah.

3 (Not every / Every not) student should participate in this debate.

4 There (was / wasn't) little money left in my wallet, so I went to the bank.

WORDS

A
participate in …에 참여하다
debate 몡 토론

B 다음 우리말과 일치하도록 보기 에서 알맞은 말을 골라 빈칸에 쓰시오.

보기 so   hardly   never   always   neither

1 우리 중 아무도 그림을 잘 그리지 못한다.

→ _____ of us is good at drawing pictures.

2 나는 초록색을 좋아하고 우리 오빠도 그렇다.

→ I like green, and _____ does my brother.

3 우리 가족은 일요일에는 결코 아침을 먹지 않는다.

→ My family _____ eats breakfast on Sundays.

4 그의 노래가 항상 십 대들에게 인기 있는 것은 아니다.

→ His songs are not _____ popular with teenagers.

5 너무 더워서 나는 어젯밤에 잠을 거의 잘 수 없었다.

→ It was so hot that I could _____ sleep last night.

B
teenager 몡 십 대

C 다음 밑줄 친 부분을 바르게 고치시오.

1 There goes he, carrying gifts for his parents.

2 Little I dreamed that I would meet you again.

3 On the top of the hill did a beautiful castle stood.

4 A: I haven't even started to write my report.

B: Neither haven't I.

5 All of not my friends came to my birthday party.

E 화법 전환

- **직접 화법:** 다른 사람이 말한 내용을 인용 부호(" ")를 이용하여 그대로 전달하는 것
- **간접 화법:** 다른 사람이 말한 내용을 전달자의 입장으로 바꾸어 전달하는 것

1 평서문의 화법 전환

He **said to** me, "I like this jacket."

→ He **told** me (that) **he liked that jacket**.

① 전달 동사를 바꾼다: say[said] → say[said], say to[said to] → tell[told]
② 연결어: 쉼표와 따옴표를 없애고, 접속사 that을 써서 인용문을 연결한다. (that은 생략 가능)
③ 인용문의 인칭대명사를 전달자의 입장에 맞게 바꾸고, 인용문의 시제를 전달 동사의 시제에 일치시킨다.

> **TIPS**
>
> 화법 전환에 따라 변하는 부사(구)와 지시대명사
> - now → then, at that time
> - here → there
> - ago → before
> - this → that
> - today → that day
> - last night → the night before, the previous night
> - yesterday → the day before, the previous day
> - tomorrow → the next[following] day

2 의문문의 화법 전환

1) 의문사가 있을 때: 전달 동사를 ask로 바꾸고 인용문을 「의문사+주어+동사」의 어순으로 쓴다.

　I said to her, "Where do you live?"

　→ I **asked** her **where she lived**.

> **TIPS**
>
> 의문사가 주어일 경우에는 「의문사+동사」의 어순으로 쓴다. 전달 동사가 과거이고 인용문의 시제도 과거일 경우, 화법 전환 시 인용문의 시제는 과거와 과거완료 둘 다 가능하다.
> Maggie asked me, "What happened to your hair?" (Maggie는 나에게 "네 머리에 무슨 일이 있었니?"라고 물었다.)
> → Maggie asked me what (**had**) **happened** to my hair. (Maggie는 나에게 내 머리에 무슨 일이 있었는지 물었다.)

2) 의문사가 없을 때: 전달 동사를 ask로 바꾸고 인용문을 「if[whether]+주어+동사」의 어순으로 쓴다.

　My teacher said to me, "Have you read the book?"

　→ My teacher **asked** me **if[whether] I had read** the book.

3 명령문의 화법 전환

문맥에 따라 전달 동사를 tell, advise, ask, order 등으로 바꾸고 인용문의 동사를 to부정사로 바꾼다.
부정 명령문의 경우 Don't나 Never를 없애고, 동사를 not to-v로 바꾼다.

The doctor **said to** me, "Work out regularly."

→ The doctor **advised** me **to work out** regularly.

My mother **said to** me, "Don't use bad words."

→ My mother **told** me **not to use** bad words.

A 다음 괄호 안에서 알맞은 말을 고르시오.

1 Rachel asked me (sing / to sing) a song for her.

2 I asked Dan what (did he want / he wanted) to eat for lunch.

3 A woman asked me (if / that) there was a bus stop nearby.

4 Paul (said / told) me that he would leave the next day.

WORDS

A
nearby 튀 근처에

B 다음 문장을 간접 화법으로 바꿀 때 문장을 완성하시오.

1 Liam said, "I'm looking for my wallet."

→ Liam _____ that _____ _____ looking for
_____ wallet.

2 The doctor said to me, "Do you have any cold symptoms?"

→ The doctor _____ me _____ _____ had any
cold symptoms.

3 My father said to me, "Don't forget to empty the trash can."

→ My father told me _____ _____ _____ to
empty the trash can.

4 Mr. Brown said to us, "Finish your homework by Thursday."

→ Mr. Brown _____ us _____ _____
_____ homework by Thursday.

5 Ted asked me, "Who sent the package to me?"

→ Ted _____ _____ _____ _____ the
package to _____.

B
cold 명 감기
symptom 명 증상
empty 동 비우다

C 다음 밑줄 친 부분을 바르게 고치시오.

1 My teacher ordered me <u>don't cheat</u> on the exam.

2 Daniel <u>said</u> us that he had been to Singapore before.

3 The dentist advised Jenny <u>avoiding</u> eating too many sweets.

4 Kate asked me <u>where would I</u> travel during summer vacation.

A 다음 밑줄 친 부분을 바르게 고치시오.

1 A: I like playing basketball.   B: So <u>I do</u>.

2 I <u>do</u> go back there, but I couldn't find your sister.

3 It was at the museum <u>which</u> I met her.

4 Lisa, who is in Italy, <u>doesn't seldom</u> writes me letters.

B 다음 우리말과 일치하도록 괄호 안의 말을 이용하여 문장을 완성하시오.

1 나는 그가 말한 것을 거의 이해할 수 없었다. (can, understand)

→ Hardly _____ _____ _____ what he said.

2 이 전시장에 있는 모든 텔레비전들이 한국에서 만들어진 것은 아니다. (every)

→ _____ _____ TV in this showroom is made in Korea.

3 우리들 중 아무도 그 영화를 보러 가지 않았다. (none)

→ _____ _____ _____ went to see the movie.

4 Howard가 Jane을 위해 쓴 것은 바로 한 편의 시였다. (a poem)

→ It _____ _____ _____ _____ Howard wrote for Jane.

C 다음 문장을 간접 화법으로 바꿀 때 빈칸에 알맞은 말을 쓰시오.

1 My coach said to me, "Don't run for a while."

→ My coach _____ me _____ _____ _____ for a while.

2 Mary said to me, "I sprained my ankle."

→ Mary _____ me that _____ _____ _____ ankle.

3 Dean said to me, "Do you have any plans for the weekend?"

→ Dean _____ me _____ _____ _____ any plans for the weekend.

4 The doctor said to me, "You will get well soon."

→ The doctor _____ me _____ _____ _____ _____ well soon.

B
showroom 명 전시장

C
for a while 잠시 동안
sprain 동 삐다, 접질리다
ankle 명 발목

1 다음 빈칸에 들어갈 말로 알맞은 것은?

WORDS

On the other side of the street _____ with his mom.

① a boy walks   ② walking a boy   ③ did a boy walk

④ walked a boy   ⑤ a boy walking

2 다음 우리말을 영어로 바르게 옮긴 것은?

학생들 모두가 수학여행을 좋아하는 것은 아니다.

① Students never like field trips.
② Not all students like field trips.
③ None of the students like field trips.
④ Every student doesn't like field trips.
⑤ No student likes field trips.

3 다음 빈칸에 공통으로 들어갈 말로 알맞은 것은?

3
extreme sports 극한 스포츠

• It was yesterday _____ Jim came to see me.
• It is interesting _____ Annie likes extreme sports.

① of   ② that   ③ who
④ when   ⑤ which

4 다음 문장을 간접 화법으로 바꿔 쓰시오.

Ethan said to me, "Where did you go yesterday?"

→ Ethan _____.

특수구문 / 화법 ♀ 225

A 다음 우리말과 일치하도록 괄호 안의 말을 바르게 배열하시오.

1 그들 중 아무도 행복한 삶을 살지 않았다. (happy, lived, of, neither, a, them, life)

→ _____

2 당신은 휴게실에서 낮잠을 자거나 간식을 먹을 수 있다.

(some snacks, in the lounge, you, or, eat, take a nap, can, either)

→ _____

3 나는 그 소식을 듣고 놀랐고, Anna도 그랬다.

(the news, Anna, was, so, I, shocked, was, to hear, and)

→ _____

B 다음 밑줄 친 부분을 강조하는 문장을 완성하시오.

1 A strange woman sat <u>next to me</u>.

→ Next to me _____.

2 I have <u>never</u> listened to a song that he composed.

→ Never _____.

3 Mike wants to study <u>psychology</u> in university.

→ It _____.

C 다음 우리말과 일치하도록 괄호 안의 말을 이용하여 일기를 완성하시오.

Angela's birthday is next week, but I still haven't decided on a gift for her.
1 <u>그녀는 나에게 아무것도 사지 말라고 말했다.</u> But I want to give her something special. What kind of present will make Angela happy? A book, a scarf, jewelry …. **2** <u>그것들 중 어느 것도 완벽한 것 같지 않다.</u> **3** <u>나는 완벽한 선물을 사기를 정말로 바란다.</u>

1 She _____ _____ _____ _____ _____ anything.
(tell, buy)

2 _____ _____ _____ seem perfect. (none, them)

3 _____ _____ _____ to buy the perfect gift. (do, hope)

1

Companies sometimes cut down large trees to make a profit. They don't care that these trees are hundreds of years old. But some people **do care**. Julia Hill is one of these people. When she was 23, she met some people in California. They were trying to protect some ancient trees from a company. She joined them and climbed up a 1,500-year-old *redwood tree. Hill named the tree "Luna."

Amazingly, Hill stayed in the tree for more than two years! Hill grew sick and stayed in a sleeping bag to keep warm, <u>그러나 절대로 그녀는 그 나무를 떠나지 않았다</u>. Eventually, the company yielded and decided to leave the redwood trees alone. **Only then did Hill agree** to come down from Luna. Today, Hill continues to fight for the environment in many different ways.

*redwood tree 삼나무

1 위 글의 제목으로 가장 알맞은 것은?
① A Big Company that Cares
② The Oldest Tree in the World
③ A Hero Who Saved Ancient Trees
④ Building Homes in Redwood Trees
⑤ How to Take Good Care of Old Trees

(!) 서술형

2 위 글의 밑줄 친 우리말과 일치하도록 괄호 안의 말을 이용하여 문장을 완성하시오.

→ but never _____ _____ _____ _____.
(leave, the tree)

WORDS   **cut down** (…을 잘라) 쓰러뜨리다   **make a profit** 이윤을 내다   **care** 통 ¹_____
protect 통 ²_____   **ancient** 형 고대의; *아주 오래된   **join** 통 함께하다[합류하다]   **amazingly** 부 놀랍게도
grow 통 커지다; *…해지다 (grow-grew)   **sleeping bag** 침낭   **yield** 통 산출하다; *항복하다
fight for …을 위해 싸우다[투쟁하다]   [문제] **hero** 명 영웅

2

No one can walk on the ceiling. If you want to, however, there are two things you can try. You can **either turn yourself into Spider-Man or go to China**. An upside-down house was built in Fengjing, China. The two-story house has **a living room**, **bedrooms**, **a kitchen**, **and a bathroom**. Not only (the outside of the house, inverted, is), but everything inside the house is also upside down.

Many visitors come to see this ____(A)____ house. One visitor **said that she had a lot of fun while visiting the house. "Sofas, tables, and even a toilet** are stuck to the floor, which is now the ____(B)____. It's really awesome!" Another visitor said, "Walking around the upside-down house made me dizzy." Thanks to this house, Fengjing has become a popular tourist destination in China.

🔊 서술형

1 Unscramble the words to complete the sentence.

→ Not only _____, but everything inside the house is also upside down. (the outside of the house, inverted, is)

2 What are the best choices for blanks (A) and (B)?

	(A)	(B)		(A)	(B)
①	odd	– floor	②	funny	– wall
③	weird	– ceiling	④	normal	– ceiling
⑤	ordinary	– wall			

WORDS
ceiling 명 ¹_____   turn ... into ~ …이 ~로 변하다   upside-down 형 거꾸로의, 뒤집힌
inverted 형 역의, 반대의   toilet 명 변기(통)   stick 동 붙이다 (stick-stuck)   awesome 형 ²_____
dizzy 형 어지러운   tourist destination 관광지   [문제] odd 형 이상한   weird 형 기이한   normal 형 보통의, 평범한
ordinary 형 보통의, 일상적인

228 ♀ CHAPTER 14

A 완곡한 표현 사용하여 거절하기

A: Let's go to the movies after school.
(학교 끝나고 영화 보러 가자.)

B: **I'm sorry, but** I have to go to the dentist.
(미안하지만 나는 치과에 가봐야 해.)

상대방의 제안이나 부탁을 공손히 거절할 때는 「I'm afraid ~」 '~해서 유감이야', 「I'm sorry, but ~」 '미안하지만, ~' 「I'm sorry to say that ~」 '~라고 말하게 되어 미안해' 등의 완곡한 표현을 쓸 수 있다.

⊕ EXPRESSION PLUS

A: Can you help me move these boxes? (너는 내가 이 상자들을 옮기는 걸 도와줄 수 있니?)

B: **I'm afraid** I can't. I have luggage in both hands. (내가 그럴 수 없어서 유감이야. 내 두 손에 짐이 있어.)

A: Can I borrow this laptop for a few days? (내가 이 노트북을 며칠 동안 빌려도 될까?)

B: **I'm sorry to say that** you can't. (유감이지만 그럴 수 없어.)

Check-Up

1 다음 질문에 대한 알맞은 응답을 찾아 연결하시오.

(1) Can you close the door? •

(2) How about eating sushi? •

(3) Can I get my phone back? •

• ⓐ I'm sorry, but I don't like it.

• ⓑ I'm afraid I can't.

• ⓒ I'm sorry to say that you can't.

WORDS

2 다음 중 짝지어진 대화가 <u>어색한</u> 것은?

① A: Can you help me clean the room?
　 B: Sorry, I can't.

② A: May I borrow your notebook?
　 B: I'm afraid you can't.

③ A: Let's go shopping together.
　 B: I'm sorry, but I have to go shopping.

④ A: Can I get a refund?
　 B: I'm sorry to say that you can't.

⑤ A: Why don't we play basketball on Saturday?
　 B: I'm afraid I can't.

2
refund 명 환불

B 반복 요청하고 반복해주기

A: **Would you say that again, please?**
(다시 한번 말씀해 주시겠어요?)

B: **I said that** you should cross the street here.
(저는 당신이 여기서 길을 건너셔야 한다고 했어요.)

'Would you say that again, (please)?'은 '다시 한번 말씀해 주시겠어요?'의 의미로 상대방의 말을 알아듣지 못해 다시 한번 말해달라고 요청할 때 쓰는 표현이다. 이와 비슷한 표현으로는 'I'm afraid I don't know what you mean.' '죄송하지만 무슨 뜻인지 모르겠어요' 등이 있다. 반복해서 대답해 줄 때는 「I said that ~」 '나는 ~라고 말했어요', 「What I said was ~」 '내 말은 ~예요'의 표현을 쓸 수 있다.

⊕ EXPRESSION PLUS

A: **I'm afraid I don't know what you mean.** (죄송하지만 무슨 뜻인지 모르겠어요.)

B: **What I said was** you shouldn't trust strangers. (제 말은 당신이 낯선 사람을 믿으면 안 된다는 거예요.)

Check-Up

1 다음 대화의 빈칸에 들어갈 말로 알맞은 것은?

WORDS

> A: Would you say that again?
> B: _____

① That is not what I said.

② I have never said it before.

③ You will never say it again.

④ Why would you do it again?

⑤ I said that I would do it again.

2 다음 대화의 빈칸에 들어갈 말로 알맞은 것을 <u>모두</u> 고르시오.

2
honeymoon 명 신혼여행

> A: Didn't you say that you wanted to go to Guam for your honeymoon?
> B: No, _____ I wanted to go to Saipan.

① I'm sorry   ② I said that

③ I'm afraid   ④ I don't know

⑤ What I said was

1 밑줄 친 단어와 유사한 의미의 단어를 고르면?

Lisa had a <u>weird</u> dream last night.

① bad   ② vivid   ③ sweet
④ strange   ⑤ horrible

2 다음 우리말과 일치하도록 빈칸에 알맞은 말을 쓰시오.

Amanda는 갑자기 어지러움을 느끼고 쓰러졌다.

→ Amanda suddenly felt _____ and
fell down.

3 다음 대화의 빈칸에 들어갈 말로 알맞지 <u>않은</u> 것은?

A: Let's go swimming this afternoon.
B: _____

① I'm sorry, but I don't like swimming.
② I'm sorry to say that I can't go with you.
③ Sorry, I have an appointment this
afternoon.
④ I'm sorry that I didn't go swimming with
you.
⑤ I'm afraid I can't. I should help my mom
this afternoon.

!) 서술형

4 다음 우리말과 일치하도록 빈칸에 알맞은 말을 쓰시오.

내가 말한 것은 네가 항상 문을 잠가야 한다는
거였어. (say)

→ _____ _____ _____ was
you should always lock the doors.

5 대화가 자연스럽게 이어지도록 (A)~(D)를 바르게 배
열하시오.

(A) That looks good, too.
(B) Which movie do you want to see?
(C) I'm sorry, but I've already seen it.
What about *Brothers*?
(D) Let's see *Space*. I heard its music
and special effects are great.

_____ → _____ → _____ → _____

[6-8] 다음 빈칸에 들어갈 말로 알맞은 것을 고르시오.

6
A: I can't remember his name.
B: _____ can I.

① So   ② Not   ③ Too
④ Either   ⑤ Neither

7
A: I think all women like shopping.
B: That's not true. Not _____
woman likes shopping.

① neither   ② both   ③ either
④ every   ⑤ none

8
It was my textbook _____ I lent to
Jim yesterday.

① who   ② that   ③ when
④ where   ⑤ what

[9-10] 다음 우리말과 일치하도록 괄호 안의 말을 이용하여 문장을 완성하시오.

9 이 프로그램은 재미있을 뿐만 아니라, 교육적이기도 하다. (this program, fun)

→ Not _____ _____ _____

_____ _____, but it's also educational.

10 Luke는 그녀를 만날 기회를 거의 갖지 못했다. (seldom, have)

→ _____ _____ _____

_____ a chance to meet her.

! 어려워요

11 다음 중 어법상 바르지 <u>못한</u> 것은?

① Here comes the rain again.
② Rarely do I work on Mondays.
③ I did tell you about the next meeting.
④ Tim doesn't always make good decisions.
⑤ He likes both talking and listen to his wife.

12 다음 밑줄 친 부분을 강조하는 문장으로 바르게 고친 것은?

I <u>little</u> imagined that he could win.

① Little imagined I that he could win.
② Little do I imagine that he could win.
③ I did little imagine that he could win.
④ I little did imagine that he could win.
⑤ Little did I imagine that he could win.

13 다음 우리말을 영어로 바르게 옮긴 것은?

공원 앞에 거대한 조각상이 서 있었다.

① In front of the park stood a huge statue.
② Stood a huge statue in front of the park.
③ The park in front of a huge statue stood.
④ Stood in front of the park a huge statue.
⑤ In front of the park did stand a huge statue.

[14-15] 다음 문장을 간접 화법으로 바르게 바꾼 것을 고르시오.

14 Mia said to Sebastian, "Do you have a dream?"

① Mia told Sebastian if he has a dream.
② Mia asked Sebastian if he has a dream.
③ Mia asked Sebastian if he had a dream.
④ Mia said to Sebastian whether you had a dream.
⑤ Mia asked to Sebastian whether he has a dream.

15 He said to me, "Don't stay out too late."

① He told me to stay out too late.
② He told me don't stay out too late.
③ He tell me not to stay out too late.
④ He said to me not stay out too late.
⑤ He told me not to stay out too late.

! 서술형

16 다음 우리말과 일치하도록 괄호 안의 말을 바르게 배열하시오.

내가 Harry를 만난 것은 바로 어제였다.
(that, met, Harry, it, I, was, yesterday)

→ _____

17 밑줄 친 부분 중 쓰임이 나머지 넷과 <u>다른</u> 것은?

① I <u>did</u> give your number to James.
② I <u>do</u> want to know where he goes.
③ This car <u>does</u> have many problems.
④ I have to <u>do</u> my homework right now.
⑤ I <u>do</u> promise you that I'll come home early today.

[18-19] 다음 두 문장이 같은 뜻이 되도록 빈칸에 들어갈 알맞은 말을 고르시오.

18
I didn't know the answer. He didn't know it, either.
→ _____ knew the answer to the question.

① All of us   ② Either of us
③ Both of us   ④ Neither of us
⑤ Not both of us

19
I have a pet. Karen has a pet, too.
→ I have a pet, and _____.

① so Karen has   ② so do Karen
③ so does Karen   ④ so Karen does
⑤ neither does Karen

(!) 어려워요   (!) 서술형

20 다음 문장을 간접 화법으로 바꿀 때 어법상 바르지 <u>못</u>한 곳을 찾아 바르게 고치시오.

Angela said to me, "I lost my luggage at the airport."
→ Angela told me that she have lost her luggage at the airport.

_____ → _____

21 다음 밑줄 친 부분을 강조하는 문장으로 바꿔 쓰시오.

Susan was really angry at <u>her sister</u>.

→ _____
_____

22 다음 우리말과 일치하도록 주어진 조건을 이용하여 영작하시오.

조건 1 rarely, keep, promises을 사용할 것 (rarely를 문장 첫머리에 사용)
조건 2 총 6단어로 쓸 것

Dave는 그의 약속을 거의 지키지 않는다.
→ _____
_____

23 다음 문장을 간접 화법으로 바꿔 쓰시오.

My mom said to us, "Why did you come home late last night?"

→ My mom _____
_____.

24 다음 그림을 보고 괄호 안의 말을 이용하여 문장을 완성하시오.

→ _____ _____ _____
_____ are awake. (the boys)

WORD LIST

✅ Grammar

☐ diligent	형 부지런한
☐ major in	…을 전공하다
☐ direct	동 지도하다; 감독[연출]하다
☐ alien	명 외계인
☐ participate in	…에 참여하다
☐ debate	명 토론
☐ work out	운동하다
☐ nearby	부 근처에
☐ symptom	명 증상
☐ empty	동 비우다
☐ sprain	동 삐다, 접질리다
☐ ankle	명 발목
☐ compose	동 구성하다; 작곡하다
☐ psychology	명 심리학

✅ Reading

☐ make a profit	이윤을 내다
☐ care	동 상관하다, 관심을 가지다
☐ ancient	형 고대의; 아주 오래된
☐ amazingly	부 놀랍게도
☐ grow	동 커지다; …해지다 (grow-grew)
☐ yield	동 산출하다; 항복하다
☐ fight for	…을 위해 싸우다[투쟁하다]
☐ turn … into ~	…이 ~로 변하다
☐ upside-down	형 거꾸로의, 뒤집힌
☐ toilet	명 변기(통)
☐ stick	동 붙이다 (stick-stuck)
☐ awesome	형 굉장한
☐ dizzy	형 어지러운
☐ tourist destination	관광지

☐ odd	형 이상한
☐ weird	형 기이한
☐ ordinary	형 보통의, 일상적인

✅ Communication

☐ luggage	명 짐
☐ laptop	명 휴대용 컴퓨터, 노트북
☐ refund	명 환불
☐ stranger	명 낯선 사람
☐ honeymoon	명 신혼여행

✅ Final Test

☐ vivid	형 생생한, 선명한
☐ horrible	형 끔찍한
☐ suddenly	부 갑자기
☐ fall down	쓰러지다
☐ appointment	명 약속
☐ lock	동 잠그다
☐ textbook	명 교과서
☐ educational	형 교육적인
☐ chance	명 기회
☐ decision	명 결정
☐ imagine	동 상상하다
☐ statue	명 조각상
☐ keep one's promises	약속을 지키다
☐ awake	형 깨어있는

MEMO

MEMO

MEMO

MEMO

MEMO

지은이

NE능률 영어교육연구소

NE능률 영어교육연구소는 혁신적이며 효율적인 영어 교재를 개발하고
영어 학습의 질을 한 단계 높이고자 노력하는 NE능률의 연구조직입니다.

능률중학영어 〈중3〉

펴 낸 이	주민홍
펴 낸 곳	서울특별시 마포구 월드컵북로 396(상암동) 누리꿈스퀘어 비즈니스타워 10층
	㈜NE능률 (우편번호 03925)
펴 낸 날	2019년 1월 5일 개정판 제1쇄 발행
	2020년 12월 15일 제6쇄
전　　화	02 2014 7114
팩　　스	02 3142 0356
홈페이지	www.neungyule.com
등록번호	제1-68호
I S B N	979-11-253-2451-5 53740
정　　가	13,000원

NE 능률

고객센터

교재 내용 문의 : contact.nebooks.co.kr (별도의 가입 절차 없이 작성 가능)
제품 구매, 교환, 불량, 반품 문의 : 02-2014-7114
☎ 전화문의는 본사 업무시간 중에만 가능합니다.

NE능률 교재 MAP

아래 교재 MAP을 참고하여 본인의 현재 혹은 목표 수준에 따라 교재를 선택하세요.
NE능률 교재들과 함께 영어실력을 쑥쑥~ 올려보세요!
MP3 등 교재 부가 학습 서비스 및 자세한 교재 정보는 www.nebooks.co.kr 에서 확인하세요.

초1-2	초3	초3-4	초4-5	초5-6
	그래머버디 1	그래머버디 2	그래머버디 3	Grammar Bean 3
	초등영어 문법이 된다 Starter 1	초등영어 문법이 된다 Starter 2	Grammar Bean 1	Grammar Bean 4
			Grammar Bean 2	초등영어 문법이 된다 2
			초등영어 문법이 된다 1	

초6-예비중	중1	중1-2	중2-3	중3
능률중학영어 예비중	능률중학영어 중1	능률중학영어 중2	Grammar Zone 기초편	능률중학영어 중3
Grammar Inside Starter	Grammar Zone 입문편	1316팬클럽 문법 2	Grammar Zone 워크북 기초편	1316팬클럽 문법 3
원리를 더한 영문법 STARTER	Grammar Zone 워크북 입문편	문제로 마스터하는 중학영문법 2	고득점 독해를 위한 중학 구문 마스터 2	문제로 마스터하는 중학영문법 3
	1316팬클럽 문법 1	Grammar Inside 2	원리를 더한 영문법 2	Grammar Inside 3
	문제로 마스터하는 중학영문법 1	열중 16강 문법 2	중학 문법 총정리 모의고사 2학년	열중 16강 문법 3
	Grammar Inside 1	고득점 독해를 위한 중학 구문 마스터 1	쓰기로 마스터하는 중학서술형 2학년	고득점 독해를 위한 중학 구문 마스터 3
	열중 16강 문법 1	원리를 더한 영문법 1		중학 문법 총정리 모의고사 3학년
	쓰기로 마스터하는 중학서술형 1학년	중학 문법 총정리 모의고사 1학년		쓰기로 마스터하는 중학서술형 3학년

예비고-고1	고1	고1-2	고2-3	고3
문제로 마스터하는 고등영문법	Grammar Zone 기본편 1	필히 통하는 고등영문법 실력편	Grammar Zone 종합편	
올클 수능 어법 start	Grammar Zone 워크북 기본편 1		Grammar Zone 워크북 종합편	
	Grammar Zone 기본편 2		TEPS BY STEP G+R 1	
	Grammar Zone 워크북 기본편 2		올클 수능 어법 완성	
	필히 통하는 고등영문법 기본			
	TEPS BY STEP G+R Basic			

수능 이상/ 토플 80-89· 텝스 600-699점	수능 이상/ 토플 90-99· 텝스 700-799점	수능 이상/ 토플 100· 텝스 800점 이상		
TEPS BY STEP G+R 2		TEPS BY STEP G+R 3		

중학 내신 완벽 대비 종합서

능률 중학 영어 중3

정답 및 해설

NE 능률

중학 내신 완벽 대비 종합서

늘품 중학 영어

중3

정답 및 해설

GRAMMAR FOCUS …………………… p. 8

A 짧은 주어

1 Drake는 줄무늬 티셔츠를 입고 있다.
요즘 그의 소설들이 인기가 있다.
우리는 수영장에서 수영할 예정이다.
어제 무엇이 너를 그렇게 화나게 했니?

B 긴 주어: to부정사(구), 동명사(구)

1 농구를 하는 것은 매우 신난다.
Lena와 수다를 떠는 것은 나를 행복하게 한다.

2 TV로 야구를 보는 것은 야구를 하는 것보다 훨씬 더 재미있다.
비누로 손을 씻는 것은 너의 손을 깨끗하게 유지해 준다.

| Check-Up | …………………… p. 9

A 1 To become a professional soccer player/is not easy.
2 My brother/likes taking his dogs for walks.
3 Shopping on the Internet/saves you both time and money.
4 Listening to loud music with headphones/is bad for your ears.
B 1 Swimming 2 is 3 To live 4 Becoming
C 1 목적어 2 주어 3 보어
D 1 Reading[To read] 2 is
3 Operating[To operate] 4 is

GRAMMAR FOCUS …………………… p. 10

C 긴 주어: 수식어구가 있는 경우, 의문사절

1 인터넷에 있는 그 배우에 대한 소문들은 사실이 아니다.
8시에 시작하는 뮤지컬은 표가 매진되었다.
빨간 치마를 입은 그 여자는 Jennifer의 여동생이다.

2 그가 왜 그 직업을 택했는지는 의문이다.

D 긴 주어를 대신하는 it

Amy와 함께 쇼핑을 하러 가는 것은 재미있다.
혼자 아프리카를 여행하는 것은 위험하다.
그가 마라톤에서 우승한 것은 놀랍다.

| Check-Up | …………………… p. 11

A 1 Where I went yesterday/is a secret.
2 The girl on the bench/lives next door.

3 The sign written in red/says "No Smoking."
4 Anyone who wants more sauce/must pay extra.
B 1 to do our homework together, 우리의 숙제를 같이하는 것은
2 Who took my books, 누가 내 책들을 가져갔는지는
3 The man waving his hands, 손을 흔들고 있는 그 남자는
4 The program that I watched, 내가 본 그 프로그램은
C 1 It, listening 2 It, that 3 It, to, watch
D 1 It 2 is 3 are 4 having[to have]

Grammar Practice …………………… p. 12

A 1 is 2 Making[To make] 3 taste 4 It
B 1 were[are] 2 depends 3 Eating[To eat]
4 needs
C 1 That boy picking up the ball
2 to understand his accent
3 Changing your eating habits
4 The watches that the store sells

문제해설

A 1 동명사구 주어는 단수 취급하므로 is가 되어야 한다.
2 동사가 문장의 주어로 쓰일 때는 to부정사 또는 동명사 형태가 되어야 한다.
3 주어가 복수명사인 The dishes이므로 taste가 되어야 한다.
4 주어로 쓰인 to부정사구가 길어 문장의 뒤로 간 경우이므로 가주어 It을 써야 한다.

B 1 관계사절 that … weekend가 주어 The books를 수식하고 있으므로 were[are]를 써야 한다.
2 주어로 쓰인 의문사절은 단수 취급한다.

C 1 분사구 picking up the ball이 주어 That boy를 수식한다.

내신 완성 Grammar Practice …………………… p. 13

1 ③ 2 ③ 3 ⑤ 4 ⓐ is ⓑ Participating [To participate] ⓒ motivates

문제해설

1 외국 동전들을 모으는 것은 나의 취미이다.
▶ 동사가 문장의 주어로 쓰일 때는 to부정사 또는 동명사 형태가 되어야 한다.

2 ① 낚시하는 법을 배우는 것은 그렇게 어렵지 않다.
② 모퉁이에 있는 그 건물이 시청이다.
④ 그 소녀가 사고에서 어떻게 생존했는지는 알려지지 않았다.
⑤ 향수를 만드는 것은 좋은 후각을 필요로 한다.

▶ ③ 주어가 복수명사인 The children이므로 동사는 are가 되어야 한다.

3 ① 내가 더는 그를 볼 수 없다는 것이 나를 슬프게 만든다.
② 네 여행을 미리 계획하는 것은 중요하다.
③ 우리 팀이 마지막 경기에서 진 것은 유감이다.
④ 많이 먹은 직후 수영하는 것은 위험하다.
⑤ Jake가 나에게 전화를 걸었을 때 아침 6시였다.
▶ ⑤의 It은 날씨·날짜·시간 등을 나타낼 때 쓰는 비인칭 주어이고, 나머지는 모두 가주어 It이다.

4 야구 방망이를 휘두르고 있는 소년은 우리 팀의 주장인 David이다. 그는 항상 열심히 연습한다. 매 연습에 참여하는 것은 쉽지 않지만, 그는 (매 연습에 참여)한다. 그와 야구를 하는 것은 정말로 내게 동기부여가 된다.
▶ ③ 현재분사구가 주어 The boy를 뒤에서 수식하고 있으므로 동사는 is가 알맞다.
ⓒ 문장의 주어가 단수 취급하는 동명사구이므로, 동사는 단수형 motivates가 되어야 한다.

서술형에 나오는 WRITING
p. 14

A 1 The boy who always wears a hat is Joe.
2 Breaking the speed limit is dangerous.
3 The woman holding flowers is my teacher.
B 1 Where, the, rumor, started
2 Finishing, the, project
3 It, to, understand, sign, language
C 1 the milk that I drank
2 What you drink is really important
3 Staying in the hospital is boring

문제해설

B 1 의문사절이 주어로 쓰이는 경우 「의문사+주어+동사」의 어순이 되어야 하며, '어디에서'의 의미로 의문사 where를 쓴다.
C Miles: 안녕! 나는 병원에 있어. 의사 선생님이 식중독이라고 하셨어. 내가 마셨던 우유가 신선했던 거 같지 않아.
Elizabeth: 식중독이라고? 딱하기도 해라! 여름에는 네가 무엇을 마시는지가 정말 중요해.
Miles: 맞아. 의사 선생님이 내가 여기에 5일간 있어야 한다고 하셨어. 병원에 있는 것은 지루해!
Elizabeth: 정말 안됐구나. 몸조심하고 곧 보기를 바라!
▶ 1 관계사절(that I drank)이 주어 the milk를 수식하는 구조로 배열한다.
2 「의문사절 주어(What you drink)+동사(is)+보어(really important)」의 어순으로 배열한다.
3 「동명사구 주어(Staying in the hospital)+동사(is)+보어(boring)」의 어순으로 배열한다.

READING WITH GRAMMAR
pp. 15~16

Reading 1 | 1 ⑤   2 (A) face (B) Wearing
Words | 1 (문제 등을) 처리하다 2 기부, 기증

해석 | 암에 걸린 아이들은 많은 문제들에 직면한다. 그들의 머리카락을 잃는 것은 가장 힘든 것 중 하나이다. Holly Christensen은 친구의 3살 된 딸이 이 문제에 대처해 나가고 있는 것을 보았다. 그래서 그녀는 그녀의 기운을 북돋아 주기로 결심했다. 그녀는 노란색 실로 Rapunzel 가발을 만들었다. Rapunzel은 긴 금발을 지닌 디즈니 공주이다. (디즈니 영화에서 당신은 다른 여러 공주들을 볼 것이다.) Rapunzel 가발을 쓰는 것은 Christensen의 친구의 딸이 세상에서 가장 아름다운 여자아이처럼 느끼도록 해주었다.

그때부터, Christensen은 전 세계의 암에 걸린 아이들을 위해 가발을 만들어 오고 있다. 그녀는 또한 사람들로부터 기부를 받는다. 그 돈은 그녀가 실값과 발송비를 내도록 돕는다. 이 가발들이 암의 치료법은 아니지만, 그것들은 아픈 아이들의 삶에 작은 마법과 행복을 가져다 준다.

구문해설

1행 **Losing their hair** is one of the most difficult things.
▶ Losing their hair는 주어 역할을 하는 동명사구로 단수 취급하므로, 단수 동사 is가 쓰였다.

2행 Holly Christensen **saw a friend's three-year-old daughter dealing** with this issue.
▶ see(지각동사)+목적어+v-ing: …가 ~하는 것을 보다

3행 So she decided to **cheer her up**.
▶ 동사구 cheer up의 목적어가 대명사(her)이므로, 「동사+목적어+부사」의 어순으로 쓴다.

문제해설

1 암을 앓고 있는 아이들을 격려하는 가발에 대해 이야기하고 있으므로, 디즈니 영화에 다른 여러 공주가 있다는 내용은 흐름상 불필요하다.
2 (A) 주어(Kids)를 관계사절(who have cancer)이 수식하는 구조로, 주어가 복수명사이므로 동사 face가 알맞다.
(B) 문장의 주어 자리이므로 동명사 Wearing을 쓰는 것이 적절하다.

Reading 2 | 1 ④   2 to guess the pitchers' throwing style
Words | 1 이상한, 특이한 2 매끈한, 매끄러운

해석 | 야구에서는 아주 작은 변화가 큰 차이를 만들 수 있다. 이에 대한 재미있는 사례가 있다. 1987년에, 이상한 일이 메이저리그 야구에서 일어났다. 그해 동안, 스포츠 팬들은 20% 증가한 홈런 수를 목격했다. 일부 사람들은 그것이 '행복한 아이티 사람들' 때문이라고 생각했다.

그 당시에, 야구공은 아이티에서 만들어졌다. 1986년에, 아이티 사람들은 그들의 독재자의 몰락에 기뻐했다. 그들은 매우 신이 났기

때문에, 전보다 야구공을 더 단단히 꿰맸다. 이것은 이음매를 더 납작해지게 만들었고, 그것은 공을 더 매끄럽게 만들었다. 투수는 공을 꽉 붙잡고 공을 회전시키는 데 어려움을 겪었다. 타자들이 투수의 투구 스타일을 추측하는 것이 더 쉬워졌고, 그것은 그들이 홈런을 치도록 도왔다.

구문해설

13행 Pitchers **had difficulty getting** a good grip and **putting** ....
> ▶ have difficulty (in) v-ing: …하는 데 어려움을 겪다

14행 It became easier **for the batters** to guess the pitchers' throwing style, *which* **helped them to hit** home runs.
> ▶ for the batters는 to guess의 의미상 주어이다.
> ▶ which는 앞 문장 전체를 선행사로 하는 계속적 용법의 주격 관계대명사이다.
> ▶ help+목적어+(to-)v: …가 ~하는 것을 돕다

문제해설

1 위 글의 제목으로 가장 알맞은 것은?
  ① 더 많은 홈런을 치는 방법
  ② 메이저리그 야구의 역사
  ③ 정치와 스포츠 사이의 관계
  ④ 홈런에 미치는 행복한 아이티 사람들의 영향
  ⑤ 메이저리그 야구공을 만드는 과정
  > ▶ ④ 행복한 아이티 사람들로 인해 메이저리그 야구에서 홈런이 증가했다는 내용의 글이다.

2 밑줄 친 It이 가리키는 바는?
  > ▶ to부정사구 주어를 뒤로 보내고 대신 가주어 it을 쓴 문장이다.

내신에 나오는 COMMUNICATION pp. 17~18

A 알고 있는지 묻기

Check-Up | 1 (B) → (C) → (A) → (D)   2 ③

문제해설
1 (B) 너는 Amy에 대해서 들었니?
  (C) Amy? 아니. 무슨 일이야?
  (A) 그녀가 다른 도시로 이사 가.
  (D) 아, 안돼! 나는 그녀가 그리울 거야!

2 Jane이 남자친구가 있는 것을 아는지 상대방에게 묻는 것이므로, '너는 ~을 말했니?'의 의미인 「Have you told ~?」는 알맞지 않다.

B 강조하기

Check-Up | 1 ⑤   2 (1) I, want, to, stress   (2) It's, essential, to

문제해설

1 A: 다음번에 더 좋은 성적을 받으려면 어떻게 해야 할까?
  B: _____
  ① 행운을 빌어.
  ② 내일 시험이 있다는 것 잊지 마.
  ③ 네가 다음번에 더 잘할 거라고 확신해.
  ④ 너는 다음번에 더 좋은 성적을 받아야 해.
  ⑤ 나는 네가 배운 것을 복습하는 것이 중요하다고 생각해.

FINAL TEST pp. 19~21

1 ④ 2 nfluence 3 ⑤ 4 ② 5 (C)→(B)→(A)→(D)
6 ③ 7 ③ 8 ② 9 ② 10 ④ 11 That, girl, playing, tennis, is 12 ③ 13 ① 14 to change bad habits into good habits 15 was 16 ③ 17 ② 18 How the fire started is uncertain. 19 The temple that was built 100 years ago fell down. 20 A huge tree in my yard gives me shelter. 21 When the construction will begin hasn't been decided yet. 22 The dog lying under the table is sleeping. 23 Drinking a lot of water 24 To take the medicine every day is essential.[It is essential to take the medicine every day.]

문제해설

1 나는 부엌에서 이상한 냄새를 알아챘다.
  ① 유죄의 ② 매끈한 ③ 납작한 ④ 이상한 ⑤ 편리한

3 내가 어떻게 면접에서 잘 할 수 있을까?
  ① 행운을 빌어.
  ② 다른 기회가 있을 거야.
  ③ 그건 전혀 말이 안 돼.
  ④ 면접을 보는 것이 필수적이야.
  ⑤ 나는 침착한 것이 중요하다고 생각해.

4 A: 너는 내일 비가 올 것을 알고 있니?
  B: 아니. 나는 내일 소풍을 취소해야 할 것 같아.

5 (C) 너 그 소식 들었니?
  (B) 무슨 소식?
  (A) 우리 내일 현장 학습 갈 거래!
  (D) 정말? 잘 됐다! 나는 기다릴 수가 없어!

6 가구를 디자인하는 것이 그녀의 일이다.

7 감기에 걸렸을 때는 따뜻한 수프를 먹는 것이 도움이 된다.

8 _____은 정말 흥미로웠다.
  ① 이 책 ② 이 책을 읽다   ③ 이 책을 읽는 것
  ④ 이 책을 읽는 것 ⑤ Sophia에 의해 쓰인 그 책
  > ▶ 동사원형은 주어로 쓰일 수 없다.

9 •그가 어디에 돈을 숨겼는지는 알려지지 않았다.
  •농구 경기를 보는 사람들은 즐거워하고 있다.
  > ▶ 첫 번째 문장에서 의문사절 주어는 단수 취급하므로 ⓐ에는 is

를, 두 번째 문장에서는 복수명사인 주어 People을 분사구 (watching ... game)가 수식하고 있으므로 ⓑ에는 are를 쓴다.

10 ① 그녀의 필체를 읽는 것은 어렵다.
② 친구들과 파티를 하는 것이 정말 좋다.
③ 액션 영화를 보는 것은 매우 신난다.
④ 남부 지역에 눈이 아주 많이 내리고 있다.
⑤ Jim이 Helen과 결혼을 할 것이라는 것은 사실이다.
▶ ④의 It은 비인칭 주어이고, 나머지는 모두 가주어 It이다.

11 분사구 playing tennis가 주어 That girl을 수식한다.

12 화재 시 엘리베이터를 사용하는 것은 위험하다.
▶ 동사가 문장의 주어로 쓰일 때는 to부정사 또는 동명사 형태가 되어야 한다.

13 ② 선반 위의 접시 몇 개가 깨졌다.
③ 당신의 적을 사랑하는 것은 불가능하게 들린다.
④ 네 쇼핑 목록을 확인하는 것이 필요하다.
⑤ 헬리콥터에서 스카이다이빙을 하는 것은 꽤 신난다.
▶ ① 복수명사인 문장의 주어 Cars를 과거분사구가 수식하고 있으므로 동사는 are가 되어야 한다.

14 나쁜 습관을 좋은 습관으로 바꾸는 것은 어렵다.
▶ to부정사구가 주어로 쓰여 주어가 길어지는 경우 주어 자리에 가주어 It을 쓰고 진주어인 to부정사구는 문장 뒤에 쓴다.

15 어제, 빨간 마스크를 쓴 남자가 거미처럼 벽을 오르고 있었다.

17 둘 이상의 다른 민족 집단을 가진 많은 나라들은 하나 이상의 공식 언어를 사용한다. 캐나다에서는, 프랑스어가 국가의 공식 언어 중 하나이다. 모든 캐나다인 중 20% 이상이 프랑스어를 사용한다.
▶ ② 문장의 주어가 복수인 A lot of countries이므로, 동사는 use가 되어야 한다.

21 → 공사가 언제 시작할지는 아직 결정되지 않았다.
▶ 의문사절이 주어로 쓰였으므로 「의문사+주어+동사」의 어순으로 써야 하며, 의문사절 주어는 단수 취급한다.

22 동사 lie를 이용해 주어인 The dog을 수식하는 현재분사구가 포함된 문장을 만든다.

[23-24] 처방전
• 도움이 되는: 물을 많이 마신다
• 필수적인: 약을 매일 먹는다

23 물을 많이 마시는 것이 도움이 됩니다.

24 약을 매일 먹는 것은 필수적입니다.
▶ take the medicine every day를 to부정사구 주어로 바꾸거나 가주어 It을 사용한다.

 CHAPTER 02 목적어의 이해

GRAMMAR FOCUS ···················· p. 24

A 짧은 목적어
우리 형은 친구들과 자주 야구를 한다.
Noah는 운동장에서 다쳤다.

B 긴 목적어: to부정사(구), 동명사(구)
1 우리 가족은 시골로 이사하기로 결정했다.
2 Jack은 자신의 사생활에 관해 이야기하는 것을 피한다.
3 1) 관객은 그 하키 선수를 응원하기 시작했다.
2) 나는 내 필통을 가져올 것을 잊었다. (← 나는 그것을 가져오지 않았다.)
나는 내 필통을 가져온 것을 잊었다. (← 나는 그것을 가져왔다.)
그녀는 일본에 있는 대학에 갈 수 있도록 일본어 공부를 하려고 애썼다.
그녀는 일본어 공부를 (시험 삼아) 재미로 해봤다.

| *Check-Up* | ··················· p. 25

A 1 Kelly   2 doing my science homework
3 what to eat for dinner
4 to travel to India next year
B 1 reading   2 to go   3 eating   4 to use
C 1 to go   2 to visit   3 drinking
D 1 remember, coming   2 forget, to, bring
3 tried, to, exercise   4 stop, taking

GRAMMAR FOCUS ···················· p. 26

C 긴 목적어: that절, 의문사절, whether[if]절
1 그는 그 가수가 다음 달에 한국을 방문한다고 들었다.
그녀는 그녀의 엄마가 세상에서 가장 뛰어난 요리사라고 생각한다.
2 나는 Howard가 언제 도착할지 궁금하다.
3 나는 비가 올지 (안 올지) 잘 모르겠다.

| *Check-Up* | ··················· p. 27

A 1 when the movie starts
2 how he became a famous actor
3 if I can come home by 8 o'clock
4 that UFOs are real
B 1 why   2 that   3 whether   4 it

C 1 believe, that　2 where, you, bought
　3 wonder, whether[if]　4 it, strange, that
D 1 where Hannah is　2 when my birthday is
　3 whether[if] I should buy　4 it

Grammar Practice

p. 28

A 1 when to have　2 what she wanted
　3 that　4 to stay
B 1 doing the dishes　2 to go to the beach
　3 to hand in the report
C 1 forget, going　2 enjoy, watching, movies
　3 whether[if], she, will, come
　4 when, you, lived　5 it, rude, to

문제해설

A 1 when 이하는 동사 decide의 목적어가 되어야 하므로 「의문사+to-v」 형태인 when to have가 알맞다.
　2 의문문이 문장에서 목적어 역할을 할 때는 「의문사+주어+동사」의 어순으로 쓰며 시제가 과거이므로 동사의 과거형을 쓴다.
　3 밑줄 뒷부분이 동사 think의 목적어가 되는 절이므로, 명사절을 이끄는 접속사 that이 알맞다.
　4 choose는 to부정사를 목적어로 쓰는 동사이다.
B 1 '…하는 것을 멈추다'의 의미로 stop v-ing가 알맞다.
　3 '(미래에) …할 것을 기억하다'의 의미로 remember to-v가 알맞다.
C 1 '(과거에) …한 것을 잊다'의 의미로 forget v-ing가 알맞다.
　2 enjoy는 동명사를 목적어로 쓰는 동사이다.
　3 '…인지'의 뜻으로 「whether[if]+주어+동사」 어순의 명사절이 알맞다.
　5 진목적어인 to부정사구가 길어서 목적어 자리에 가목적어 it을 쓰고 진목적어를 목적격 보어 뒤로 보낸 문장이다.

내신 완성 Grammar Practice

p. 29

1 ②　2 ②　3 ④　4 (1) to buy some milk　(2) riding a bike

문제해설

1 우리는 당신으로부터 좋은 소식을 듣기를 기대합니다.
　▶ expect는 to부정사를 목적어로 쓰는 동사이다.
2 나는 알고 싶다. Amy가 내 생일 파티에 올까?
　▶ 동사 know의 목적어 역할을 하고 '…인지'의 의미가 되어야 하므로, 접속사 whether[if]를 사용해서 「whether[if]+주어+동사」의 어순으로 쓴다.
3 ① 너는 Sarah가 몇 살인지 아니?
　② 나는 Amelia가 내게 거짓말했다는 것을 믿지 않는다.
　③ 나는 이번 여름에 어디를 여행할지 결정을 못 하겠다.

⑤ 나는 우리가 환경을 보호하는 것이 중요하다고 여긴다.
　▶ ④ promise는 to부정사를 목적어로 쓰는 동사이므로 being이 아닌 to be가 되어야 한다.
4 Nancy는 내게서 돈을 빌렸다. 그녀는 기억하지 못한다.
　(1) 나는 어제 우유를 살 계획이었다. 그러나 나는 잊었다.
　(2) Bob은 강을 따라 자전거를 탔다. 그는 그것을 즐겼다.

서술형에 나오는 WRITING

p. 30

A 1 I hope to go backpacking in Europe.
　2 I don't think that I have read your novel.
　3 Aiden finds it hard to make new friends.
B 1 Can you tell me what you ate for breakfast?
　2 I want to know whether[if] you will stop by my house (or not).
　3 He just found out (that) he got an A on the math test.
C 1 making　2 enjoyed fishing
　3 planning to visit　4 hope to see

문제해설

B 1 내게 말해줄래? 너는 아침 식사로 뭘 먹었니?
　▶ 의문문이 목적어 역할을 할 때는 간접의문문의 어순인 「의문사(what)+주어(you)+동사(ate) ….」로 쓴다.
　2 나는 알고 싶어. 너는 우리 집에 들를 거니?
　▶ 동사 know의 목적어 역할을 하고 '…인지'의 의미가 되어야 하므로, 접속사 whether나 if를 사용해서 「whether[if]+주어(you)+동사(will stop by) ….」의 어순으로 쓴다.
　3 그는 방금 알았다. 그는 수학 시험에서 A를 받았다.
　▶ 동사 found out의 목적어 역할을 하는 접속사 that이 이끄는 명사절을 쓴다.

C 7월 15일 목요일
　오늘 아침, 나는 드디어 나의 개, Max를 위한 새집을 만드는 것을 끝냈다. 그 후에, 나는 사촌 Jake와 낚시를 갔다. 우리는 함께 낚시하는 것을 정말 즐겼다. 우리 엄마는 우리가 잡은 물고기로 맛있는 식사를 만들어주셨다. 나는 내일 부산에 계신 조부모님을 찾아뵐 계획이다. 나는 부산 국제 영화제에도 갈 것이다. 나는 그곳에서 많은 유명인사들을 보기를 바란다.
　▶ 1, 2 finish와 enjoy는 동명사를 목적어로 쓰는 동사이다.
　　3 plan은 to부정사를 목적어로 쓰는 동사이다. 빈칸 앞에 be동사 am이 있으므로, plan은 현재진행형의 v-ing 형태로 쓴다.

READING WITH GRAMMAR

pp. 31~32

Reading 1 | 1 ③　2 (A) to open　(B) promoting
Words | 1 배경　2 목표로 하다

해석 | 스페셜 올림픽은 주요한 국제 스포츠 행사이다. 그것은 지적

장애가 있는 사람들을 위한 것이다. 그것은 한 미국 여성의 결심으로 시작됐다. 1960년대 초반에, Eunice Kennedy는 지적 장애가 있는 사람들이 놀 수 있는 충분한 장소가 없다는 것을 알게 되었다. 그래서 그녀는 자신의 뒷마당을 개방해서 그들을 위해 일일 여름 캠프를 열기로 결정했다. 그녀는 자신의 생각을 계속 홍보했고, 그것이 결국 스페셜 올림픽이 되었는데, 이 올림픽은 1968년에 공식적으로 시작됐다.

재미있는 스페셜 올림픽 프로그램들이 많이 있다. 그것들 중 하나는 '통합 스포츠'이다. 이 프로그램에서는 지적 장애가 있는 선수들과 지적 장애가 없는 선수들이 함께 어울린다. 서로 다른 배경의 사람들과 함께 어울리는 것은 선수들이 우정을 쌓도록 돕는다. 그들은 또한 서로를 더 잘 이해하게 된다. 스페셜 올림픽은 서로 다른 배경과 능력을 지닌 사람들 간의 차이를 수용하는 것을 목표로 한다.

구문해설

1행 It is for people [**who** have intellectual disabilities].
▶ who 이하는 people을 수식하는 주격 관계대명사절이다.

6행 ..., and they eventually grew to become the Special Olympics, **which** officially started in 1968.
▶ which는 the Special Olympics에 대한 부연 설명을 하는 계속적 용법의 주격 관계대명사이다.

10행 [**Playing** together with people of different backgrounds] *helps athletes build* friendships.
▶ Playing 이하는 주어 역할을 하는 동명사구로, 단수 취급하여 단수 동사 helps가 쓰였다.
▶ 「help+목적어+(to-)v」는 '…가 ~하는 것을 돕다'의 의미로 동사원형 build가 목적격 보어로 쓰였다.

문제해설

1 ③ 1960년대 초반에 시작해 1968년에 공식적으로 시작됐으므로 공식적으로 인정받는 데 수십 년이 걸린 것은 아니다.
2 (A) decide는 to부정사를 목적어로 쓰므로 to open이 알맞다.
(B) keep은 동명사를 목적어로 쓰므로 promoting이 알맞다.

Reading 2 | 1 ③ 2 ③
Words | **1**오염시키다 **2**줄이다

해석 | 주위를 둘러보아라! 이곳은 중국 북쪽에 있는 도시인 Shijiazhuang이다. 건물과 자동차가 어디에나 있다. 공기는 오염되었고, 나무들은 더럽다. 그러나 저 나무를 봐라! 아름다운 그림이 나무에 있다. 그것이 어떻게 저기에 있는 것일까? 그것은 Wang Yue라는 이름의 여성에 의해 그려졌다. 어느 날, 그녀는 그녀의 엄마와 걷다가 더러운 나무들을 보았다. 그녀는 자신의 도시를 더 밝고 예쁘게 만들기 위해 무언가를 해야겠다고 결심했다. 그래서 그녀는 나무에 그림을 그리기 시작했다. 그녀는 나무에 해를 끼치지 않는 특수한 수채화 물감을 사용한다. 그녀는 판다, 고양이, 새 그리고 일몰과 같은 다양한 많은 것들을 그린다. 그녀는 사람들이 그녀의 그림을 볼 때, 그들이 환경에 대해 생각하게 만들고 싶어 한다. 그녀는 또한 그녀의 그림이 그녀의 도시에 있는 우울한 사람들을 더 행복하게 만들기를 희망한다.

구문해설

6행 It **was painted** by a woman [*named* Wang Yue].
▶ It(그림)이 그려지는 것이므로 be v-ed 형태의 수동태가 쓰였다.
▶ named 이하는 a woman을 수식하는 과거분사구이다.

11행 She uses special watercolor paints [**that** don't hurt the trees].
▶ that 이하는 선행사인 special watercolor paints를 수식하는 주격 관계대명사절이다.

13행 She wants to **make people think** about the environment ....
▶ make(사역동사)+목적어+동사원형: …을 ~하게 만들다

문제해설

1 위 글의 제목으로 가장 알맞은 것은?
① 중국의 극심한 공기 오염
② 공기 오염을 줄이는 방법
③ 나무에 그림을 그리는 여성
④ 멸종 위기의 동물 보호하기
⑤ 천연 수채화 물감으로 그림 그리기
▶ 오염된 나무에 그림을 그리는 여성에 대한 글이므로 제목으로 ③ '나무에 그림을 그리는 여성'이 가장 적절하다.

2 위 글의 밑줄 친 that과 쓰임이 같은 것은?
① 중간고사는 그렇게 어렵지 않았다.
② 너는 그것을 어떻게 알아?
③ 그녀는 그 이야기가 거짓이라는 것을 알고 있었다.
④ 그 경험은 매우 특별했다.
⑤ 나는 방금 내가 작년에 잃어버렸던 책을 찾았다.
▶ 본문의 밑줄 친 that과 ③은 동사의 목적어로 쓰인 명사절을 이끄는 접속사이다. ①은 '그렇게 …한'이라는 의미의 부사, ②는 '그것'이라는 의미의 지시대명사, ④는 '그'라는 의미의 지시형용사, ⑤는 목적격 관계대명사이다.

내신에 나오는 COMMUNICATION   pp. 33~34

A 의도 묻고 표현하기

Check-Up | 1 ⑤   2 Are, you, planning, to

문제해설

1 A: 너는 이번 주말에 산에 오를 계획이니?
B: 아니, _____
① 나는 이모를 방문할 예정이야.
② 나는 쇼핑하러 갈 계획이야.
③ 나는 시내에 있는 미술관에 갈 거야.
④ 나는 영화 보러 갈 생각이야.
⑤ 나는 친구와 배드민턴 치는 것을 즐겨.

B 안심시키기

Check-Up | **1** (B)→(A)→(C)　**2** ①, ⑤

문제해설

1 나는 내일까지 숙제를 끝낼 수 있을 거라고 생각하지 않아.
   (B) 왜? 무슨 일 있어?
   (A) 내 컴퓨터가 어제 고장 났어.
   (C) 걱정할 것 없어. 내가 내 노트북을 빌려줄 수 있어.

2 A: 나는 너무 긴장돼. 내가 오늘 밤 잘 잘 수 있을 것 같지 않아.
   B: 걱정하지 마. 다 잘 될 거야.
   ▶ 걱정하고 있는 상대방을 안심시키는 표현으로는 Everything will be fine[okay/all right]. 등이 있다.

FINAL TEST　pp. 35~37

1 ④　**2** disability　**3** ③　**4** (D)→(B)→(C)→(A)　**5** ②
6 ④　**7** ④　**8** ②　**9** practicing the piano　**10** ①
11 ⑤　**12** ④　**13** that, you, kept, the, promise　**14** ①
15 ⑤　**16** I believe it essential to save water.　**17** ④
18 ③　**19** ⑤　**20** I will check whether[if] it's[it is] going to snow this weekend (or not).　**21** I think it impossible to fix this broken camera.[I think (that) it is[it's] impossible to fix this broken camera.]
22 I wonder why you chose to be a teacher.　**23** to go to New York and visit her aunt

---

문제해설

1 다른 문화를 <u>수용하는</u> 것은 어렵다.
   ① 목표로 하다　② 오염시키다　③ 홍보하다
   ④ 받아들이다　⑤ 줄이다

3 너는 내일 집에 머물러 있을 거니?
   ① 아니, 나는 콘서트에 갈 예정이야.
   ② 아니, 나는 박물관에 갈 계획이야.
   ③ 아니, 그 계획은 내게는 별로인 것 같아.
   ④ 응, 나는 내일 아무 계획이 없어.
   ⑤ 응, 나는 온종일 집에 머물 생각이야.

4 (D) 너는 다음 달에 여행을 갈 계획이니?
   (B) 응, 나는 혼자 캐나다를 여행할 예정이야. 이번이 처음이라서 약간 걱정이 돼.
   (C) 걱정하지 마. 재미있는 경험이 될 거야.
   (A) 고마워. 즐기고 올게!

5 A: 무슨 일 있니?
   B: 내 시험 성적이 걱정돼.
   A: _____
   ① 걱정할 것 없어.
   ② 내가 너 시험공부 하는 걸 도와줄게.
   ③ 걱정하지 마. 모든 게 괜찮을 거야.
   ④ 걱정 그만해. 난 네가 잘 봤다고 확신해.
   ⑤ 괜찮아. 나는 네가 최선을 다했다는 것을 알아.

6 그는 고열량 음식을 먹는 것을 피하려고 애썼다.
   ▶ avoid는 동명사를 목적어로 쓰는 동사이다.

7 나는 아버지께 드릴 선물을 사야 하는데, 무엇을 살지 모르겠다.
   ▶ what to-v: 무엇을 …할지

8 try to-v: …하려고 애쓰다[노력하다]
   try v-ing: (시험 삼아) …해보다

9 Kyle은 무척 피곤해서, 피아노 연습하는 것을 그만두었다.

10 Logan은 프로 농구 선수가 되는 것을 _____.
   ① 그만두었다　② 원했다　③ 결정했다
   ④ 계획했다　⑤ 바랐다
   ▶ quit은 동명사를 목적어로 쓴다.

11 목적어인 to부정사구(to satisfy everyone)의 길이가 길기 때문에, 목적어 자리에 가목적어 it을 쓰고 진목적어인 to부정사구는 목적격 보어(difficult) 뒤에 쓴다.

13 동사 believe의 목적어가 필요하므로 명사절을 이끄는 접속사 that을 사용한다.

14 ② 나는 그들이 지금 무엇을 하는지 궁금하다.
   ③ 나는 새로운 사람을 만나는 것이 신난다고 생각한다.
   ④ 회의가 언제 시작할지 나에게 말해줄래?
   ⑤ 나는 오빠와 같은 학교에 다니는 것을 기대했다.
   ▶ ① 문맥상 '어떻게 …할지'의 의미를 가진 how to-v를 써야 한다.

15 이번 휴가를 어디로 갈지 결정하셨나요? Swiss 리조트로 오시는 건 어떤가요? 여러분은 스키를 즐기실 수 있고 여러분의 객실에서 멋진 경치를 감상하실 수도 있습니다. 객실을 미리 예약할 것을 기억해 주십시오.
   ▶ ⑤ 문맥상 '…할 것을 기억하다'라는 의미이므로 remember to-v를 사용해야 한다.

17 • 그녀는 마침내 살 빼는 것을 포기했다. 그녀는 자신의 식습관을 바꿀 수 없었다.
   • 나는 자전거 타는 것을 재미있게 생각한다.
   ▶ give up은 동명사를 목적어로 쓰며, to부정사구가 목적어로 쓰여 길어질 때는 목적어 자리에 가목적어 it을 쓰고 진목적어인 to부정사구는 목적격 보어 뒤에 쓴다.

18 • 매니저와 이야기하고 싶습니다.
   • 그녀는 도서관에서 책을 빌린 것을 잊었다. 그래서 그녀는 그것들을 반납하지 않았다.

19 나는 물어보고 싶어. 너는 어떻게 조종사가 되었니?
   ▶ ⑤ 간접의문문은 「의문사+주어+동사」의 어순으로 쓰며 시제가 과거이므로 동사의 과거형을 쓴다.

20 내가 확인할게. 이번 주말에 눈이 올까?
   ▶ '…인지'의 의미로 의문사가 없고 동사 check의 목적어가 되어야 하므로 「whether[if]+주어+동사」의 어순으로 쓴다.

21 나는 이 고장 난 카메라를 고치는 것이 불가능하다고 생각해.
   ▶ 동사 think의 목적어로 길이가 긴 to부정사구(to fix … camera)가 오는 문장이므로, 목적어 자리에는 가목적어 it을 써 주고, 진목적어 fix this broken camera에는 to를 붙여준다. 또는 명사절을 이끄는 접속사 that과 가주어 it을

사용하여 I think (that) it is[it's] impossible to fix ... camera.로 고칠 수 있다.

22 간접의문문은 「의문사+주어+동사」의 어순으로 쓰며, choose 는 to부정사를 목적어로 쓰는 동사이다.

23 **Tom:** 너는 이번 여름에 무엇을 할 예정이니?
Sarah: 나는 뉴욕에 가서 이모를 방문할 예정이야.
▶ plan은 to부정사를 목적어로 쓰는 동사이다.

 CHAPTER 03 보어의 이해

GRAMMAR FOCUS ·········· p. 40

A 주격 보어의 여러 형태

1 우리 형은 베스트셀러 작가가 되었다.
그 프로젝트는 대성공이었다.

2 내 의견은 너의 것과 다르다.
Brian은 그 소식에 놀란 것 같다.

3 나의 새해 결심은 몸무게를 줄이는 것이다.
내 취미 중 하나는 정원 가꾸기이다.

4 1) 소녀들은 앉아서 만화책을 읽고 있었다.
그 배우의 새 영화는 지루했다.
2) 이 마을은 1970년 이후로 바뀌지 않은 채 남아 있다.
나는 갑작스러운 밝은 빛에 놀랐다.

| Check-Up | ·········· p. 41

A 1 to take care of other people's dogs
　2 empty　3 a little boy
　4 playing basketball with my friends
B 1 bitter　2 to be　3 quiet　4 meeting
C 1 shocking　2 satisfied　3 excited
D 1 nice　2 tired　3 to be　4 amazing

GRAMMAR FOCUS ·········· p. 42

B 목적격 보어의 여러 형태

1 1) 나는 나의 조카를 아기라고 불렀다.
그 회사의 소유주는 그의 아들을 CEO로 만들었다.
2) 나는 그 집이 비었다는 것을 알았다.
모든 직원들은 자신의 책상을 깨끗하게 유지해야 한다.

2 Calvin은 내게 낮잠을 자라고 말했다.
Bans 선생님은 우리에게 월요일까지 그 과제를 마치라고 지시하셨다.

3 1) 나는 같은 사고가 다시 일어나도록 하지 않을 것이다.
Diana는 누군가가 그 집에 침입하는 것을 보았다.
그는 부엌에서 무언가 타고 있는 냄새를 맡았다.
2) Lonnie는 문이 닫힌 채로 두었다.
나는 내 차가 도둑에 의해 훔쳐지는 것을 보았다.

| Check-Up | ·········· p. 43

A 1 alone　2 the team leader
　3 sing a song by the window
　4 to book a ticket
B 1 interesting　2 to follow　3 changed
　4 vibrate
C 1 copy　2 to stop　3 fixed　4 pass[passing]
D 1 warm　2 tied　3 to buy　4 play[playing]

Grammar Practice ·········· p. 44

A 1 walk[walking]　2 (to) choose　3 to carry
　4 strange
B 1 called　2 eat[eating]　3 to be
　4 annoyed　5 to use
C 1 was, confused　2 call, him, a, liar
　3 made, me, cry　4 to, travel, Africa
　5 appears, to, be, happy

문제해설

A 1 지각동사의 목적격 보어로는 동사원형 또는 현재분사가 온다.
　2 help는 목적격 보어로 to부정사와 동사원형을 모두 쓸 수 있다.
　3 ask의 목적격 보어로 to부정사가 와야 한다.
　4 '…하게 들리다'라는 뜻의 sound 뒤에는 주격 보어로 형용사가 와야 한다.

B 1 목적어와 목적격 보어의 관계가 수동일 때 목적격 보어로 과거분사를 쓴다.
　3 동사 seem 뒤에는 주격 보어로 to부정사를 쓴다.
　4 주어가 감정을 느끼는 주체이므로 과거분사가 되어야 한다.
　5 allow+목적어+to부정사: …가 ~하도록 허락하다

C 2 call+목적어+명사: …을 ~라고 부르다
　3 사역동사 make+목적어+동사원형: …을 ~하게 만들다
　4 be동사 뒤에 주격 보어로 to부정사 to travel을 써서 나타냈다.
　5 동사 appear 뒤에는 주격 보어로 to부정사를 쓴다.

내신 완성 Grammar Practice ·········· p. 45

1 ③　2 ⑤　3 ⑤　4 ⓐ to be　ⓑ solve

문제해설

1 우리는 그가 금메달을 딸 것을 기대했다.

▶ expect+목적어+to부정사: …가 ~할 것을 기대하다

2 [보기] Kelly가 경험한 것은 놀라웠다.
① Sue는 벌레가 그녀의 다리를 기어오르는 것을 느꼈다.
② 나는 Mary가 계단을 달려 내려가는 것을 봤다.
③ 누군가가 우는 소리를 듣지 못했니?
④ 우리는 가게에서 물건을 훔치는 한 남자를 봤다.
⑤ 그 선생님의 태도는 그녀의 학생들에게 좌절감을 주었다.
▶ [보기]와 ⑤는 주격 보어로 쓰인 현재분사이며 나머지는 목적격 보어로 쓰인 현재분사이다.

3 ① 그들의 첫 번째 계획은 실패였다.
② 창문을 열어두세요.
③ 트레이너가 내게 과식하는 것을 그만두라고 말했다.
④ 우리는 그녀를 축구팀의 주장으로 선출했다.
▶ ⑤ 사역동사 make+목적어+동사원형: …을 ~하게 만들다

4 A: Fred에게 무슨 일이 있었니? 그는 걱정이 있어 보여.
B: 그의 교수님이 그에게 몇몇 문제들을 해결하게 했다고 들었어. 그런데 그는 그것들을 해결하는 걸 힘들어했어.
A: 아, 그것참 안됐다.

서술형에 나오는 WRITING
p. 46

A 1 Kate appears to study harder than before.
2 The director had the actors rehearse.
3 Our goal is to make the customers happy.
4 The store remained closed during the holidays.
[During the holidays the store remained closed.]

B 1 the, boys, eating[eat], pizza
2 me, find, my, wallet
3 to, finish, my, homework, first

C 1 Her dream was to see a tiger.
2 People called the tiger Simba.
3 The staff let my little sister touch Simba
4 She was very excited.

문제해설

B 1 나는 그 소년들을 봤다. 그들은 피자를 먹고 있었다.
2 나는 내 지갑을 찾았다. Howard가 나를 도와주었다.
▶ help+목적어+(to-)v: …가 ~하는 것을 돕다
3 우리 어머니는 내게 무언가를 말씀하셨다. 그녀는 내가 숙제를 먼저 끝내야 한다고 말씀하셨다.

C   해밀턴 동물원으로의 소풍
어제는 내 여동생의 생일이었다. 그녀의 꿈은 호랑이를 보는 것이었다. 그래서 우리 가족은 함께 해밀턴 동물원에 갔다. 우리는 거기에서 귀여운 아기 호랑이를 봤다. 사람들은 그 호랑이를 심바라고 불렀다. 직원은 생일 선물로 내 여동생이 심바를 만지게 해주었다. 그녀는 무척 신이 났다. 우리는 모두 그녀의 함박웃음을 보고 행복했다.
▶ 1 to부정사가 주격 보어로 쓰였다.
2 call+목적어+명사: …을 ~라고 부르다

3 let+목적어+동사원형: …가 ~하게 하다
4 주어가 감정을 느끼는 주체이므로 과거분사 excited가 쓰였다.

READING WITH GRAMMAR
pp. 47~48

Reading 1 | 1 ④   2 This memory makes Alaskans proud
Words | ¹개최되다, 일어나다   ²위태롭게 하다, 위협하다

해석 | 가장 힘든 개 썰매 경주가 미국 알래스카에서 매년 열린다. 그것은 '아이디타로드 개 썰매 경주'라고 불린다. 그것은 3월 초에 시작해서 약 10일 동안 계속된다. 경주 참가자들은 12~16 마리의 썰매 개가 끄는 썰매를 몰며 얼어붙은 강, 황량한 들판, 가파른 산을 가로지른다. 이 경주는 앵커리지에서 놈까지 약 1,850km에 걸쳐서 행해진다. 그것은 1973년에 역사적인 구조 임무를 기리기 위해 시작되었다.
1925년 2월에 유행성 전염병이 놈을 위태롭게 했다. 불행히도, 유일한 약은 놈으로부터 약 1,000km 떨어져 있었고, 폭설 때문에 비행기로 그 약을 운송하는 것은 가능하지도 않았다. 대신에 20개의 개 썰매 팀이 놈으로 약을 운반했다. 그들은 약 5일 동안 교대로 달렸고 그들의 임무를 성공적으로 완수해서, 도시 전체를 구했다. 이 기억은 오늘날까지 알래스카 사람들을 자랑스럽게 한다.

구문해설

5행 Racers drive sleds [**pulled** by twelve to sixteen sled dogs] across ....
▶ pulled 이하는 sleds를 수식하는 과거분사구이다.

14행 ... completed their mission, [**saving** the whole city].
▶ saving 이하는 연속동작을 나타내는 분사구문이다.

문제해설

1 (A) 유행성 전염병이 퍼졌지만, 약이 놈에서 멀리 떨어져 있는 불행한 상황이므로, 빈칸에는 Unfortunately(불행히도)가 적절하다.
(B) 폭설로 인해 비행기로도 운반할 수 없는 상황이라 그 대신 개 썰매 팀이 약을 운반했다고 했으므로, 빈칸에는 Instead(대신에)가 적절하다.

2 make+목적어+목적격 보어(형용사): …가 ~하도록 만들다

Reading 2 | 1 ③   2 ④
Words | ¹…에 위치하다   ²재주, 재능

해석 | 의사들이 당신의 뇌를 수술하는 동안에 콧노래를 부르는 것은 불가능하게 들릴지도 모른다. 그러나 이것이 실제로 일어났다! Dan Fabbio라는 이름의 25세 음악가는 그가 뇌종양에 걸렸다는 것을 알았다. 설상가상으로, 그것은 뇌에서 음악과 관련된 부분에 위치해 있었다. 한 의사 팀이 그 종양을 제거하기로 결정했지만, 그들은 Fabbio가 그의 음악적인 재능을 잃을까 봐 걱정했다. 그래서 그들은 그의 뇌 지도를 그리기 위해 많은 검사를 했다. 6개월 뒤, Fabbio

의 뇌 지도가 완성되었고, 수술할 때가 되었다. 수술하는 동안, 의사들은 Fabbio가 깨어 있도록 했고 그에게 콧노래를 부르라고 부탁했다. 이것은 그들이 그의 뇌에서 자르지 말아야 할 부분을 발견하는 데 도움이 되었다. 결국, 수술은 성공했다. 오늘날, Fabbio의 음악 실력은 수술 전만큼이나 훌륭하다.

구문해설

1행 **It** might sound impossible [**to hum** songs while doctors operate on your brain].
▶ It은 가주어이고 to hum 이하가 진주어이다.

3행 A 25-year-old musician [**named** Dan Fabbio] found out [*that* he had a brain tumor].
▶ named 이하는 A 25-year-old musician을 수식하는 과거분사구이다.
▶ that 이하는 found out의 목적어로 쓰인 명사절이다.

11행 ..., the doctors **kept** Fabbio **awake** and asked him to hum songs.
▶ keep+목적어+목적격 보어(형용사): …을 ~한 상태로 유지하다

문제해설

1 Dan Fabbio에 대해 사실이 <u>아닌</u> 것은?
① 그는 음악가이다.
② 그는 뇌에 종양이 있었다.
③ 그는 수술에 관한 노래를 썼다.
④ 그는 수술하는 동안 깨어 있었다.
⑤ 그는 그의 음악적 기술을 잃지 않았다.
▶ ③ 그는 수술하는 동안 콧노래를 부른 것이지 수술에 관한 노래를 쓴 것은 아니다.

2 빈칸 (A)와 (B)에 들어갈 말로 가장 알맞은 것은?
(A) sound는 주격 보어로 형용사를 쓰므로 impossible이 적절하다.
(B) ask는 목적격 보어로 to부정사를 쓰므로 to hum이 적절하다.

내신에 나오는 COMMUNICATION
pp. 49~50

A 관심에 대해 묻고 표현하기

Check-Up | 1 ②   2 Do you find going rock climbing interesting?

문제해설

1 A: _____
   B: 나는 쿠키 만드는 법을 배우는 것에 아주 관심이 있어.
① 너는 쿠키를 어떻게 만드니?
② 넌 무엇에 관심이 있니?
③ 넌 이 쿠키들로 무엇을 할 거니?
④ 너는 무슨 종류의 쿠키를 만들고 싶니?
⑤ 너는 쿠키 만드는 것에 대해 얼마나 아니?

B 동의/반대하기

Check-Up | 1 ③   2 (B) → (D) → (C) → (A)

문제해설

1 A: 나는 백화점이 쇼핑하기에 가장 좋은 곳이라고 생각해.
   B: _____ 거긴 물건들이 너무 비싸.
① 나는 동의하지 않아.
② 미안하지만, 난 동의하지 않아.
③ 나는 전적으로 동의해.
④ 유감이지만 난 네게 동의하지 않아.
⑤ 나는 네 의견에 동의하지 않아.
▶ 빈칸 뒤에서 백화점에서는 물건들이 너무 비싸다고 했으므로 '나는 전적으로 동의해.'의 의미인 I couldn't agree more.는 알맞지 않다.

2 (B) 나는 Kim 제과점이 훌륭하다고 생각해.
(D) 나는 전적으로 네게 동의해. 나는 거기 빵이 정말 좋아.
(C) 맞아. 그들의 커피도 정말 맛있어.
(A) 유감이지만 난 그것에 대해서는 동의하지 않아. 난 그들의 커피를 좋아하지 않거든.

FINAL TEST
pp. 51~53

1 ⑤   **2** (1) last (2) threaten   **3** ③   **4** ①   **5** ⑤   **6** ③   **7** ④   **8** ①   **9** ②   **10** ③   **11** ②   **12** ③   **13** helped Debby (to) learn Korean   **14** Lily remains calm   **15** ③   **16** ④   **17** The film festival made the movie known to everyone.   **18** ③   **19** getting[get], on, a, bus   **20** ②   **21** Suddenly, Anne became quiet. She appeared to have a problem.   **22** Matt's mom got him to walk his dog. She also ordered him to take out the trash.   **23** Anthony became interested in music.   **24** He[Max] seems to be busy

문제해설

1 나는 이 책상에서 얼룩들을 제거해야 한다.
① 보여주다   ② 수술하다   ③ 끝내다
④ 가지고 가다   ⑤ 제거하다

2 (1) 오리엔테이션은 일주일 동안 계속될 것이다.
(2) 기후 변화가 환경을 위협한다.

3 낚시하러 가는 거에 관심이 있니?
① 아니, 그건 너무 지루해.
② 아니, 나는 야구하는 것에 관심이 있어.
③ 아니, 낚시하러 가는 것이 내게 많은 흥미를 느끼게 해.
④ 응, 나는 낚시하러 가는 것에 관심이 있어.
⑤ 응, 나는 낚시하러 가는 것에 매우 관심이 있어.

4 A: 나는 물을 많이 마시는 것이 사람을 정말 건강하게 만든다고 생각해. 내 말에 동의하니?
   B: 응, 전적으로 동의해.
① 전적으로 동의해.

② 유감이지만 동의하지 않아.

③ 나는 동의하지 않아.

④ 나는 네 의견에 동의하지 않아.

⑤ 나는 네가 말한 것에 동의하지 않아.

5 A: 나는 혼자 공부하는 것이 다른 사람들과 공부하는 것보다 더 효율적이라고 생각해.

B: 무슨 이유라도 있니?

A: 응. 그것은 우리가 공부에 더 집중할 수 있도록 도와줘. 내게 동의하니?

B: (정말 그래). 우리는 우리에게 동기를 부여해 줄 누군가가 필요해.

A: 음. 그럴 수도 있겠다.

▶ 뒤에 동기를 부여할 누군가가 필요하다고 했으므로 혼자서 공부하는 것이 효율적이라는 말에 동의한다는 ⑤는 적절하지 않다.

6 Larson 씨는 회사의 발표를 듣고 충격을 받았다.

▶ 주어가 감정을 느끼는 주체이므로 과거분사 shocked가 적절하다.

7 나는 그녀에게 당분간 휴식을 취하라고 조언했다.

▶ advise는 to부정사를 목적격 보어로 쓴다.

8 Aaron은 그의 남동생에게 그의 차를 세차하게 했다.

▶ 사역동사 have는 목적격 보어로 동사원형을 쓴다.

9 ② tell은 목적격 보어로 to부정사를 쓰고, 나머지는 모두 지각동사로 현재분사나 동사원형을 목적격 보어로 쓴다.

10 ③ 그들은 그 배를 Santa Maria라고 이름 지었다.

▶ ① being → to be ② get → to get
④ to lose → lose ⑤ safely → safe

11 get+목적어+과거분사: …가 ~되게 하다

12 allow는 목적격 보어로 to부정사를 쓴다.

13 help는 목적격 보어로 to부정사와 동사원형을 모두 쓸 수 있다.

14 「주어(Lily)+동사(remains)+주격 보어(calm)」의 순서로 쓴다.

15 • Catherine은 클래식 음악 듣는 것을 즐기는 것 같다.

• 그의 나쁜 버릇 중 하나는 손톱을 물어뜯는 것이다.

▶ seem은 주격 보어로 to부정사를 쓰므로 ⓐ에는 to enjoy가 알맞고, ⓑ는 주격 보어 자리이므로 to부정사, 동명사를 모두 쓸 수 있다.

16 • 나는 누군가가 어둠 속에서 이야기하는 것을 들었다.

• 이 로션은 네 피부를 부드럽게 유지한다.

▶ 지각동사는 목적격 보어로 동사원형과 현재분사를 모두 쓸 수 있으므로 ⓐ에는 talk[talking]가 알맞고, keep은 목적격 보어로 형용사를 쓸 수 있으므로 ⓑ는 soft가 알맞다.

18 ① 내 목표는 의사가 되는 것이었다.

② 그들 대부분은 학생이었다.

④ 나는 그녀가 내 차를 일주일간 쓰도록 해주었다.

⑤ 그 코치는 그녀를 유명한 테니스 선수로 만들었다.

▶ ③ 목적어와 목적격 보어의 관계가 수동일 때 목적격 보어로 과거분사를 써야 하므로, breaking은 broken이 되어야 한다.

19 나는 오늘 아침에 Serena를 보았다. 그녀는 버스를 타고 있었다.

20 나는 혼자 여행을 가고 싶었다. 하지만 부모님은 내가 그렇게 하도록 허락하지 않으셨다. 그들은 나를 너무 어리다고 여기시고 그것이 너무 위험하다고 생각하신다. 나는 그들을 이해할 수 없다.

▶ ② 사역동사 let은 목적격 보어로 동사원형을 쓴다.

21 갑자기, Anne이 조용해졌다. 그녀는 문제가 있어 보였다.

▶ become은 주격 보어로 형용사를 쓰고, appear는 주격 보어로 to부정사를 쓴다.

22 Matt의 엄마는 그가 강아지를 산책시키도록 했다. 그녀는 그에게 쓰레기를 버리도록 지시했다.

▶ 동사 get과 order는 목적격 보어로 to부정사를 쓴다.

23 주어가 관심을 갖게 된 주체이므로 주격 보어로 과거분사가 와야 한다.

24 A: 함께 저녁을 먹으러 나가는 게 어때?

B: 좋아! Max도 초대하자.

A: 음, 나는 그가 갈 수 있을 것 같지 않아. 요즘 그[Max]는 바빠 보여.

▶ '…인 것 같다'의 의미인 seem 뒤에는 주격 보어로 to부정사가 온다.

CHAPTER 04 동사의 시제

GRAMMAR FOCUS ·················· p. 56

A 현재완료와 과거완료

1 1) 그 식당은 이미 문을 닫았다.

2) 나는 작년부터 파리에 살고 있다.

3) 나는 전에 그런 멋진 소설을 읽어본 적이 없다.

4) 그는 지갑을 잃어버렸다. 그래서 그는 지금 그것이 없다.

2 1) 내가 역에 도착했을 때 이미 지하철이 떠났다.

2) Erica는 스페인에 가기 전에 2년 동안 꽃집을 운영했다.

3) James는 터키를 방문할 때까지 케밥을 먹어본 적이 없었다.

4) Britney는 자신의 테니스 라켓을 잃어버려서 어제 테니스를 칠 수 없었다.

Check-Up ················· p. 57

A 1 have known 2 for 3 visited
4 had lent 5 had finished

B 1 Have, traveled 2 had, started

3 had, sent **4** have, been **5** had, been

C **1** has had **2** graduated
 3 have spent/spent **4** had never met
 5 has gone

GRAMMAR FOCUS ····················· p. 58

B 완료진행형

1 지난주부터 눈이 오고 있다.
 Anna는 한 시간 동안 같은 노래를 듣고 있다.

2 초인종이 울렸을 때 Peter는 영화를 보고 있었다.
 Mason은 내가 그 은행에서 일하기 시작할 때 거기에서 일하고 있었다.

C 주의해야 할 시제

1 우리 비행기는 내일 오후 4시 30분에 떠난다.
 나의 삼촌은 이번 주말에 결혼한다.

2 내가 오후에 집에 도착하면 네게 전화할게.
 내가 내일 시간이 있으면 너와 쇼핑하러 갈게.

Check-Up ······························ p. 59

A **1** cleaning **2** admits **3** is going **4** had
B **1** have been **2** had been **3** had been
 4 has been
C **1** is, coming/will, come **2** have, been, studying
 3 had, been, sleeping
D **1** had been playing/had played **2** living
 3 will[is going to] attend **4** meet

Grammar Practice p. 60

A **1** has been waiting/has waited **2** was
 3 is **4** had already eaten
B **1** had been running/had run
 2 have forgotten/forgot **3** have, received
 4 had, been **5** comes
C **1** starts **2** had, eaten **3** has, been, looking,
 around **4** had, been, washing

문제해설

A **1** '…이래로'의 의미인 since가 있으므로 현재완료[진행형]를 쓴다.
 2 분명한 과거를 나타내는 부사 yesterday가 있으므로 현재완료를 쓸 수 없다.
 3 조건을 나타내는 부사절에서는 미래의 일을 현재시제로 나타낸다.
 4 '친구가 파티에 왔을 때'라는 과거 시점에 완료된 일을 나타내

므로 과거완료를 쓴다.

B **1** '내가 그것을 끝낼 때까지'라는 과거 시점까지 계속 진행되는 일을 나타내므로 과거완료진행형이나 계속을 나타내는 과거완료를 쓴다.
 2 그의 전화번호를 잊은 것이 현재까지 영향을 미치므로 결과를 나타내는 현재완료를 쓴다. 지금보다 이전에 전화번호를 잊은 것이므로 과거시제를 쓸 수도 있다.
 3 부사 just가 쓰여 '방금 받았다'를 뜻하므로 완료를 나타내는 현재완료를 쓴다.
 4 '우리가 함께 가기 전에'라는 과거 시점까지의 경험을 나타내므로 과거완료를 쓴다.
 5 때를 나타내는 부사절에서는 미래의 일을 현재시제로 나타낸다.

C **1** 확정된 미래의 일정은 현재시제로 나타낼 수 있다.
 2 경험을 나타내는 과거완료이다.
 3 과거부터 지금까지 '…해 오고 있다'의 의미인 현재완료진행형을 쓴다.

내신 완성 *Grammar Practice* p. 61

1 ⑤ **2** ⑤ **3** ② **4** have been living/have lived

문제해설

1 우리 할아버지는 <u>2년 동안</u> 암을 앓고 계신다.
 ▶ 현재완료는 분명한 과거를 나타내는 부사(구)와는 함께 쓸 수 없으므로, 빈칸에는 ⑤가 알맞다.

2 ① 그 열차는 방금 그 역에 도착했다.
 ② 나는 이 휴대폰을 1년 동안 사용해오고 있다.
 ③ 나는 이번 주말에 친구들과 하이킹을 하러 간다.
 ④ Mike는 다리가 부러져서 야구를 할 수 없었다.
 ▶ ⑤ '내가 TV를 켰을 때'라는 과거 시점에 이미 드라마가 시작한 상황이므로 has already started는 과거완료 had already started가 되어야 한다.

3 ① Amy는 내가 Jim을 그녀에게 소개해주기 전에 한 번 그를 만났었다.
 ② 내가 Jenny를 만났을 때, 그녀는 일 년째 변호사로 일하고 있었다.
 ③ Dean은 대학에 가기 전에 한 번도 여자 친구를 사귄 적이 없었다.
 ④ 나는 그 책을 여러 번 읽었기 때문에 그 책에 대해 알았다.
 ⑤ Tom은 캐나다로 이사하기 전에 아이스하키를 해본 적이 없었다.
 ▶ ②는 계속을 나타내는 과거완료이고, 나머지는 모두 경험을 나타내는 과거완료이다.

4 나는 6년 전에 서울에서 살기 시작했다. 나는 여전히 서울에 살고 있다.

서술형에 나오는 WRITING

p. 62

A 1 I have been looking for a new house for a month.[For a month I have been looking for a new house.]

2 Our plane is leaving 30 minutes later than the scheduled time.

3 Gary had never been abroad before he went to Australia.[Before he went to Australia, Gary had never been abroad.]

B 1 have, just, finished, packing
2 had, left, his, textbook
3 if, you, go, home, late

C 1 have, been 2 had, dreamed
3 have, been, donating

문제해설

B 1 완료를 나타내는 현재완료를 쓰고 '방금'이라는 의미의 just를 추가한다.

2 깨달은 과거 시점 이전에 교과서를 두고 온 것이므로 대과거를 쓴다.

3 조건을 나타내는 부사절에서는 미래의 일을 현재시제로 나타내므로 if절의 동사는 현재형으로 쓴다.

C 유명 작가 Anne Bronte와의 인터뷰

인터뷰 진행자: 얼마나 오래 작가이셨죠?

Anne: 15년 되었네요.

인터뷰 진행자: 어떻게 작가가 되셨나요?

Anne: 제 언니가 제게 어린이들을 위한 이야기를 써보라고 격려하기 전까지 저는 작가가 되겠다는 꿈을 꿔본 적이 없었어요.

인터뷰 진행자: 아, 그렇군요. 가난한 아이들을 도와 오셨다고 들었어요.

Anne: 음, 저는 수년째 제 책들을 보육원에 기증해오고 있어요.

인터뷰 진행자: 멋지네요. 그들에게 분명 큰 도움이 될 거예요.

▶ 1 계속을 나타내는 현재완료이다.
2 경험을 나타내는 과거완료이다.

READING WITH GRAMMAR

pp. 63~64

Reading 1 | 1 ④ 2 had not been used
Words | ¹ 여러 가지의, 다양한 ² 관심[흥미]을 끌다

해석 | 당신은 태국의 맵고 시큼한 수프인 똠얌꿍을 맛본 적이 있는가? 그것은 새우로 만들어지며 많은 다양한 맛을 가지고 있다. 그것의 독특한 맛 때문에, 그것은 세계에서 가장 인기 있는 수프 중 하나이다. 그것은 다양한 문화의 재료들을 혼합하여 만들어졌다. 19세기 이전에 고추와 향신료는 태국에서 많이 사용되지 않았다. 하지만 태국의 몽꿋 왕이 다른 나라들에게 무역을 개방했을 때, 전 세계의 음식이 전해졌다. 예를 들어, 허브와 향신료가 인도에서 들어왔고, 고추가 포르투갈에서 들어왔다. 그 이후로 점점 더 많은 종류의 재료들이 똠

얌꿍과 다른 태국 음식에 사용되어왔다. 이렇게 해서 똠얌꿍이 특별한 맛을 갖게 되었다. 그리고 오늘날 이 수프는 전 세계 사람들의 관심을 끌고 있다.

구문해설

5행 ..., as King Mongkut of Thailand opened up trade with other countries, food [from around the world] was introduced.

▶ as는 때를 나타내는 접속사이다.
▶ 주절에서는 전치사구 from around the world의 수식을 받는 food가 주어이므로, 단수형 be동사가 쓰였다.

9행 ..., more and more kinds of ingredients have been used in tom yum goong ....

▶ 비교급+and+비교급: 점점 더 …한

12행 This is how it got its special taste.

▶ 관계부사 how는 the way로 바꿔 쓸 수 있다.

문제해설

1 ① 똠얌꿍 요리법
② 똠얌꿍이 어떻게 그 이름을 갖게 되었나?
③ 태국 음식의 특별한 재료들
④ 똠얌꿍의 독특한 역사
⑤ 몽꿋 왕이 똠얌꿍을 만든 이유

▶ 무역 개방으로 똠얌꿍의 재료가 태국으로 유입되고 그로 인해 독특한 맛을 가진 똠얌꿍이 만들어졌다는 내용의 글이므로, 제목으로 ④ '똠얌꿍의 독특한 역사'가 적절하다.

2 19세기라는 과거 시점 이전에 고추와 향신료들이 사용되지 않았다는 내용이므로 과거완료를 쓰는 것이 적절하다.

Reading 2 | 1 (A) was (B) had suffered 2 ③
Words | ¹ 주장하다 ² 비극적인

해석 | Laika는 역사상 가장 유명한 개 중 하나이다. 1957년에, 그 개는 모스크바의 길거리에 살고 있었다. 그 당시 몇몇 과학자들이 그 개를 맡았는데 그들은 특별한 실험을 위해 그 개가 필요했기 때문이다. 일주일 뒤, Laika는 소형 우주선에 실려 우주로 보내졌다! 그 개는 지구 궤도를 도는 최초의 생명체가 되었다.

그 실험의 목적은 우주를 안전하게 여행하는 것에 대해 배우는 것이었다. 불행히도, 기술은 Laika를 지구로 돌아오게 할 만큼 진보하지 못했다. 비록 소련은 그 개가 우주에서 고통 없이 죽었다고 주장했지만, 나중에 그 개가 고통을 겪었다는 것이 밝혀졌다. Laika는 인간이 우주에서 생존하는 법을 배우도록 도왔지만, 그 개의 이야기는 비극적인 것이다. 그것은 동물 권리의 필요성에 전 세계적인 관심을 불러왔다.

구문해설

10행 The purpose of the experiment was to learn about traveling safely in space.

▶ to learn은 주격 보어로 쓰인 명사적 용법의 to부정사이다.

▶ traveling은 전치사 about의 목적어로 쓰인 동명사이다.

14행 Even though Laika **helped humans learn** how to survive in space, her story is a tragic *one*.
   ▶ help+목적어+(to-)v: …가 ~하는 것을 돕다
   ▶ one은 story를 대신하여 쓰인 대명사이다.

문제해설

1 (A)와 (B)에 들어갈 어법에 맞는 표현을 골라 쓰시오.
   ▶ (A) 분명한 과거를 나타내는 부사구(In 1957)가 있으므로, 과거시제 was가 적절하다.
   (B) 고통을 겪은 것이 그것이 밝혀진 것(was discovered)보다 이전의 일이므로, 과거완료시제 had suffered가 적절하다.

2 빈칸에 들어갈 말로 가장 알맞은 것은?
   ① 동물의 능력
   ② 우주의 신비
   ③ 동물 권리의 필요성
   ④ 우주여행의 안전성
   ⑤ 기술의 진보
   ▶ ③ 실험 때문에 인간에 의해 우주로 보내진 뒤 고통스럽게 죽은 개에 관한 이야기는 동물 권리의 필요성에 대한 관심을 불러일으켰을 것이다.

내신에 나오는 COMMUNICATION
pp. 65~66

A 가능성 표현하기

Check-Up | 1 (A) → (D) → (B) → (C)   2 It, is possible, that

문제해설

1 (A) 지금 왜 이리 교통 사정이 나쁘지?
   (D) 어딘가에서 자동차 사고가 났을 가능성이 있어.
   (B) 그렇다면, 우리가 밤 9시까지 집에 돌아갈 수 있을까?
   (C) 아마 안 될 것 같아. 우린 늦을 거 같아.

B 능력 여부 묻고 표현하기

Check-Up | 1 ④   2 don't, know, how, to

문제해설

1 A: _____
   B: 응. 그건 매우 쉬워. 그냥 '시작' 버튼을 눌러.
   ① 너는 지금 이 복사기를 사용하고 있니?
   ② 나를 위해 그 버튼을 눌러 줄 수 있니?
   ③ 그 버튼이 어디 있는지 내게 가르쳐 줄 수 있니?
   ④ 너는 이 복사기를 사용하는 방법을 아니?
   ⑤ 너는 이 복사기를 사용하는 방법을 어떻게 알았니?
   ▶ B의 대답 마지막 부분에 사용법을 알려주고 있으므로 복사기의 사용 방법을 알고 있는지 묻는 ④가 질문으로 알맞다.

1 ①   2 (1) flavor (2) creature   3 ③   4 ②   5 ②
6 ②   7 ①   8 ④   9 ①   10 ④   11 ①   12 have, lent
13 had, seen   14 ④   15 ⑤   16 had, been, looking, for   17 has, gone   18 Will had been a teacher before he became a writer.[Before Will became a writer, he had been a teacher.]   19 ③   20 ③
21 had been trying → have been trying/have tried   22 I thought I had talked with the[that] girl before.   23 have been playing/have played
24 starts/will start/is starting

문제해설

1 기름과 물은 쉽게 섞이지 않는다.
   ① 섞이다 ② 썰다 ③ 싸다 ④ 무게를 달다 ⑤ 흔들리다

2 (1) 이 카레는 매운맛을 가지고 있다.
   (2) 나는 다리가 6개 달린 이상한 생물을 봤다.

3 너는 피자 만드는 법을 아니?
   ① 응, 나는 피자를 잘 만들어.
   ② 응, 나는 피자 만드는 법을 알아.
   ③ 응, 우리 엄마가 피자 만드는 법을 배우셨어.
   ④ 아니, 나는 피자 만드는 법을 몰라.
   ⑤ 아니, 나는 피자를 만들어본 적이 없어.

4 A: 오늘 오후에 캠핑 가자.
   B: 그거 좋겠다. 하지만 오늘 오후에 눈이 올 것 같아.
   A: 그러면 다른 것을 생각해 보자.
   B: 영화를 보면 어때?
   A: 좋아. 그게 낫겠다.

5 A: 누가 채용될까?
   B: Sam이 우리와 함께 일할 가능성이 있어.
   ① Sam이 우리와 함께 일할 것 같아.
   ② Sam이 우리와 함께 일하고 싶어 해.
   ③ Sam이 우리와 함께 일하게 될지도 몰라.
   ④ Sam이 우리와 함께 일할 가능성이 있어.
   ⑤ Sam이 우리와 함께 일할 가능성이 있어.
   ▶ ②는 'Sam이 우리와 함께 일하고 싶어 해.'의 의미로 가능성을 표현할 때 쓸 수 없다.

6 우리 반은 내일 박물관으로 현장 학습을 갈 예정이다.
   ▶ 가까운 미래에 예정된 일은 현재진행형으로 나타낼 수 있다.

7 Mia가 다시 거짓말을 하면 나는 그녀를 용서하지 않을 것이다.
   ▶ 조건을 나타내는 부사절에서는 미래의 일을 현재시제로 나타낸다.

8 Daniel은 독일어 말하는 법을 _____ 공부해왔다.
   ▶ 현재완료는 분명한 과거를 나타내는 부사(구)와는 함께 쓸 수 없다.

9 때를 나타내는 부사절에서는 미래의 일을 현재시제로 나타낸다.

10 과거부터 현재까지 계속된 상태를 나타내고 있으므로 현재완료

를 써야 한다.

11 ① 내가 가장 좋아하는 카페는 아직 열지 않았다.
   ② 나는 이전에 코알라를 본 적이 없다.
   ③ 너는 이 악기를 연주해본 적 있니?
   ④ 나는 아직 멕시코 음식을 먹어본 적이 없다.
   ⑤ Rebecca는 도쿄에 두 번 갔었다.
   ▶ ①은 완료를 나타내는 현재완료이고, 나머지는 모두 경험을 나타내는 현재완료이다.

12 나는 Mary에게 내 카메라를 빌려주었다. 그래서 지금 나는 사진을 찍을 수 없다.
   ▶ 과거의 일이 현재까지 영향을 미치므로 현재완료를 사용한다.

13 그는 그가 유령을 본 적이 있다고 주장했다.
   ▶ 주장한 것보다 유령을 본 것이 더 이전의 일이므로 과거완료를 쓴다.

15 when이 부사절이 아닌 명사절을 이끌 때는 미래의 일을 미래시제로 나타낸다.

16 그녀는 마침내 신발을 발견했다. 그녀는 그것을 찾고 있었다.
   ▶ 신발을 발견한 과거 시점 이전부터 계속 진행 중인 일을 나타내므로 과거완료진행형을 쓴다.

17 그는 친구들을 보러 갔다. 그는 지금 여기에 없다.
   ▶ 과거에 친구를 만나러 가서 현재 여기에 없는 상황이므로 현재완료를 쓴다.

18 작가가 된 것보다 선생님이었던 것이 더 이전의 일이므로 과거완료를 쓴다.

19 • Kevin은 지난주에 휴가였다.
   • Sue는 지난주 이래로 휴가 중이다.
   ▶ 첫 번째 문장에는 분명한 과거를 나타내는 last week이 쓰였으므로 @에는 과거시제 was가 알맞고, 두 번째 문장에는 since(…이래로)가 쓰였으므로 ⓑ에는 과거부터 현재까지의 계속을 나타내는 현재완료 has been이 알맞다.

20 나는 작년에 중국으로 여행을 갔다. 여행 전에, 나는 중국어를 그다지 많이 공부하지 않았다. 그래서 의사소통하는 것이 힘들었다. 나는 다음 주에 중국어 수업을 들을 것이다. 그리고 내년에 나는 중국을 다시 방문할 것이다.
   ▶ 중국을 여행했던 과거의 일에 대해 말하고 있는 글이므로, ③은 과거시제를 나타내는 was가 알맞다.

21 A: 실례합니다. 우체국에 어떻게 가나요? (우체국을) 10분 동안 찾고 있어요.
   B: 저기에서 오른쪽으로 돌면 찾으실 겁니다. 빨간색 건물입니다.
   A: 정말 감사합니다.
   ▶ 10분 전부터 현재까지 계속해서 찾은 것이므로 현재완료진행형 have been trying 또는 현재완료 have tried가 알맞다.

22 과거에 생각한 시점보다 이전에 그 소녀와 이야기한 것이므로 대과거 had talked를 사용한다.

[23-24]

| 11:00 – 11:50 | 음악 수업
- 노래 연주하기 |
| 12:00 – 1:00 | 휴식 시간
- 점심 식사 |

23 학생들은 노래를 40분째 연주 중이다.
   ▶ 40분 전부터 지금까지 계속해서 노래를 연주 중이므로 현재완료진행형 have been v-ing 또는 계속을 나타내는 현재완료를 쓸 수 있다.

24 휴식 시간은 20분 후에 시작할 것이다.
   ▶ 휴식 시간은 20분 후에 시작하므로 (가까운) 미래의 일정을 나타낼 때 쓰는 현재시제와 현재진행형, 또는 조동사 will을 쓸 수 있다.

📍 CHAPTER 05 수동태

GRAMMAR FOCUS .... p. 72

A 4형식과 5형식 문장의 수동태

1 Steve는 Emma에게 아름다운 꽃을 조금 주었다.
   → Emma는 Steve에게 아름다운 꽃을 조금 받았다.
   → 약간의 아름다운 꽃이 Steve에 의해 Emma에게 주어졌다.
   Tim은 우리에게 많은 이야기들을 말해주었다.
   → 많은 이야기들이 Tim에 의해 우리에게 말해졌다.
   아버지는 나에게 모형 비행기를 만들어주셨다.
   → 모형 비행기가 나를 위해 아버지에 의해 만들어졌다.

2 그 교수는 그가 연구를 계속하도록 격려했다.
   → 그는 그 교수에 의해 연구를 계속하도록 격려 받았다.

Check-Up .... p. 73

A 1 for   2 sleeping   3 to follow
  4 to the customers
B 1 was, given, to   2 was, painted, white
  3 was, built, for
C 1 was, made, for
  2 were, taught, was, taught, to
  3 was, expected, to, call
  4 was, heard, whispering

B 주의해야 할 수동태 구문

1 1) 우리는 에세이를 수요일까지 완료해야 한다.
→ 에세이는 (우리에 의해) 수요일까지 완료되어야 한다.
2) 그는 그의 계좌에 돈을 저축하는 중이다.
→ 돈이 그에 의해 그의 계좌에 저축되어지는 중이다.
3) 저희 직원이 귀하께서 주문하신 상품들을 보냈습니다.
→ 귀하께서 주문하신 상품들은 저희 직원에 의해 보내졌습니다.

2 마을의 자원봉사자들이 그 개들을 돌본다.
→ 그 개들은 마을의 자원봉사자들에 의해 돌보아진다.

3 Kelly는 새로운 컴퓨터에 만족했다.
에베레스트산 정상은 연중 내내 눈으로 덮여 있다.

| Check-Up | ·················· p. 75

A **1** of **2** can be operated **3** being washed
4 has been offered
B **1** with **2** in **3** with **4** for
C **1** should, be, returned **2** has, been, bitten
3 are, being, carried
D **1** laughed at by **2** appeared
3 will be delivered **4** have been planted

Grammar Practice ·················· p. 76

A **1** should be sent **2** to reserve **3** to us
B **1** was, called **2** was, filled, with
3 was, shown **4** was, cooked, for
5 be, parked
C **1** isn't, satisfied, with
2 was, being, drawn, by
3 have, been, built
4 were, heard, to, talk
5 were, taken, off, by

문제해설

A **1** 소포가 보내지는 것이므로 조동사의 수동태 형태인 「조동사
+be v-ed」를 쓴다.
2 사역동사 make의 목적격 보어로 쓰인 동사원형은 수동태 문
장에서 to부정사로 쓴다.
3 4형식 동사 teach의 직접목적어를 주어로 한 수동태 문장에
서는 간접목적어 앞에 전치사 to를 쓴다.

B **2** be filled with: …로 가득 차다
4 4형식 동사 cook의 직접목적어를 주어로 한 수동태 문장에서
는 간접목적어 앞에 전치사 for를 쓴다.
5 조동사의 부정형을 수동태로 나타낼 때는 「조동사+not be
v-ed」 형태를 쓴다.

C **1** be satisfied with: …에 만족하다
2 진행형의 수동태는 「be동사+being v-ed」 형태로 쓴다.
3 현재완료의 수동태는 have[has] been v-ed 형태로 쓴다.
4 지각동사의 수동태에서 목적격 보어는 현재분사나 to부정사로
쓴다.
5 동사구의 수동태는 동사만 「be동사+v-ed」 형태로 바꾸고 동
사구에 포함된 부사나 전치사 등은 동사 뒤에 그대로 쓴다.

내신 완성 *Grammar Practice* ·················· p. 77

1 ④ **2** ⑤ **3** ③ **4** ⓐ happened ⓑ was advised

문제해설

2 • 서류 가방은 그 남자에게 건네지는 중이었다.
• 너는 발표가 걱정되니?
▶ ⓐ 4형식 동사 hand의 직접목적어를 주어로 한 수동태 문장
에서는 간접목적어 앞에 전치사 to를 쓴다.
ⓑ be worried about: …을 걱정하다

3 웨이터가 식탁 위의 접시들을 가져갔다.

4 A: 네 다리에 무슨 일이 있던 거야? 너 괜찮니?
B: 나는 축구를 하다가 발목을 접질렸어. 의사 선생님께 쉬라고
조언을 받았어.
A: 그거 안됐구나. 빨리 낫기를 바랄게.
▶ ⓐ 자동사 happen은 수동태로 쓸 수 없다.
ⓑ to부정사가 목적격 보어로 쓰인 5형식 문장의 수동태이다.

서술형에 나오는 *WRITING* ·················· p. 78

A **1** A welcome pack will be offered to new
members.
2 The professor was asked to give a speech on
the economy.
3 The sick animals are being looked after by
the vet.
B **1** Has, been, completed
2 was, seen, playing
3 was, being, cleaned
C **1** was given **2** was not allowed to have
3 was named Piggy

문제해설

B **1** Peter가 그 교육 과정을 마쳤니?
▶ 현재완료 수동태의 의문문은 「Have[Has]+주어+been
v-ed …?」 형태로 쓴다.
2 나는 Mike가 수업 시간에 스마트폰 게임을 하는 것을 봤다.
▶ 수동태 문장에서 지각동사의 목적격 보어는 현재분사나 to부
정사로 쓴다.
3 내가 들어갔을 때 점원은 가게를 청소하고 있었다.
▶ 진행형의 수동태 문장은 「be동사+being v-ed」 형태로 쓴
다.

C 나는 부모님으로부터 귀여운 강아지 한 마리를 받았다! 나는 전에 애완용 강아지를 요구했었지만 강아지를 갖도록 허락받지는 못했다. 우리 부모님은 내가 강아지를 잘 돌보지 못할 것이라고 걱정하셨다. 하지만 나는 부모님을 설득했고, 오늘 나는 새끼 불도그를 받았다! 그는 많이 먹기 때문에 우리 가족에 의해 Piggy라고 이름 지어졌다! 나는 Piggy와 함께하게 돼서 정말 행복하다!

2 be allowed to-v: …하도록 허락받다[해도 된다]

READING WITH GRAMMAR
pp. 79~80

Reading 1 | 1 ⑤ 2 Tourists are encouraged to travel around the city
Words | ¹궁전 ²창의적인

해석 | 여러분이 크로스워드 퍼즐 푸는 것을 좋아한다면, 여러분은 우크라이나의 리비우라는 도시를 방문하는 데 관심이 있을지도 모른다. 놀랍게도, 그 도시에는 30미터가 넘는 높이의 크로스워드 퍼즐이 있다. 80개 정도의 퍼즐의 힌트들은 궁전이나 분수, 극장과 같이 도시의 가장 유명한 지역에 놓여 있다. 관광객들은 힌트들을 찾고 그 답들을 쓰면서 도시 여기저기를 여행하도록 장려된다. 해가 지면, 퍼즐의 빈 정사각형들은 답의 철자를 나타내는 환한 불빛들로 밝혀진다. 그러면 사람들은 답을 확인하기 위해서 그 거대한 (크로스워드) 퍼즐로 되돌아간다. 그것은 사람들이 크로스워드 퍼즐을 즐기는 새롭고 창의적인 방식이다. 게다가, 그것은 그 도시가 관광객들의 관심을 얻도록 도와준다.

구문해설

9행 …, [looking for the clues] and [writing down the answers].
▶ looking과 writing 이하는 동시동작을 나타내는 분사구문이다.

10행 …, the empty squares of the puzzle are lit up with bright lights [that spell out the answers].
▶ 동사구 light up with의 수동태이다.
▶ that 이하는 bright lights를 수식하는 주격 관계대명사절이다.

문제해설

1 ⑤ 사람들은 정답을 확인하기 위해 거대한 크로스워드 퍼즐로 모인다.

2 5형식 문장의 수동태에서는 동사를 「be동사+v-ed」 형태로 바꾸고 뒤에 목적격 보어를 그대로 둔다.

Reading 2 | 1 ⑤ 2 ③
Words | ¹가두다 ²익사하다

해석 | 요즘에는 많은 사람들이 재미로 드론을 날린다. 그러나, 드론은 생명을 구하는 데에도 사용될 수 있다. 그것들은 경찰이나 소방관, 심지어 구조팀의 역할을 할 수도 있다. 예를 들면, (이전에) 한 번은 드론이 강한 파도에 휘말린 십 대 소년 두 명을 구하는 데 도움을 주

었다. 그것은 그들이 안전하게 수영하여 물가로 나오는 데 사용한 구명구를 떨어뜨려 주었다. 소년들은 구조되었고 안전 요원은 그들의 목숨을 걸 필요가 없었다. 드론은 산불 영상을 찍고 불타는 집에 갇힌 사람들을 찾을 수도 있다. 그들은 소방관이 할 수 있는 것보다 더 가까이 불에 다가갈 수 있다. 그리고 수색하고 구조하는 임무에서, 드론은 시간과 돈 모두를 아끼며 넓은 지역을 쉽게 수색 할 수 있다. 미래에는, 사람들이 아마 더욱더 위험하거나 어려운 일에 드론을 사용할 것이다.

구문해설

5행 For example, a drone once **helped save** two teenage boys [*who* were caught in some powerful waves].
▶ help (to-)v: …하는 것을 돕다
▶ who 이하는 two teenage boys를 수식하는 주격 관계대명사절이다.

8행 It dropped a life preserver [**that** they used to safely swim to shore].
▶ that 이하는 a life preserver를 수식하는 목적격 관계대명사절이다.

11행 … and find people [**trapped** in burning homes].
▶ trapped 이하는 people을 수식하는 과거분사구이다.

13행 …, drones can easily search large areas, [**saving** both time and money].
▶ saving 이하는 동시동작을 나타내는 분사구문이다.

문제해설

1 이 글의 제목으로 가장 알맞은 것은?
① 잃어버린 드론 구하기
② 인기 있는 취미: 드론 날리기
③ 익사의 위기에 있던 십 대 소년들
④ 위험에 처한 사람들을 구하는 방법
⑤ 위험한 일을 맡아 하는 드론
▶ 사람이 하기 힘든 위험한 일을 드론이 할 수 있다는 내용의 글이므로, 제목으로 ⑤ '위험한 일을 맡아 하는 드론'이 가장 적절하다.

2 빈칸 (A)와 (B)에 들어갈 말로 가장 알맞은 것은?
▶ (A) 문맥상 주어 drones가 '사용되는' 것이므로, 수동태를 쓴다.
(B) 문맥상 주어 Drones가 영상을 '찍는' 것이므로, 능동태를 쓴다.

내신에 나오는 COMMUNICATION
pp. 81~82

A 궁금증 표현하기

Check-Up | 1 ③ 2 Can you tell me why you quit your job?

문제해설

1 ① 나는 이 복사기를 어떻게 사용하는지 궁금하다.
② 나는 이 복사기를 어떻게 사용하는지 알고 싶다.
③ 나는 이 복사기를 사용해서 복사하고 싶다.
④ 나는 이 복사기를 어떻게 사용하는지 궁금하다.
⑤ 이 복사기를 어떻게 사용하는지 내게 말해 줄 수 있니?
▶ ③은 자신이 하고 싶은 것을 표현하는 말이며 나머지는 궁금증을 표현하는 말이다.

B 의견 묻고 표현하기

Check-Up | 1 ①   2 (C) → (A) → (B) → (D)

문제해설

1 A: 내 새 원피스에 대해 어떻게 생각해?
B: 내 생각에는 색깔이 너무 어두운 것 같아.
▶ B의 응답이 자신의 의견을 이야기하고 있으므로, ① '내 새 원피스의 색깔이 무엇이니?'라는 질문은 적절하지 않다.

2 (C) 이 노래에 대한 네 의견은 어떠니?
(A) 내 생각에는 아름다운 것 같아.
(B) 나도 그렇게 생각해. 이 노래를 부른 사람은 August야.
(D) 와, 그는 정말 멋진 목소리를 가졌네. 나는 그가 부러워.

FINAL TEST
pp. 83~85

1 ⑤ **2** (1) shore (2) clue **3** ② **4** (B)→(C)→(D)→(A)
5 ⑤ **6** ③ **7** ③ **8** ④ **9** ⑤ **10** ⑤ **11** is, known, for **12** ② **13** ② **14** were read to me by my mother **15** ③ **16** ⑤ **17** ③ **18** ⑤ **19** She was seen swimming in the ocean. **20** His wife is always called "honey" by him. **21** The spicy noodles were cooked for me by my uncle. **22** The[Those] potatoes should be boiled for 20 minutes. **23** is, being, read **24** is, filled, with, books

문제해설

1 그 구조물은 다리 밑에 놓여있다.
① 찾다 ② 바치다 ③ 처벌하다 ④ 설명하다 ⑤ 위치하다

2 (1) 나는 모래 해변에서 자는 것을 즐긴다.
(2) 그는 수수께끼의 힌트를 찾기 위해 애쓰고 있다.

3 이 영화에 대한 네 의견은 어땠니?
① 내용이 매우 지루했어.
② 나는 영화 보는 것을 매우 즐겨.
③ 특수 효과가 놀라웠어.
④ 내 생각에는, 연기가 좋았어.
⑤ 그 배우가 그 영화로 상을 받을 것 같았어.

4 (B) 와, 이 파이는 굉장히 맛있다!
(C) 고마워. 네가 좋아하니 기뻐.
(D) 어떻게 만드는지 내게 알려줄 수 있니?
(A) 물론이지. 그건 매우 간단해.

5 A: John에게 무슨 나쁜 일이 있니?
B: 모르겠어. 왜 물어?
A: _____
① 나는 그의 일정이 궁금해.
② 나는 네가 아프다고 들었어.
③ 나는 그가 언제 여행을 갈지 궁금해.
④ 나는 그에게서 돈을 좀 빌리고 싶어.
⑤ 나는 그가 왜 학교에 오질 않았는지 알고 싶어.

6 새 컴퓨터가 Alex에게 그의 삼촌에 의해 주어졌다.

7 그 야구팀은 그들의 팬들에 의해 후원될 것이다.

8 Jenny는 어머니에 의해 헬스장에 가게 되었다.
▶ 사역동사 make가 수동태가 되면 목적격 보어로 쓰인 동사원형은 to부정사가 된다.

9 과거진행형의 수동태는 was[were] being v-ed의 형태이다.

10 look after: …을 돌보다

11 be known for: …로 유명하다

12 • 도넛들은 초콜릿으로 덮여있다.
• 나는 네 아이디어의 독창성에 만족한다.

13 ① 내 노트북 컴퓨터는 Jacob에 의해 사용되는 중이다.
③ 나는 Sally에 의해 사탕 한 상자를 받았다.
④ 그 정원 울타리는 다시 페인트칠해져야 한다.
⑤ 그 남자는 신제품에 의해 억만장자로 만들어졌다.
▶ ② 4형식 동사 show의 직접목적어를 주어로 한 수동태 문장에서는 간접목적어 앞에 전치사 to를 써야 한다.

15 • Josh가 "도와줘!"라고 외치는 소리가 들렸다.
• 그 마법사는 안개 속으로 사라졌다.
▶ 지각동사의 수동태 문장에서 목적격 보어는 현재분사 또는 to부정사로 쓰므로 ⓐ에는 shouting이나 to shout가 알맞고 자동사 disappear는 수동태로 쓸 수 없으므로 ⓑ에는 disappeared를 써야 한다.

16 사역동사 let은 수동태로 쓰지 않고 '…하도록 허락받다[해도 된다]'를 뜻하는 be allowed to-v의 형태로 쓴다.

17 반장 선거가 11월 14일에 열릴 것입니다. 선출된 학생은 1년간의 장학금을 받을 것이며, 다른 혜택들도 주어질 것입니다. 만약 참여하는 것에 관심이 있다면 학교 웹사이트를 방문해 주세요.
▶ ③ 문맥상 장학금을 '받는' 것이므로 수동태를 쓴다.

18 ⑤ Tony는 세계에서 가장 키가 큰 사람으로 여겨진다.
▶ ① is resembled with → resembles ② was appeared → appeared ③ is being clearing → is being cleared ④ has just solved → has just been solved

20 그는 그의 아내를 항상 "여보"라고 부른다.
▶ 5형식 문장의 수동태에서는 be v-ed 뒤에 목적격 보어를 그대로 쓴다.

21 삼촌은 나에게 매운 국수를 요리해 주었다.
▶ 4형식 동사 cook의 직접목적어를 주어로 한 수동태 문장에서는 간접목적어 앞에 전치사 for를 쓴다.

22 조동사가 있는 문장의 수동태는 「조동사+be v-ed」로 쓴다.

23 그 책은 소년에 의해 읽히는 중이다.

24 그 책장은 책들로 가득 차 있다.

CHAPTER 06 조동사

GRAMMAR FOCUS
p. 88

A 주요 조동사의 의미

1 Alex는 그의 컴퓨터를 쉽게 고칠 수 있다.
내가 네 휴대전화를 잠깐 써도 될까?
저 사람은 Sarah일 리가 없어. 그녀는 뉴욕에 있어.

2 제가 당신의 집을 둘러봐도 될까요?
나갈 때 우산을 가지고 가. 오늘 오후에 비가 올지도 몰라.

3 Harry는 회의에 참석하기 위해 곧 도쿄에 가야 한다.
너는 빈속에 비타민을 먹어서는 안 된다.
cf. 우리는 서두를 필요가 없다.
누군가 현관 벨을 울리고 있다. 그것은 Roger가 틀림없다.

4 너는 부모님을 존경해야 한다.
너는 불필요한 것들에 돈을 낭비하지 말아야 한다.

| Check-Up |
p. 89

A 1 to speak 2 should 3 can
4 don't have to 5 ought to
B 1 May[Can] 2 must 3 can't[cannot]
4 may[might]
C 1 be able to
2 ought not to[should not/must not]
3 (should) try 4 shouldn't[should not]
5 had to

GRAMMAR FOCUS
p. 90

B 기타 조동사 표현

1 1) 우리는 서두르는 것이 좋겠어. 우리는 갈 길이 멀어.
너는 그에게 지금 전화하지 않는 것이 좋겠어. 그는 매우 바빠.
2) 나는 점심으로 한식을 먹어서 저녁으로는 이탈리아 음식을 먹는 편이 낫겠어.
우리는 밖에 나가지 않는 편이 낫겠어. 눈이 심하게 오고 있어.

2 1) 우리 할아버지는 일요일마다 공원에서 산책하곤 하셨다.
2) Laura는 바이올린을 자주 연주하곤 했지만, 지금은 바이올린을 전혀 연주하지 않는다.

이곳은 꽃집이었다. 지금은 빵집이다.

C 조동사+have v-ed

1) Jane이 Jeff에게 전화했을 리가 없다. 그녀는 그의 전화번호를 모른다.
2) 너는 내게 그 소식을 말했을지도 몰라. 나는 요즘 쉽게 잊어버려.
3) 길이 젖었다. 밤사이에 비가 왔음이 틀림없다.
4) 그 콘서트는 굉장했어. 네가 우리와 함께 갔어야 했는데.

| Check-Up |
p. 91

A 1 had better not 2 go 3 should have
4 used to
B 1 had, better 2 would 3 must, have, been
C 1 would rather 2 cannot 3 may 4 used to
D 1 than 2 had better not 3 to write

Grammar Practice
p. 92

A 1 would rather not swim 2 (should) take
3 be able to
4 may have been/must have been
B 1 may 2 had to 3 used to 4 would rather
C 1 should have been more careful
2 don't have to[don't need to/need not] worry about
3 cannot[can't] have lost
4 had better take notes
5 will have to finish

문제해설

A 1 would rather not: …하지 않는 편이 낫다
2 '…해야 한다고 주장하다'는 의미인 insist의 목적어 that절의 동사는 「(should+)동사원형」으로 쓴다.
3 조동사 will과 can을 연달아 쓸 수 없으므로 can의 미래를 나타낼 때는 will be able to로 쓴다.
4 Helen이 방 대신 도서관에 있었을 것이라고 과거에 대한 약한 추측을 한다면 may have been을, 확신에 차서 말했다면 must have been을 써야 한다.

B 2 의무를 나타내는 must의 과거형은 had to를 쓴다.
3 used to: …하곤 했다 (과거의 습관)
4 would rather A than B: B하느니 차라리 A하겠다

C 1 should have v-ed: …했어야 했다
2 don't have to[don't need to/need not]: …할 필요가 없다
3 cannot[can't] have v-ed: …했을 리가 없다
4 had better: …하는 게 좋겠다
5 must의 미래를 나타낼 때는 will have to로 쓴다.

1 ④ **2** ③ **3** ③ **4** must, have, left

문제해설

1 5세 미만의 아이들은 이 놀이기구를 타서는 안 된다. 그것은 너무 위험하다.
▶ 문맥상 '…해서는 안 된다'의 의미인 should not이 알맞다.

2 ① 내가 창가에 앉아도 될까?
② 내가 지금 집에 가도 될까? 너무 늦었어.
③ 너는 얼마나 오래 숨을 참을 수 있니?
④ 너는 이 도서관에서 책을 빌릴 수 있어.
⑤ 너는 우리 집에서 원하는 만큼 머물 수 있어.
▶ ③의 can은 능력, 가능의 의미로 쓰였고, 나머지 can은 모두 허가의 의미로 쓰였다.

3 ① 그의 의사는 그에게 자신을 돌보라고 명령했다.
② 나는 14살 때까지 자전거를 타지 못했다.
④ 너는 살을 빼지 않아도 된다. 너는 건강해 보인다.
⑤ 내가 어릴 때 우리 가족은 주말마다 축구를 보곤 했다.
▶ ③ had better의 부정형은 had better not이다.

4 나는 네가 네 지갑을 그 식당에 두고 왔을 거라고 확신해.
▶ must have v-ed: …했었음이 틀림없다 (과거에 대한 강한 추측)

A 1 You ought not to break your promises.
2 He would go to the beach every month.
[Every month he would go to the beach.]
3 We may have met before.
B 1 I would rather go hiking than
2 she (should) use the big room
3 he will have to have a checkup
C 1 must, use **2** had, to, wait
3 should[must], make

문제해설

B 1 would rather A than B: B하느니 차라리 A하겠다
2 '…해야 한다고 주장하다'의 의미로 insist의 목적어 that절의 동사는 「(should +)동사원형」으로 쓴다.
3 의무를 나타내는 must의 미래를 나타낼 때는 will have to 를 쓴다.

C Bob: 어제 나는 훌륭한 식당인 Aunt Maggie's에 갔어! 그곳의 해산물 샐러드는 최고였어. 그들이 신선한 해산물만 사용하는 게 틀림없어.
Sora: 나는 그곳에 한 번 가봤는데 30분 동안 기다려야 했어!
Bob: 너는 예약해야 해. 나는 그 식당이 매우 인기 있다고 들었어.
Sora: 다음번에는 그렇게 할게. 곧 다시 거기에 갈 거야.

▶ **1** must: …임이 틀림없다 (강한 추측)
2 must의 과거를 나타낼 때는 had to를 쓴다.

Reading 1 | 1 ③   **2** ⑤
Words | ¹(알을) 낳다   **²**분리된, 따로 떨어진

해석 | 대부분의 암컷 개구리는 알을 낳고 나서 그들을 떠난다. 그래서 당신은 아마 개구리가 나쁜 엄마라고 생각할지도 모른다. 하지만, 딸기독화살개구리는 새끼를 돌보는 것으로 알려져 있기 때문에 여러분은 다시 생각해야 한다.
딸기독화살개구리는 중앙아메리카의 열대우림에 산다. 물속에 많은 알을 낳는 다른 개구리들과 다르게, 이 개구리들은 나뭇잎에 3~5개의 알을 낳는다. 약 10일 후에, 알들은 올챙이들로 부화한다. 그러면 어미 개구리는 각각의 올챙이를 따로 떨어진 물웅덩이로 옮긴다. 어미 개구리는 올챙이들이 같은 곳에 있으면 서로를 잡아먹을지도 모르기 때문에 이렇게 한다. 그 후에 어미 개구리는 새끼들에게 먹이를 주기 위해 거의 매일 그들 사이를 왔다 갔다 해야 한다. 약 6주 후에, 그 올챙이들은 마침내 개구리들로 변한다.

구문해설

2행 So you may think (**that**) frogs are bad mothers.
▶ think 뒤에 명사절을 이끄는 접속사 that이 생략되었다.

4행 … because strawberry poison-dart frogs **are known for** taking care of their young.
▶ be known for: …로 알려져 있다

8행 Unlike other frogs [**that** lay many eggs in the water], ….
▶ that 이하는 other frogs를 수식하는 주격 관계대명사절이다.

문제해설

1 주어진 문장은 어미 개구리가 각각의 올챙이를 서로 다른 물웅덩이로 옮긴다는 내용으로, 이 내용을 this로 받으며 이에 대한 이유를 언급하는 문장 앞인 ③에 들어가는 것이 적절하다.

2 ① 그는 결석했다. 그는 아팠을지도 모른다.
② 제가 잊어버릴지도 모르니까 그것에 대해 제게 상기시켜 주세요.
③ 그녀는 피곤해 보인다. 그녀는 늦게까지 깨어있었을지도 모른다.
④ 내가 틀릴지도 모르지만, 우리는 길을 잃은 것 같다.
⑤ 숙제를 끝내라, 그러면 너는 밖에서 놀아도 된다.
▶ 본문의 밑줄 친 may와 ①, ②, ③, ④는 '…일지도 모른다'라는 의미로 추측을 나타내지만, ⑤는 '…해도 된다'라는 의미로 허가를 나타낸다.

Reading 2 | 1 ③   **2** (A) may (B) should
Words | ¹보이는, 알아볼 수 있는   **²**열다

해석 | 우리는 모두 인터넷이 우리의 이야기를 다른 사람들과 공유하는 재미있는 곳이라는 것을 안다. 우리는 또한 온라인상에 개인 정보를 올리지 않도록 조심해야 한다는 것도 안다. 그러나 사진을 올리는 것은 어떤가? 사실은 그것도 위험할지도 모른다.

우리는 사진에서 우리의 손가락으로 자주 브이 표시를 한다. 그러나 만약 사진이 또렷하고 그 안에서 당신의 지문이 보이면, 해커들은 당신의 지문을 훔쳐서 그것들을 불법적으로 사용할 수 있을지도 모른다. 그들은 이것을 하는 데 첨단 기술이 필요하지도 않다. 지문이 때때로 스마트폰이나 노트북 컴퓨터의 잠금을 해제하는 데 사용되기 때문에, 이 문제는 심각하게 여겨져야 한다. 만약 해커가 당신의 비밀번호를 훔치면, 당신은 그것을 바꾸면 된다. 그러나 당신은 당신의 지문을 바꿀 수는 없다! 따라서 우리는 온라인상에 우리 사진들을 올리기 전에 그것들을 주의 깊게 확인해야 한다.

구문해설

1행 We all know [**that** the Internet is a fun place to *share* our stories *with* others].
- ▶ that 이하는 know의 목적어로 쓰인 명사절이다.
- ▶ share A with B: A를 B와 공유하다

10행 They don't even need advanced technology **to do** this.
- ▶ to do는 목적을 나타내는 부사적 용법의 to부정사이다.

문제해설

1 위 글의 요지로 가장 알맞은 것은?
① 지문은 사람을 확인하는 데 사용된다.
② 사진에서 브이 표시를 하는 것은 무례하다.
③ 온라인 사진은 해커들에게 이용될 수 있다.
④ 비밀번호를 정기적으로 변경해야 한다.
⑤ 개인 정보를 다른 사람들과 공유하지 마라.
- ▶ ③ 온라인상에 올리는 사진 속의 지문이 해커들에게 이용될 수 있으니 주의해야 한다는 내용의 글이다.

2 (A)와 (B)에 들어갈 어법에 맞는 표현을 골라 쓰시오.
- ▶ (A) 문맥상 추측을 나타내는 may가 알맞다.
- (B) 문맥상 의무·충고를 나타내는 should가 알맞다.

내신에 나오는 COMMUNICATION
pp. 97~98

A 제3자에게 안부 부탁하기

Check-Up | 1 (C)→(B)→(D)→(A)   2 Please send my regards to your parents.

문제해설

1 (C) 너는 토요일에 있는 고등학교 동창회에 갈 거야?
(B) 아니, 나는 중국으로 출장을 가야 해.
(D) 안됐다. 모두가 널 보고 싶어 할 거야.
(A) 나도 모두가 보고 싶어. 그들에게 내 안부 전해줘.

B 금지 표현하기

Check-Up | 1 ③   2 You are not supposed to be rude to your teachers.

문제해설

1 ① 너는 여기에 애완동물을 데리고 오면 안 된다.
② 너는 여기에 애완동물을 데리고 오지 않는 것이 좋겠다.
③ 너는 여기에 애완동물을 데리고 올 필요가 없다.
④ 너는 여기에 애완동물을 데리고 오도록 허락되지 않는다.
⑤ 너는 여기에 애완동물을 데리고 오면 안 된다.
- ▶ ③은 불필요함을 의미하며 나머지는 금지를 나타내는 표현이다.

FINAL TEST
pp. 99~101

1 ④ 2 (1) hatch (2) post 3 ①, ②, ⑤ 4 (B)→(A)→(C)→(D) 5 ③ 6 ⑤ 7 ① 8 ③ 9 ⑤ 10 ② 11 would rather, than 12 will be able to read 13 ① 14 studied → (should) study 15 ③ 16 used to 17 ⑤ 18 They would visit Florida every winter. [Every winter they would visit Florida.] 19 You should not read books in the dark.[In the dark you should not read books.] 20 ⑤ 21 must have seen 22 You had better not leave your cat alone. 23 cannot, have, seen 24 don't, have, to, study

문제해설

1 Ricky가 아주 많이 자라서, 나는 그를 <u>알아볼</u> 수 없었다.
① 대답하다 ② 믿다 ③ 나누어 주다
④ 알아보다 ⑤ 용서하다

2 (1) 그 알들은 병아리로 <u>부화한다</u>.
(2) 나는 소셜 미디어에 음식 사진을 <u>올리는</u> 것을 좋아한다.

3 ① 너는 그림들을 건드리면 안 된다.
② 너는 그림들을 건드리지 않는 것이 좋겠다.
③ 너는 그림들을 건드릴 필요가 없다.
④ 너는 그림들을 건드렸어야 했다.
⑤ 너는 그림들을 건드리면 안 된다.

4 (B) 뮤지컬이 저녁 6시에 시작하지, 그렇지?
(A) 응. 우리가 그 전에 저녁을 먹을 수 있을까?
(C) 안될 것 같아. 뮤지컬 중에 간식을 먹는 게 어떨까?
(D) 그럴 수 없어. 우리는 공연장에 어떤 음식도 가지고 가도록 허락되지 않아.

5 A: 그거 알아? 나는 내일 우리의 오랜 친구인 Jimmy를 만날 거야.
B: 정말? _____
① 그에게 내 안부 전해줘.
② 그에게 내 안부 전해줘.
③ 언제 그를 봤니?

④ 나도 그가 보고 싶다.

⑤ 그에게 내 안부 전해줘.

6 내가 그 딸기들을 이미 씻었어. 너는 그것들을 다시 씻을 필요가 없어.

7 Michael의 트레이너는 그가 매일 균형 잡힌 식사를 할 것을 요구했다.

▶ '…할 것을 요구하다'의 의미를 나타낼 때 demand의 목적어 that절의 동사는 「(should+)동사원형」을 쓰므로 eat이 알맞다.

8 must have v-ed: …했었음이 틀림없다 (과거에 대한 강한 추측)

9 ① 너는 그 파티에 꼭 와야 해. 정말 재밌을 거야.

② 나는 시험에 합격하기 위해 최선을 다해야 한다.

③ 나는 내일 아침에 일찍 일어나야 한다.

④ 방이 엉망이다. 너는 그것을 청소해야 한다.

⑤ 그는 어제 아무것도 먹지 않았다. 그는 지금 매우 배고픔이 틀림없다.

▶ ⑤의 must는 '…임이 틀림없다'는 강한 추측의 의미로 쓰였고, 나머지 must는 '…해야 한다'는 의무의 뜻으로 쓰였다.

10 • 나는 아들과 시간을 더 보냈어야 했다.

• 너는 자전거를 탈 때는 헬멧을 써야 한다.

▶ 첫 번째 빈칸에는 과거의 일에 대한 후회를 나타내는 should have v-ed의 should가, 두 번째 빈칸에는 의무·충고를 나타내는 should가 알맞다.

11 would rather A than B: B하느니 차라리 A하겠다

12 조동사 can의 미래를 나타낼 때는 will be able to를 사용한다.

13 ② 나는 네가 병원에 가야 한다고 생각한다.

③ Jean은 시험에 떨어졌을 리가 없다. 그녀는 열심히 공부했다.

④ 내 짐이 어디 있지? 그걸 찾을 수가 없어.

⑤ John은 Mary가 그를 무시해서 화가 났을지도 모른다.

▶ ① ought to의 부정형은 ought not to이다.

14 '…할 것을 제안하다'의 의미를 나타낼 때 suggest의 목적어 that절의 동사는 「(should+)동사원형」을 쓰므로 studied는 (should) study가 되어야 한다.

15 A: 나는 오늘 아침에 치즈케이크 한 조각을 먹었어. 나는 지금 배가 너무 아파.

B: 음, 그 치즈케이크가 상했을지도 몰라.

▶ 문맥상 과거의 일에 대한 약한 추측을 나타내므로 '…했을지도 모른다'라는 뜻의 may have v-ed가 알맞다.

16 • 이 꽃밭은 차고였다.

• 나는 커피를 마셨었지만, 지금은 물만 마신다.

▶ used to는 '…이었다' (과거의 상태)와 '…하곤 했다' (과거의 습관)를 나타낼 때 쓴다.

18 would: '…하곤 했다' (과거의 습관)

20 그가 네 돈을 훔쳤을 리가 없다.

① 아마도 그가 네 돈을 훔쳤을 거야.

② 그는 네 돈을 훔칠 수 없었다.

③ 그가 네 돈을 훔쳤던 것이 틀림없다.

④ 나는 그가 네 돈을 훔쳤는지 잘 모르겠다.

⑤ 그가 네 돈을 훔쳤다는 것은 불가능하다.

▶ cannot[can't] have v-ed: …했을 리가 없다

21 A: 나는 어제 농구장에서 Harry를 봤어.

B: 너는 다른 누군가를 보았던 것이 틀림없어. 그는 어제 나와 사무실에 있었어.

▶ 문맥상 과거의 일에 대한 강한 추측을 나타내야 하므로 '…했었음이 틀림없다'라는 의미의 must have v-ed를 쓴다.

22 had better not: …하지 않는 것이 좋겠다

23 John은 영화 보는 것을 좋아하지 않기 때문에 그는 영화를 봤을 리가 없다.

24 그 시험은 10과와 11과를 다룰 것이므로 나는 12과를 공부할 필요가 없다.

📍 CHAPTER 07 형용사적 수식어구

GRAMMAR FOCUS .... p. 104

A 형용사적 수식어구: 형용사(구), to부정사(구), 전치사구

1 1) Grant 씨는 일주일간 그 낡은 호텔에서 머물렀다.

2) ① 너는 유명한 누군가를 본 적이 있니?

② 나는 희망과 유머로 가득한 영화를 보는 것을 좋아한다.

2 나는 운동할 충분한 시간이 없다.

너는 마실 무언가를 갖고 있니?

3 Blake는 복도 끝에 있는 사무실에서 일한다.

내 뒤의 아이가 내 좌석을 계속해서 발로 찼다.

| Check-Up | .... p. 105

A 1 considerate 2 to do 3 interesting
 4 in the refrigerator

B 1 to buy 2 to sit on
 3 anything wrong 4 stars invisible

C 1 ③ 2 ③ 3 ② 4 ②

D 1 particular to report 2 a black cat
 3 to deal with 4 somebody unfamiliar

GRAMMAR FOCUS .... p. 106

B 형용사적 수식어구: 분사(구)

2 1) 너는 저 노래 부르고 있는 커플을 아니?

Ron은 부러진 다리를 움직일 수 없었다.

2) 줄을 서서 기다리는 사람들이 많이 있다.
Betty라는 이름의 여자가 내게 인사를 했다.

3 나는 그녀로부터 흥미로운 이야기를 들었다.
흥미가 있는 사람은 누구나 이 행사에 참여할 수 있다.

| Check-Up | ·· p. 107

A 1 walking 2 boring, written 3 made
  4 exciting 5 hidden
B 1 playing 2 called 3 stolen 4 running
  5 boiling
C 1 barking 2 surprising 3 fallen 4 owned
  5 leaving

Grammar Practice p. 108

A 1 to play with 2 frightening
  3 something nice to wear 4 to stay
B 1 the, reporters, following, him
  2 The, dress, designed
  3 an, idea, to, suggest 4 surprising, discovery
C 1 on, the, bench
  2 useful, for, traveling, around, Europe
  3 discussed, on, Monday

문제해설

A 1 「동사+전치사」로 이루어진 동사구의 경우 to부정사로 쓸 때 전치사를 함께 써줘야 한다.
  2 수식 받는 명사가 감정을 일으키므로 현재분사를 쓴다.
  3 -thing으로 끝나는 대명사는 「-thing+형용사+to-v」의 순서로 쓴다.
  4 앞의 명사를 수식하는 형용사적 용법의 to부정사가 되어야 한다.
B 1 기자들이 '따라오는' 것이므로 능동을 나타내는 현재분사를 쓴다.
  2 드레스가 '디자인된' 것이므로 수동을 나타내는 과거분사를 쓴다.
  3 형용사적 용법의 to부정사는 명사를 뒤에서 수식한다.
C 1 전치사구 on the bench가 명사를 뒤에서 수식한다.
  2 형용사구 useful for traveling around Europe이 명사를 뒤에서 수식한다.
  3 과거분사구 discussed on Monday가 명사를 뒤에서 수식한다.

내신 완성 Grammar Practice p. 109

1 ② 2 ③ 3 ② 4 ⓐ to go ⓑ interesting
ⓒ amazing

문제해설

1 빵이 '구워진' 것이므로 수동을 나타내는 과거분사를 명사 앞에 써야 한다.

2 • 그들은 밤하늘에 날고 있는 한 물체를 보았다.
  • 실망한 관중들은 경기장을 떠났다.
  ▶ ⓐ는 문맥상 '날고 있는'이라는 능동·진행의 의미이므로 현재분사를, ⓑ는 수식을 받는 명사(spectators)가 감정을 느끼는 상황이므로 과거분사를 쓴다.

3 ① 그는 물로 가득 찬 양동이를 들었다.
  ③ 나는 이 셔츠보다 더 좋은 것을 찾을 수 없다.
  ④ 신이 난 사람들의 무리는 소리를 지르기 시작했다.
  ⑤ 버스에 탄 일부 사람들은 음악을 듣는 중이다.
  ▶ ② 문맥상 '…와 함께 먹다'를 의미하므로 to eat은 to eat with가 되어야 한다.

4 A: 소풍 가기에 완벽한 날씨다!
  B: 광장에 가는 게 어때? 축제가 있을 거야!
  A: 그 축제에 재미있는 것이 있니?
  B: 놀랄 만한 마술 쇼가 있을 거라고 들었어.

서술형에 나오는 WRITING p. 110

A 1 I watched a documentary about World War II.
  2 Sarah is wearing a cap popular with teens.
  3 This is an interesting topic to talk about.
B 1 a, church, built
  2 funny, to, watch
  3 cleaning, the, park
C 1 something strange happened
  2 a bag full of money
  3 a big house to live in

문제해설

B 1 교회가 '지어진' 것이므로 수동을 나타내는 과거분사 built가 적절하다.
  2 「-thing+형용사+to-v」의 순서로 쓴다.
  3 학생들이 '청소하는' 것이므로 능동을 나타내는 현재분사 cleaning이 알맞고, 그 현재분사가 목적어(the park)를 포함하고 있으므로 명사 뒤에서 수식한다.

C 나는 옷장에서 오래된 램프를 발견하고 그것을 문질렀다. 그러자 이상한 일이 일어났다. 지니가 나타나서 나의 세 가지 소망을 물었다. 내가 돈이 필요하다고 말했을 때, 그는 내게 돈으로 가득 찬 가방을 주었다. 내가 좋은 차를 원한다고 말했을 때, 비싼 스포츠카가 도착했다. 마지막으로, 나는 살 큰 집이 필요하다고 말했다. 내 집은 갑자기 궁전이 되었다! "나는 필요한 모든 것을 가졌어!" 나는 소리쳤다. 하지만 바로 그 순간, 알람이 나를 꿈으로부터 깨웠다.
  ▶ 1 -thing으로 끝나는 대명사는 형용사가 뒤에서 수식한다.
  2 형용사가 다른 어구와 함께 쓰여 길어질 때는 명사를 뒤에서 수식한다.

3 「동사+전치사」로 이루어진 동사구의 경우 to부정사로 쓸 때 전치사를 함께 써준다.

READING WITH GRAMMAR
pp. 111~112

Reading 1 | 1 ③　2 ②
Words | ¹시설　²비료

해석 | '푸 파워'라 불리는 프로그램이 캐나다의 워털루에서 많은 관심을 끌고 있다. 과거에는, 그 도시가 인도와 공원에 있는 개 배설물로 심각한 문제를 겪었다. 그러나 이 프로그램은 배설물을 천연자원으로 바꿈으로써 그 문제를 해결해 오고 있다. 그것은 땅속에 숨겨진 특별한 쓰레기통이 특징이다.

애완동물들을 산책시키는 개 주인들은 그냥 배설물을 그 쓰레기통에 떨어뜨리면 된다. 나중에, 그 배설물이 수거되어서 특수 시설로 보내진다. 그곳에서 그것은 다른 물질들과 혼합되어 몇 주간 무산소 통에 남아있게 된다. 이 시간 동안, 개 배설물에 있는 박테리아가 발전기를 돌리는 데 사용될 수 있는 가스를 배출한다. 도시(워털루)는 각각의 쓰레기통이 일 년 동안 26개의 가정에 전력을 공급할 만큼 충분한 전기를 제공하기를 기대한다. 남은 물질은 농장과 정원에서 비료로 쓰일 것이다.

구문해설
6행 … the problem **by *turning*** the waste *into* a natural resource.
　▶ by v-ing: …함으로써
　▶ turn A into B: A를 B로 바꾸다
12행 …, the bacteria in the dog waste releases gas [**that** can *be used to run* generators].
　▶ that 이하는 gas를 수식하는 주격 관계대명사절이다.
　▶ be used to-v: …에 사용되다

문제해설
1 ① 새로운 종류의 전기
　② 개들로 인한 오염
　③ 개 배설물의 쓰임새 발견
　④ 발전기를 가동시키는 비료
　⑤ 개들이 배설물을 치우도록 가르치기
　▶ 개 배설물을 이용해 발전기를 돌리는 내용이므로, 제목으로 ③ '개 배설물의 쓰임새 발견'이 가장 적절하다.
2 ① Tommy는 우리에게 재미있는 이야기를 말하고 있다.
　② 네 옆에 서 있는 남자가 우리 아버지이다.
　③ 책을 읽는 것은 Jessie가 가장 좋아하는 취미이다.
　④ 그녀는 새로운 과학적 사실들을 배우는 것을 즐긴다.
　⑤ 우리는 건강해지기 위해서 농구하는 것을 시작했다.
　▶ 밑줄 친 walking과 ②는 앞에 있는 명사(구)를 수식하는 현재분사이다. ①은 현재진행형에 쓰인 현재분사이고, ③, ④, ⑤는 동명사이다.

Reading 2 | 1 ③　2 enough pages to last four years [pages enough to last four years]
Words | ¹조직, 단체　²붓다

해석 | 매년, 전 세계의 약 340만 명의 사람들이 깨끗한 물을 얻지 못해 죽는다. 이러한 문제를 해결하기 위해, 미국의 한 비영리 단체는 「마실 수 있는 책」이라는 제목의 책 한 권을 만들었다. 이 책은 더러운 물을 정화할 수 있는 특별한 여과지로 만들어진다. 각각의 종이는 은 나노 입자들로 덮여 있고, 콜레라, 대장균, 그리고 장티푸스를 포함한 박테리아의 99.9%를 제거할 수 있다. 이 책은 세 가지의 간단한 단계로 작동된다. 종이 한 페이지를 뜯어서, 그것을 여과 상자에 넣고, 그것에 오염된 물이 통과하도록 부어라. 각각의 장은 최대 30일까지 물을 정화할 수 있다. 각 책은 4년 동안 사용해도 충분한 페이지를 갖고 있다. 게다가, 여러분은 먹을 수 있는 잉크로 각 페이지에 인쇄된 조언으로부터 안전한 식수 습관을 배울 수 있다.

구문해설
6행 The book **is made of** special filter paper [*that* can purify dirty water].
　▶ be made of: …로 만들어지다
　▶ that 이하는 special filter paper를 수식하는 주격 관계대명사절이다.
13행 … safe water habits from tips [**that** are printed on each page in edible ink].
　▶ that이하는 tips를 수식하는 주격 관계대명사절이다.

문제해설
1 다음 문장이 들어갈 위치로 가장 알맞은 곳은?
　▶ 주어진 문장은 책이 세 가지의 간단한 단계로 작동된다는 내용으로 세 가지 단계를 구체적으로 설명하는 내용 앞인 ③에 들어가는 것이 알맞다.
2 다음 말을 배열하여 문장을 완성하시오.
　▶ 형용사적 용법의 to부정사구 to last four years가 명사구 enough pages를 수식하도록 배열하거나 형용사구 enough to last four years가 명사 pages를 수식하도록 배열한다.

내신에 나오는 COMMUNICATION
pp. 113~114

A 슬픔, 불만족, 실망의 원인에 대해 묻기

Check-Up | 1 ③　　2 (D) → (B) → (A) → (C)

문제해설
1 A: 너 우울해 보여. ＿＿＿＿＿＿＿＿＿＿＿＿＿
　 B: 나의 가장 친한 친구가 나에게 화가 났어. 난 무엇을 해야 할지 모르겠어.
　① 너는 무엇을 했니?
　② 너는 그걸 어떻게 했니?
　③ 무슨 일이니?

정답 및 해설 ♥ 25

④ 너는 그것을 어떻게 생각하니?

⑤ 너는 그것에 대해 어떻게 생각하니?

2 (D) 너 좋아 보이지가 않네. 무슨 일 있어?

(B) 내 개가 많이 아파. 정말 걱정돼.

(A) 아, 정말 유감이다. 금방 낫길 바랄게.

(C) 고마워.

B 허락 요청하고 답하기

Check-Up | 1 ⑤　　2 Would, it, be, possible

문제해설

1 문맥상 「Do you mind if I ~?」에 대한 대답으로 긍정의 대답을 해야 하므로, 부정의 대답에 쓰이는 ⑤ I'm sorry you can't.는 적절하지 않다.

2 A: TV를 꺼도 될까요?

B: 그러세요.

FINAL TEST
pp. 115~117

1 ⑤　2 (1) feature　(2) release　3 ②　4 (C)→(A)→(D)→(B)　5 ⑤　6 ③　7 ③　8 ①　9 The boy under the tree is my friend.　10 Something surprising happened last night.　11 ⑤　12 ④　13 ④　14 We walked along a beach famous for its beautiful scenery.　15 ④　16 ②　17 written　18 ⑤　19 ③　20 Do you know any good places to take a walk around here?　21 standing, in, front, of　22 The reporter interviewed the man caught by police.　23 I met a man working as a hair stylist in a local salon.

문제해설

1 물, 땅, 또는 공기를 더럽고 위험하게 만드는 것

① (막 같은 것) 입히다　② 막다　③ 붓다

④ 정화하다　⑤ 오염시키다

2 (1) 이 차는 자동 주행 모드가 특징이다.

(2) 내 오래된 전화기는 열을 많이 방출한다.

3 너 무슨 일이 있니?

① 나는 심한 두통이 있어.

② 너를 방해해서 정말 미안해.

③ 나는 요즘 잠을 잘 못 자.

④ 나는 해야 할 숙제가 너무 많아.

⑤ 나는 엄마랑 말다툼을 했어.

4 (C) 나는 친구들 몇 명과 영어 회화 스터디 그룹을 만들었어.

(A) 나도 끼고 싶어. 내가 함께해도 될까?

(D) 물론이지. 우리의 첫 번째 모임은 내일이야.

(B) 고마워. 그때 보자.

5 A: _____

B: 미안하지만 그래요. 저는 그걸 듣고 있어요.

① 제가 라디오를 켜도 될까요?

② 라디오를 켜도 될까요?

③ 왜 라디오를 껐어?

④ 제가 라디오를 들어도 되는지 궁금해요.

⑤ 당신은 제가 라디오를 끄는 것을 꺼리나요?

6 Christine은 숙제를 제출한 마지막 학생이었다.

▶ 명사를 뒤에서 수식하는 형용사적 용법의 to부정사가 적절하다.

7 개를 산책시키는 그 남자는 나의 삼촌이다.

▶ 그 남자가 산책을 '시킨' 것이므로 능동·진행을 나타내는 현재분사가 쓰여야 한다.

8 단 한 번 연주된 기타는 경매에서 팔렸다.

▶ 기타가 '연주된' 것이므로 수동·완료를 나타내는 과거분사가 쓰여야 한다.

9 → 나무 아래에 있는 그 소년은 내 친구이다.

▶ 전치사구 under the tree가 명사를 뒤에서 수식한다.

10 → 어젯밤에 놀라운 일이 일어났다.

▶ 명사 Something이 감정을 일으키는 주체이고, -thing으로 끝나는 대명사는 뒤에서 수식해야 하므로 현재분사 surprising을 Something 뒤에 쓴다.

11 ① 나는 실크로 만들어진 스카프를 샀다.

② 언덕 너머로 오고 있는 차를 봐.

③ 우리 가족은 평화로운 마을에 살고 있다.

④ 나는 점심으로 매운 것을 먹고 싶다.

▶ ⑤ nothing을 뒤에서 수식하는 형용사적 용법의 to부정사인 to say로 바꿔야 한다.

12 • 나는 좋은 가격에 중고 텔레비전을 샀다.

• 학교 운동장을 가로질러 달려가는 저 소년은 내 남동생 같아 보인다.

13 그는 와플을 먹었다. 그것은 메이플 시럽으로 덮여있었다.

▶ 과거분사구 covered with maple syrup이 a waffle을 뒤에서 수식한다.

15 ① 그녀는 마실 무언가를 갖기를 원한다.

② 그녀는 다시 오겠다는 약속을 했다.

③ Grace는 앉을 의자를 찾고 있다.

④ 내 꿈은 유명한 요리사가 되는 것이다.

⑤ 나는 책을 읽을 충분한 시간이 없다.

▶ ④의 to부정사는 주격 보어 역할을 하는 명사적 용법으로 쓰였으며, 나머지는 명사를 수식하는 형용사적 용법으로 쓰였다.

16 ② Magicians라고 불리는 야구팀은 챔피언이 되었다.

▶ ① to live → to live with ③ relaxing → to relax ④ bored → boring ⑤ waited → waiting

17 스페인어로 '쓰여진' 것이므로 수동을 나타내는 과거분사 written이 적절하다.

18 의미상 '…에 대해 이야기하다'라는 의미의 talk about을 써야 한다. 명사구 a lot of things를 수식하는 형용사적 용법의 to

부정사로 써야 하므로 to talk about을 쓴다.

19 나는 엄마에게 생일 케이크를 사드리기 위해 한 유명한 제과점에 갔다. 진열장에 진열된 많은 케이크가 있었다. 나는 딸기로 장식된 것을 골랐다. 엄마가 케이크에 기뻐하실 것이다.
　▶ ③ 많은 케이크가 '진열되어' 있는 것이므로 수동을 나타내는 과거분사 displayed를 써야 한다.

20 너는 이 주변에서 산책하기에 좋은 장소들을 아니?
　▶ 형용사는 다른 어구와 쓰이지 않는 경우 명사의 앞에서 수식하며, 형용사적 용법의 to부정사는 명사를 뒤에서 수식한다.

21 카페 앞에 서 있는 소녀는 내 딸이다.
　▶ 능동·진행의 의미인 현재분사구(standing ... café)가 명사를 뒤에서 수식하고 있다.

22 기자가 그 남자를 인터뷰했다. 그는 경찰에게 잡혔다.
　▶ 과거분사구(caught ... police)가 명사를 뒤에서 수식한다.

23 나는 한 남자를 만났다. 그는 동네 미용실에서 헤어 디자이너로 일한다.
　▶ 현재분사구(working ... salon)가 명사를 뒤에서 수식한다.

 CHAPTER 08 부사적 수식어구

GRAMMAR FOCUS ·················· p. 120

A 부사적 수식어구: 부사, 전치사구, to부정사(구)

1 Amy는 곧 노래 대회에 참가할 것이다.
　이 문제는 내게 너무 어렵다.
　차들이 도로에서 매우 빨리 가고 있다.
　운 좋게도 그 사고로 아무도 다치지 않았다.

2 그는 매일 학교에서 농구를 한다.
　스위스는 치즈로 정말 유명하다.
　Paul은 뒷문 가까이에 앉았다.

3 1) Sally는 오빠를 깨우기 위해 불을 켰다.
　2) 네가 방학 동안 즐거웠다는 말을 들으니 기쁘다.
　3) 그 소녀는 자라서 변호사가 되었다.
　4) 그를 믿다니 그녀는 어리석음이 틀림없다.
　5) Laura의 필체는 읽기 어려웠다.

| Check-Up | ·················· p. 121

A　1 to solve
　　2 perfectly for the final exams
　　3 in the same apartment building
　　4 for the accident

B　1 late　2 to experience　3 most　4 with
C　1 to find　2 to miss
　　3 Surprisingly　4 with, crossed
D　1 silently　2 to smile　3 nearly

GRAMMAR FOCUS ·················· p. 122

B to부정사를 활용한 다양한 표현

1 1) 이 케이크는 너무 달아서 내가 먹을 수 없다.
　　비가 너무 강하게 내려서 우리는 밖에 나갈 수 없었다.
　2) 몇몇의 태풍은 건물들을 파괴할 정도로 충분히 세다.
　　이 텐트는 우리 가족 전원이 잘 정도로 충분히 크다.

2 그는, 말하자면, 고전 음악의 아버지이다.
　이상한 이야기지만, 나는 덥고 습한 날씨를 좋아한다.

| Check-Up | ·················· p. 123

A　1 too　2 to teach　3 enough to win
B　1 is, easy, to　2 so, to, speak
　　3 is, likely, to　4 To, be, honest
C　1 too　2 to go　3 to be
D　1 so, full, that, couldn't　2 so, brave, that, can
　　3 too, dirty, to, wear

Grammar Practice　　　　　p. 124

A　1 To be sure　2 hard　3 to buy　4 to break
B　1 lately　2 Fortunately　3 to ride　4 blowing
C　1 am, ready, to, go, out　2 too, big, to, carry
　　3 To, make, matters, worse
　　4 to, be, a, famous, scientist

문제해설

A　1 문장 전체를 수식하는 to부정사로 To be sure가 알맞다.
　　2 문맥상 '열심히'라는 의미가 되어야 하므로 hard가 알맞다. (hardly: 거의 …아니다)
　　3 문맥상 '…하기 위해'의 의미로, 목적을 나타내는 to부정사 to buy가 알맞다.
　　4 be easy to-v: …하기 쉽다

B　1 late: 늦게 / lately: 최근에
　　3 ... enough to-v: ~할 정도로 충분히 …한
　　4 with＋목적어＋현재분사: (목적어가) …한 채로

C　1 be ready to-v: …할 준비가 되어 있다
　　2 too ... to-v: 너무 …해서 ~할 수 없다
　　3 to make matters worse: 설상가상으로
　　4 결과를 나타내는 to부정사의 부사적 용법을 쓴다.

내신 완성 *Grammar Practice*

p. 125

1 ④ 2 ② 3 ④ 4 (1) large, enough, to (2) with, the, window, open

문제해설

1 그 주제에 대해 당신에게 이야기하게 되어 기뻤습니다.
   ▶ 감정의 원인을 나타내는 부사적 용법의 to부정사가 알맞다.

2 ① 나는 수건으로 손을 닦았다.
   ② 이 식당의 음식은 정말 맛있다.
   ③ Sarah는 한 시간 동안 운동을 한 뒤에 피곤해졌다.
   ④ 은행까지 가는 데 걸어서 십 분이 걸린다.
   ⑤ 그 배우가 내 옆에 앉아서 나는 신이 났다.
   ▶ ②의 밑줄 친 전치사구는 명사 The food를 수식하는 형용사적 수식어구이고, 나머지는 모두 부사적 수식어구이다.

3 그 차는 너무 뜨거워서 내가 마실 수 없었다.
   ① 그 차는 마실 정도로 충분히 뜨거웠다.
   ② 그 차는 마실 정도로 충분히 뜨겁지 않았다.
   ③ 그 차는 너무 뜨거워서 내가 마실 수 있었다.
   ④ 그 차는 너무 뜨거워서 내가 마실 수 없었다.
   ⑤ 그 차는 너무 뜹지 않아서 내가 마실 수 있었다.
   ▶ too ... to-v: 너무 …해서 ~할 수 없다(= so ... that+주어+cannot[can't] ~)

4 (1) ... enough to-v: ~할 정도로 충분히 …한
   (2) with+목적어+형용사: (목적어가) …한 채로

서술형에 나오는 *WRITING*

p. 126

A 1 My friends and I will volunteer at an orphanage.
  2 To be honest, his behavior made me mad.
  3 We are willing to accept your suggestion.
B 1 to, help 2 enough, to, be
  3 too, small, to, wear
C 1 to study English during the winter vacation
  2 with my eyes closed
  3 lucky to be here

문제해설

A 2 to be honest: 솔직히 말하면
  3 be willing to-v: 기꺼이 …하다
B 1 → Emily는 그녀의 어머니를 돕기 위해 설거지를 했다.
   ▶ '어머니를 돕기 위해'라는 의미로 목적을 나타내는 부사적 용법의 to부정사를 써서 나타낸다.
  2 → 눈은 위험할 정도로 충분히 깊다.
   ▶ ... enough to-v: ~할 정도로 충분히 …한(= so ... that+주어+can ~)
  3 → 우리 언니가 짜준 스웨터는 너무 작아서 내가 입을 수가 없다.

C Steve에게,

어떻게 지내니? 나는 지금 시드니에 있어. 나는 겨울 방학 동안 영어를 공부하기 위해 이곳에 왔어. 재미있게도, 12월이지만 이곳은 여름이야. 요즘, 나는 여가 시간을 해변에서 보내. 가끔 나는 눈을 감은 채 모래 위에 누워 있어. 학교에서, 나는 다른 나라에서 온 많은 좋은 사람들을 만났어. 나는 이곳에 있게 되어 운이 좋다고 느껴. 이런, 학교에 갈 시간이다. 내가 조만간 다시 쓸게.
사랑을 담아, 수진이가
   ▶ 1 목적을 나타내는 부사적 용법의 to부정사구 to study English와 시간을 나타내는 전치사구 during the winter vacation의 순서로 배열한다.
   2 with+목적어+과거분사: (목적어가) …된 채로
   3 감정의 원인을 나타내는 부사적 용법의 to부정사이다.

READING WITH GRAMMAR

pp. 127~128

Reading 1 | 1 ③ 2 so, poor, that, they, couldn't
Words | ¹구매 ²기회

해석 | 최근에, 점점 더 많은 소비자들이 자신들의 구매에 대한 사회적 영향을 고려하기 시작했다. 이러한 소비자들의 욕구를 충족시키기 위해 사용되는 마케팅 전략 중의 하나가 'Buy One Give One', 즉, 'BOGO' 전략이다. 그것은 Blake Mycoskie라는 한 남자로부터 시작했다.
2006년에 아르헨티나를 여행하며, Blake는 많은 아이들이 너무 가난해서 신발을 살 수 없어 맨발에 상처를 입는 것을 보고 충격을 받았다. 그들을 돕기 위해, Blake는 신발 회사를 설립했다. 그 회사는 신발 한 켤레를 판매할 때마다 어려움에 처한 아이에게 신발 한 켤레를 준다. 이 발상은 그저 신발을 구매함으로써 많은 소비자들에게 아이들을 돕는 기회를 주기 때문에 그들은 이 발상을 정말 좋아한다. 그 회사가 설립된 이래로, 많은 BOGO 제품들이 만들어져 오고 있고 소비자들의 마음을 얻고 있다.

구문해설

2행 One of the marketing strategies [**used** to satisfy these consumers' needs] is ....
   ▶ used 이하는 앞의 명사구(the marketing strategies)를 수식하는 과거분사구이다.
   ▶ 문장의 주어는 One ... strategies로 단수 동사 is가 쓰였다.

7행 It gives a pair of shoes to a child **in need** for every pair [(*that*) it sells].
   ▶ 전치사구 in need는 앞 명사 a child를 수식한다.
   ▶ it 앞에는 every pair를 수식하는 목적격 관계대명사 that이 생략되었다.

12행 **Since** the company was founded, *a number of BOGO products* **have** been created, **winning** consumers' hearts.
   ▶ '…이래로'의 의미인 접속사 since와 함께 계속을 나타내는 현재완료 have been created가 쓰였다.
   ▶ a number of BOGO products는 「a number of+

복수명사」 형태로, '많은'을 의미하므로 복수 취급하여 복수 동사 have가 쓰였다.
▶ winning 이하는 연속동작을 나타내는 분사구문이다.

문제해설

1 ① BOGO 전략이 무엇인가
  ② 아르헨티나로의 Blake의 여행이 그에게 어떻게 영감을 주었는가
  ③ Blake가 어디에 회사를 설립했는가
  ④ Blake가 어떻게 아이들을 도와주었는가
  ⑤ 소비자들이 BOGO 전략을 왜 좋아하는가
  ▶ ③ Blake가 회사를 어디에 설립했는지는 언급되지 않았다.

2 '너무 …해서 ~할 수 없다'의 뜻인 too … to-v는 「so … that+주어+cannot[can't] ~」과 바꿔쓸 수 있다.

Reading 2 | 1 ⑤ 2 she had to stay alone in a hospital bed[she had to stay in a hospital bed alone]
Words | ¹정서의, 감정의 ²상징하다

해석 | Frida Kahlo는 유명한 멕시코 화가였다. 그녀는 자신의 자화상으로 가장 잘 알려져 있다. 그녀는 끔찍한 버스 사고를 당한 뒤에 그것들을 그리기 시작했다. Kahlo는 그 사고에서 심하게 다쳤고, 의사는 그녀가 결코 아이들을 가질 수 없을 것이라고 말했다. 그녀는 홀로 병원 침대에 있어야 했기 때문에, 자기 자신의 그림을 그리기 시작했다. 후에 그녀는 "나는 자주 혼자이고 나는 내가 가장 잘 아는 소재이기 때문에 나 자신을 그린다."라고 말했다. 그녀의 자화상은 그 당시 그녀의 신체적, 정서적 고통을 보여준다. 또한, 그것들은 종종 원숭이들을 포함한다. 그녀의 그림 속의 많은 원숭이는 그녀를 보호하는 것처럼 보인다. 그녀의 한 그림에서는, 원숭이 한 마리가 그녀의 목에 팔을 두르고 있다. Kahlo는 이 원숭이들이 그녀가 가질 수 없는 아이들을 상징한다고 설명했다.

구문해설

5행 …, and doctors told her [**that** she would never be able to have children].
  ▶ that 이하는 told의 직접목적어로 쓰인 명사절이다.

13행 Kahlo explained [**that** these monkeys represented the children (who(m)[that]) she couldn't have].
  ▶ that 이하는 explained의 목적어로 쓰인 명사절이다.
  ▶ she 앞에는 the children을 수식하는 목적격 관계대명사 who(m)[that]이 생략되었다.

문제해설

1 이 글에 비추어 볼 때 Frida Kahlo에 대해 사실이 <u>아닌</u> 것은?
  ① 그녀는 자신의 자화상으로 유명하다.
  ② 그녀는 부상을 당한 뒤에 자기 자신을 그리기 시작했다.
  ③ 버스 사고는 그녀가 아이를 가질 수 없도록 만들었다.
  ④ 그녀는 자신의 자화상에서 자신의 고통을 표현했다.
  ⑤ 그녀의 그림 속의 원숭이들은 그녀를 상징한다.
  ▶ ⑤ Frida Kahlo는 그림 속의 원숭이들이 그녀가 가질 수 없

는 아이들을 나타낸다고 설명했다.

2 우리말과 일치하도록 다음 말을 바르게 배열하시오.
  ▶ 부사 alone과 전치사구 in a hospital bed가 동사구 had to stay를 뒤에서 수식하고 있다.

내신에 나오는 **COMMUNICATION** pp. 129~130

A 불만 사항 나타내기

Check-Up | 1 ③   2 It's not fair that you don't have to clean our classroom.

문제해설

1 A: 나는 이 휴대전화가 만족스럽지 않아.
  B: 무엇이 문제인지 말해줄 수 있니?
  A: 배터리가 너무 빨리 닳아.
  ① 나는 이 휴대전화가 만족스러워.
  ② 나는 지난 일요일에 이 휴대전화를 샀어.
  ③ 이 휴대전화에 문제가 있어.
  ④ 나는 이 휴대전화를 네게 추천하고 싶어.
  ⑤ 내 생각에 이 휴대전화가 저것보다 더 좋은 것 같아.
  ▶ 무언가에 대해 불평할 때는 「I'm not satisfied with ~」, 「There is a problem with ~」 등을 쓸 수 있다.

B 전화를 하거나 받기

Check-Up | 1 ①   2 put, me, through, to

문제해설

1 A: 여보세요. Jenna와 통화할 수 있을까요?
  B: _____
  A: 그녀의 친구 Anne이에요.
  ① 누구세요?
  ② 누구한테 전화하셨나요?
  ③ 누구에게 전화하고 싶으세요?
  ④ 언제 그녀에게 얘기하실 거예요?
  ⑤ 그녀에게 무엇을 말하고 싶으세요?

FINAL TEST pp. 131~133

1 ③ 2 strategy 3 ② 4 (C)→(A)→(D)→(B) 5 I'm, not, satisfied[happy], with 6 ③ 7 ④ 8 to 9 ⑤ 10 ④ 11 ⑤ 12 tall, enough, to, touch, the, ceiling 13 be, sure, to 14 not, to, mention 15 ③ 16 ② 17 Alex is very wise to listen to her advice. 18 To make a long story short, the country lost the war. 19 ⑤ 20 ⑤ 21 The food is ready to be served to the guests. 22 with his driver waiting 23 too, spicy, to, eat 24 He was so loud that everyone could hear him.

문제해설

1 그 정책의 영향이 무엇인가?
① 쟁점 ② 목적 ③ 영향 ④ 이유 ⑤ 역사

3 A: 여보세요. Han 선생님과 통화할 수 있을까요?
B: 죄송하지만, 지금 안 계세요.
A: 아, 알겠습니다. _____
B: 네. 그렇게 하세요.
① 누구세요?
② 메시지를 남겨도 될까요?
③ 지금 바로 그녀와 얘기할 수 있을까요?
④ 누구와 얘기하고 싶으세요?
⑤ 제가 메시지를 남겨드릴까요?

4 (C) 저는 배송 서비스에 대해 항의하려고 해요.
(A) 그 말을 듣게 되어 유감입니다. 무엇이 문제인지 여쭤봐도 될까요?
(D) 지난주에 신발을 주문했는데, 아직 받지 못했어요.
(B) 착오가 있었나 봅니다. 바로 보내드리도록 할게요.

6 Scott은 지난 주말에 너무 바빠서 가족과 시간을 보낼 수 없었다.
▶ too ... to-v: 너무 …해서 ~할 수 없다

7 Max는 미스터리 소설을 읽기 위해 불을 켰다.
▶ 문맥상 '…하기 위해'의 의미로 목적을 나타내는 in order to가 알맞다.

8 • Henry는 일찍 도착할 것 같다.
• David은 말하자면 걸어다니는 사전이다.
▶ 첫 번째 빈칸에는 '…할 것 같다'의 의미인 be likely to-v의 to가, 두 번째 빈칸에는 '말하자면'의 의미인 so to speak의 to가 알맞다.

9 with+목적어+과거분사: (목적어가) …된 채로

10 be willing to-v: 기꺼이 …하다

11 ① 솔직히 말하면, 나는 너의 재킷을 잃어버렸어.
② 그 꽃병을 깨지 않도록 주의해.
③ 여름 방학은 7월 20일에 시작한다.
④ 우리 아빠는 라디오를 켜 둔 채로 운전하셨다.
▶ ⑤ to tell (you) the truth: 사실대로 말하면

12 나는 아주 키가 커서 천장을 만질 수 있다.

13 be sure to-v: 반드시 …하다

14 not to mention: …은 말할 것도 없이

15 ① 우리 할머니는 100세까지 사셨다.
② 나는 네 이메일을 받아서 기뻤다.
③ 나는 피곤해서 늦게 일하는 것을 원하지 않는다.
④ 나는 간식을 좀 사기 위해 가게에 갔다.
⑤ 항상 고맙다고 말하다니 그는 예의 바른 것이 틀림없다.
▶ ③의 밑줄 친 to부정사는 동사의 목적어로 쓰인 명사적 용법의 to부정사이고, 나머지는 모두 부사적 용법으로 쓰인 to부정사이다.

17 판단의 근거를 나타내는 부사적 용법의 to부정사구 to listen to her advice가 형용사 wise를 뒤에서 수식하도록 배열한

다.

18 to make a long story short: 요약하자면

19 A: 유럽으로의 네 여행은 어땠니?
B: 아주 좋았어! 관광지가 너무 많아서 그곳들을 다 볼 수 없었어. 떠나게 돼서 슬펐어.
▶ ⑤ 감정의 원인을 나타내는 부사적 용법의 to부정사를 써야 한다.

20 • 우리 가족은 대개 일요일 저녁에 외식을 한다.
• 최근에 넌 Tony를 본 적이 있니?

21 be ready to-v: …할 준비가 되어 있다

22 그 배우는 관중을 향해 손을 흔들었다. 그의 기사가 기다리고 있었다.
▶ 그의 기사가 '기다리는' 것이므로 능동을 나타내는 현재분사를 사용하여 「with+목적어+현재분사」를 쓴다.

23 Mina: 너는 김치를 먹어본 적이 있니?
Robert: 응, 그런데 그것은 너무 매워서 내가 먹을 수 없었어.
→ 김치는 너무 매워서 Robert가 먹을 수 없었다.

24 so ... that+주어+can ~: ~할 정도로 충분히 …한

CHAPTER 09 관계사

GRAMMAR FOCUS ························· p. 136

A 관계대명사

1 Rodney는 금발 머리를 가진 형이 있다.
나는 우리 학교로 가는 버스에서 내 친구를 만났다.

2 그들은 부모가 모두 선생님인 아이들이다.
이것이 엔진이 작동을 멈춘 차이다.

3 그는 지하철에서 본 소녀를 계속해서 생각했다.
이것이 내가 준비하고 있는 시험이다.

4 그가 발명한 것이 세상을 바꿨다.

| *Check-Up* | ································· p. 137

A 1 주격 2 주격 3 목적격 4 소유격
B 1 whom 2 what 3 which 4 whose
C 1 whose 2 which[that] 3 who[that]
   4 what
D 1 whose 2 which[that] 3 that
   4 who(m)[that]

B 관계부사

1 나는 그 가게가 문을 여는 시간을 안다.
2 교실은 우리가 많은 시간을 보내는 장소이다.
3 나는 그에게 내가 그런 결정을 내린 이유를 말해주었다.
4 네가 그 수학 문제를 푼 방법을 내게 말해줄 수 있니?

C 복합 관계사

1 너는 네가 좋아하는 것은 무엇이든지 가져도 된다.
  네가 무엇을 먹더라도, 그것은 무료이다.
2 그는 그 식당에 갈 때마다, 스파게티를 주문한다.
  밖이 아무리 춥더라도, 그는 재킷을 입지 않는다.

| Check-Up | ························ p. 139

A 1 where 2 Whatever 3 the way
  4 when 5 However
B 1 why 2 wherever 3 Whenever
  4 when 5 However
C 1 whatever[whichever] 2 Whenever
  3 how[the way] 4 when[in which] 5 Whoever

D 주의해야 할 관계사의 용법

1 1) 나는 Brown 씨에게 편지를 썼지만, 그는 내게 빨리 답을 주
   지 않았다.
   우리는 Seaside 호텔에 머물렀고, 그곳은 도심지와 가깝다.
   방과 후 나는 야구하는 것을 좋아하는데, 그것은 내가 가장 좋
   아하는 운동이다.
  2) Jason은 그의 상사를 만나러 갔지만, 그때 그녀는 사무실에
   없었다.
2 1) 우리 수학 선생님은 내가 정말 존경하는 분이다.
  2) Oliver는 Stephen King에 의해 쓰여진 소설을 읽고 있다.
3 이곳이 베토벤이 살았던 집이다.

| Check-Up | ························ p. 141

A 1 ○ 2 ○ 3 × 4 ×
B 1 when 2 where 3 which 4 who
C 1 which 2 who 3 wearing 4 on which
D 1 to whom 2 on which 3 which 4 where

Grammar Practice

A 1 that 2 who 3 who[that] 4 when
B 1 whatever 2 whose 3 that 4 where

C 1 that, he, composed
  2 which, made, him, sad
  3 on, which, you, sat/which[that], you, sat, on
  4 Whoever, I, talk, to
  5 Whenever, she, is, in, trouble

문제해설

A 1 선행사가 -thing으로 끝나는 부정대명사인 경우, 관계대명사
   that을 주로 쓴다.
  2 관계대명사 that은 계속적 용법으로 쓸 수 없다.
  3 선행사가 사람인 경우, 주격 관계대명사 who[that]가 알맞
   다.
  4 선행사가 때를 나타내는 명사인 the year이므로 관계부사
   when이 알맞다.
B 1 whatever: …하는 것은 무엇이든지 (명사절)
  2 선행사가 사람이고, 관계사절 내에서 수식하는 명사의 소유격
   으로 사용되었으므로 소유격 관계대명사 whose가 알맞다.
  3 선행사가 사물이므로 주격 관계대명사 that을 쓴다.
  4 선행사가 장소를 나타내는 the restaurant이므로 관계부사
   where가 알맞다.
C 1 서수(first)가 선행사를 수식할 때 주로 관계대명사 that을 쓴
   다.
  2 앞의 절 전체를 선행사로 하는 계속적 용법의 관계대명사
   which를 쓴다.
  3 관계대명사가 전치사의 목적어로 쓰이면 전치사를 관계사절
   끝이나 관계대명사의 바로 앞에 둘 수 있다.
  4 whoever: 누가[누구를] …하더라도 (부사절)
  5 whenever: …할 때마다 (시간의 부사절)

내신 완성 Grammar Practice

1 ④ 2 ① 3 ① 4 (1) The, mirror, which[that], we,
bought, online (2) the, woman, with, whom

문제해설

1 방법을 나타내는 관계부사 how 또는 선행사 the way가 알맞
  다.
2 • 이것이 내가 찾아왔던 바로 그 지갑이다.
  • 네가 어젯밤에 보았던 공연은 어땠니?
  ▶ 첫 번째 빈칸에는 the very가 선행사를 수식하므로 관계대명
   사 that이 알맞고, 두 번째 빈칸에는 the show를 선행사로
   하는 목적격 관계대명사 that[which]이 알맞다.
3 ② 나는 그녀가 왜 내게 답장을 하지 않는지 궁금하다.
  ③ 법을 위반한 사람은 누구든지 처벌을 받을 것이다.
  ④ 이탈리아는 내가 항상 방문하기를 원해왔던 나라이다.
  ⑤ 그 팀은 결승에서 패배했고, 그것은 그들의 팬들을 실망시켰
   다.
  ▶ ① 전치사 뒤에 관계대명사 that은 쓸 수 없다.
4 (1) 그 거울은 나무로 된 틀이 있었다. 우리는 그것을 온라인으로

샀다.

▶ 선행사 The mirror 뒤에 목적격 관계대명사 which[that]를 쓴다.

(2) 나는 그 여자를 안다. Chris는 그녀와 사랑에 빠졌다.

▶ 선행사가 the woman이므로 전치사 with의 목적어로 목적격 관계대명사 whom을 쓴다.

서술형에 나오는 WRITING
p. 144

A 1 What we hope for is a world without war.
　2 My dog wants to be with me wherever I go.[Wherever I go, my dog wants to be with me.]
　3 Today is the day my father comes back from his business trip.

B 1 how, James, and, I, became, friends
　2 whose, favorite, color, is, blue
　3 about, which, you, talked, the, other, day/ which[that], you, talked, about, the, other, day

C 1 where you can experience traditional Korean culture
　2 souvenir shops which sell traditional Korean items
　3 you can eat whatever you want

문제해설

B 1 그것은 방법이다. James와 나는 그 방법으로 친구가 되었다.
　　▶ 방법을 나타내는 관계부사 how를 쓴다.
　2 나는 친구에게 파란 셔츠를 사 주었다. 그가 가장 좋아하는 색은 파란색이다.
　　▶ 선행사 a friend의 소유격 역할을 하는 관계대명사 whose를 쓴다.
　3 나는 TV 드라마를 보았다. 너는 며칠 전에 그것에 대해 얘기했다.
　　▶ 전치사 about을 관계대명사 which 앞에 두거나, 관계사절 끝에 둔다. 「전치사+that」은 불가능하므로, 이 문장에서 전치사를 관계사 앞에 두는 경우에는 about which만 가능하다.

C
서울에서 가야 할 곳
인사동 거리는 당신이 전통적인 한국 문화를 경험할 수 있는 서울의 유명한 곳이다. 예술 행사들과 축제들이 그 거리에서 자주 열린다. 그리고 전통적인 한국 물품들을 판매하는 기념품 가게도 있다. 또한, 식당도 많아서, 당신은 밥부터 갈비까지, 당신이 원하는 것은 무엇이든지 먹을 수 있다!
　▶ 1 장소를 나타내는 관계부사 where가 선행사 a famous place in Seoul을 수식한다.
　　2 주격 관계대명사 which가 선행사 souvenir shops를 수식한다.
　　3 '…하는 것은 무엇이든지'의 뜻인 whatever가 eat의 목적어 역할을 하는 명사절을 이끈다.

READING WITH GRAMMAR
pp. 145~146

Reading 1 | 1 ②　2 (A) which　(B) who[that]
Words | ¹짜증스러운　²불편한

해석 | 당신이 비행기 표를 샀다고 상상해보라. 하지만 당신이 공항에 도착했을 때, 그 항공기는 이미 만석이다. 무슨 일이 일어난 것일까? 사실, 그것은 착오가 아니었다. 항공사는 흔히 그들이 팔아야 하는 표보다 더 많이 판매한다. 이것은 그들이 표는 사지만 공항에 나타나지 않는 사람들인 노쇼를 예상하기 때문이다. 그러나 이 관행은 때때로 초과 예약된 항공기를 야기하고, 그 항공기는 모두에게 충분한 좌석을 제공하지 못한다. 이런 일이 발생하면, 항공사는 그 항공기를 타지 않겠다고 자원할 사람들을 찾는다. 보답으로, 그들은 돈이나 약간의 다른 보상을 받는다. 하지만 만약 아무도 자원하지 않으면, 항공사가 그 항공기를 타지 않을 사람들을 고른다. 어떤 때는 무작위로 고르고, 다른 때는 가장 최근에 표를 구매한 사람들이 좌석을 잃게 된다. 이는 매우 짜증 나고 불편한 상황을 만들 수 있다. 그리고 그것은 항공사가 더 많은 이익을 내길 원하기 때문에 발생한다!

구문해설

1행 Imagine (**that**) you bought an airline ticket.
　▶ Imagine 뒤에 명사절을 이끄는 접속사 that이 생략되었다.

9행 Sometimes, however, this practice **results in** overbooked flights, *which* don't have enough seats for everyone.
　▶ result in: (결과적으로) …을 야기하다
　▶ which는 선행사 overbooked flights에 대한 부연 설명을 하는 계속적 용법의 주격 관계대명사이다.

문제해설

1 ① 항공사가 하는 실수들
　② 충분한 좌석이 없는 항공들
　③ 초과 예약된 항공기를 피하는 방법
　④ 노쇼: 심각한 사회문제
　⑤ 비행기 표를 예약하는 더 나은 방법들
　▶ 항공사가 전체 좌석 수보다 많은 표를 판매한다는 내용이므로, 제목으로 ② '충분한 좌석이 없는 항공들'이 가장 적절하다.
2 선행사 overbooked flights를 부연 설명하는 계속적 용법의 주격 관계대명사 which와 선행사 people을 수식하는 주격 관계대명사 who 또는 that을 써야 한다.

Reading 2 | 1 ②　2 why Jewish people celebrate Hanukkah for eight days
Words | ¹독립　²전통적인

해석 | 하누카는 유대교의 중요한 휴일이다. 하누카 기간 동안, 사람들은 유대교 역사상 가장 위대한 기적 중 하나를 8일 동안 촛불을 계속 켜 놓는 것으로 기념한다. 오래전에, 일부 유대교 사람들은 사원을 수리한 후에 사원의 등에 불을 붙였는데, 그 사원은 셀레우코스 제국과의 전쟁 동안 파괴되었었다. (유대교 사람들은 큰 봉기 이후에 이

제국으로부터 독립을 얻었다.) 사원의 등에 불을 붙이는 것은 사원을 신에게 되돌려주는 그들의 방식이었다. 그들은 등에 겨우 하루 동안만 탈 만큼의 기름이 있다고 생각했다. 하지만, 놀랍게도, 그것은 8일 동안 불탔다. 이것이 유대교 사람들이 하누카를 8일 동안 축하하는 이유이다. 하누카는 또한 사람들이 맛있는 음식을 먹고 민속놀이를 하기 위해 모이는 가족 행사이다. 어떤 가족의 경우, 아이들은 8일 동안 매일 밤 선물을 받기도 한다.

구문해설

7행 ... after they repaired a temple, **which** had been destroyed during a war with the Seleucid Empire.
▶ which는 선행사 a temple에 대한 부연 설명을 하는 계속적 용법의 주격 관계대명사이다.

11행 They thought (**that**) the lamp only had *enough oil to burn* for one day.
▶ thought 뒤에 명사절을 이끄는 접속사 that이 생략되었다.
▶ enough+명사+to-v: …할 만큼 충분한 ~

13행 Hanukkah is also **a family event where** people get together ....
▶ a family event와 같은 추상적 의미의 장소에서도 관계부사 where를 사용한다. case(경우), example(예), situation(상황)과 같은 추상적 의미의 장소도 관계부사 where를 쓴다.

문제해설

1 이 글에서 불필요한 문장은?
▶ 사원의 촛불에 관한 이야기가 주를 이루므로, 큰 봉기 이후 셀레우코스 제국으로부터 독립했다는 내용은 흐름상 불필요하다.

2 우리말과 일치하도록 다음 말을 바르게 배열하시오.
▶ 이유를 나타내는 관계부사 why가 관계사절을 이끈다.

내신에 나오는 COMMUNICATION pp. 147~148

A 설명 요청하기

Check-Up | 1 ⑤   2 (C) → (B) → (A) → (D)

문제해설

1 A: 기말고사는 식은 죽 먹기였어.
   B: 식은 죽 먹기? _____
   A: 그건 시험이 정말 쉬웠다는 뜻이야.
   ① 너는 왜 나에게 말하지 않았어?
   ② 네가 어떻게 그렇게 말할 수 있니?
   ③ 너는 그것에 대해 어떻게 생각하니?
   ④ 내가 무슨 말 하는지 알겠니?
   ⑤ 그것이 무슨 뜻인지 내게 설명해 줄 수 있니?
   ▶ 상대방의 말에 대해 무슨 의미인지 구체적인 설명을 요청할 때 「Can you explain what ~ means?」를 쓸 수 있다.

2 (C) 난 새 스웨터가 필요해. 하지만 나는 돈이 많이 없어.
   (B) 음, DIY 스웨터를 만드는 게 어때?
   (A) 'DIY'가 무슨 뜻이니?
   (D) 그건 '직접 하라'라는 의미야. 네가 직접 스웨터를 만들 수 있어.

B 제안 및 권유하기

Check-Up | 1 ①   2 I, think, you, should

문제해설

1 A: 나는 이번 주말에 어딘가로 가고 싶어.
   B: _____
   ① 너는 왜 서울숲에 소풍을 갔어?
   ② 나는 우리가 서울숲에 소풍 가는 걸 제안해.
   ③ 우리 서울숲에 소풍 가는 게 어때?
   ④ 나는 우리가 서울숲에 소풍 가야 한다고 생각해.
   ⑤ 서울숲에 소풍 가는 것이 어때?

2 A: 나는 심한 두통이 있어.
   B: 나는 네가 좀 쉬어야 한다고 생각해.
   ▶ I think you should ~: 나는 네가 ~해야 한다고 생각해

FINAL TEST pp. 149~151

1 ⑤ 2 elebrate 3 eward 4 ⑤ 5 ①, ②, ④ 6 ④ 7 ⑤ 8 ③ 9 ③ 10 ② 11 ② 12 whose, brother, is, a, pilot 13 ⑤ 14 ④ 15 She will like whatever you buy for her. 16 ③ 17 ③ 18 wherever, she, goes 19 ③ 20 who[that], comes, from, Australia 21 ① 22 He may have forgotten (the place) where we met for the first time.[He may have forgotten the place (where) we met for the first time.] 23 who is working at a fast-food restaurant 24 why Emily is angry at 25 Chris likes anything that tastes like cheese.

문제해설

1 그들은 그 오래된 건물을 파괴했다.
   ① 불을 붙이다   ② 상상하다   ③ 모으다
   ④ 반사하다   ⑤ 건설하다

4 A: 무슨 문제가 있니?
   B: 내가 내 지갑을 버스에 두고 온 것 같아.
   A: _____
   ① 미안하지만, 나는 버스를 놓쳤어.
   ② 나는 길에서 내 지갑을 떨어뜨렸어.
   ③ 그건 좋은 생각이 아닌 것 같아.
   ④ 나는 네가 어제 버스 타는 것을 봤어.
   ⑤ 나는 네가 버스 회사에 전화해볼 것을 제안해.

5 ① 나는 네가 간단한 것을 먹기를 제안해.
   ② 간단한 것을 먹는 것이 어때?

③ 너는 간단한 것을 먹을 필요가 없어.
④ 나는 네가 간단한 것을 먹어야 한다고 생각해.
⑤ 나는 네가 간단한 것을 먹기를 원하지 않아.

6 A: 나는 어제 출시된 태블릿 PC를 샀어.
   B: 벌써? 우와, 너는 얼리 어답터구나!
   A: 얼리 어답터라고? 그게 무슨 뜻이야? 나는 이전에 그 말을 들어보지 못했어.
   B: 그것은 네가 다른 사람들보다 먼저 새로운 제품을 구매하는 사람이라는 의미야.

7 네가 생일에 받은 것을 내게 보여줘.

8 그는 내가 지금껏 알아온 가장 탐욕스러운 사람이다.
   ▶ 최상급이 선행사를 수식할 때 주로 관계대명사 that을 사용한다.

9 누가 시합에서 이기더라도, 그것은 보기에 흥미진진할 것이다.
   ▶ whoever: 누가 …하더라도 (부사절)

10 관계부사의 선행사가 day와 같은 일반적인 경우에는 선행사를 생략할 수 있다.

11 앞의 절 전체를 선행사로 하는 계속적 용법의 주격 관계대명사 which가 알맞다.

12 관계사절 내에서 소유격 역할을 하는 관계대명사 whose가 알맞다.

13 ⑤ 이 행사에 참여하는 누구라도 선물을 받을 것이다.
   ▶ ① that → what ② whom → who[that] ③ the way how → how[the way] ④ who → which[that]

14 ① 마라도는 제주도에 가까운 섬이다.
   ② 그는 내가 거기서 본 유일한 사람이다.
   ③ 내가 어제 본 것은 정말 놀라웠다.
   ⑤ 그녀가 아무리 열심히 노력해도, 그녀의 경쟁자를 이길 수 없었다.
   ▶ ④ 전치사 at을 which 앞이나 관계사절 끝에 쓰거나, which를 관계부사 where로 바꾼다.

15 복합 관계대명사 whatever가 문장의 목적어 역할을 하는 명사절을 이끈다.

16 Jack은 오후 5시에 친구들을 만났는데, 그때 비가 오기 시작했다.
   ▶ 관계부사의 계속적 용법은 「접속사+부사」로 바꿔 쓸 수 있으므로, 문맥상 시간을 나타내는 관계부사 when이 알맞다.

17 이곳은 정류장이다. 우리는 이 정류장에서 갈아탈 것이다.

18 wherever: …하는 곳은 어디든지 (장소의 부사절)

19 • 이곳은 다양한 동물들이 사는 호수이다.
   • 그는 배가 고팠고, 그것이 그가 스스로 무언가를 요리하게 했다.
   ▶ 첫 번째 빈칸에는 전치사의 목적어 역할을 하는 관계대명사 which가, 두 번째 빈칸에는 앞서 나온 절을 선행사로 하는 계속적 용법의 관계대명사 which가 알맞다.

20 나의 반에 전학생이 있다. 그녀는 호주 출신이다.

21 ① 이것이 그가 나에게 보낸 편지이다.

② 바닥을 걸레질하고 있는 소녀는 Lisa이다.
③ 나는 케이크 한 조각을 먹었고, 그것은 파티에서 남은 것이었다.
④ 나는 바다를 볼 수 있는 집에 산다.
⑤ 나는 가격이 너무 비싼 가게에 갔다.
   ▶ ① 목적격 관계대명사는 생략할 수 있다.

22 그는 그 장소를 잊었는지도 모른다. 우리는 그 장소에서 처음 만났다.

23 Ted: 네 여동생은 무슨 일을 하니?
   Hal: 그녀는 패스트푸드 식당에서 일하고 있어.
   ▶ 선행사 a sister를 보충 설명하는 계속적 용법의 관계대명사 who를 쓴다.

24 Kevin: Emily가 나에게 화가 났어. 왜 그런지 아니?
   Anna: 아니, 나는 모르겠어.
   ▶ 이유를 나타내는 관계부사 why를 쓴다.

25 선행사가 -thing으로 끝나는 부정대명사일 때는 주로 관계대명사 that을 쓴다.

 CHAPTER 10 접속사

GRAMMAR FOCUS ···················· p. 154

A 부사절을 이끄는 접속사

1 지하철이 연착되어서 나는 학교에 늦었다.
   그녀는 매우 몸이 아파서, 소풍에 올 수 없었다.
   영화가 지루해서, 나는 극장에서 잠이 들었다.

2 내가 역에 도착했을 때, Jim과 Tom은 나를 기다리고 있었다.
   나의 형은 내가 샤워를 하는 동안 케이크를 먹어버렸다.
   Sam과 나는 우리가 초등학생이었을 때부터 계속 친구였다.
   Colin은 나를 보자마자 인사를 했다.
   내가 내 고양이를 만질 때마다, 그것은 나를 할퀸다.
   나는 간호사가 내 이름을 부를 때까지 기다렸다.

3 날씨가 추웠지만, Dave는 반바지를 입고 있었다.
   설령 충분해 보일지라도, 우리는 물을 낭비하지 말아야 한다.

4 네 마음이 바뀌면 다시 전화해줘.
   비가 오지 않는다면 해변에 가자.

| **Check-Up** | ···················· p. 155

A 1 When 2 As 3 Although 4 is 5 if
B 1 even if 2 while 3 Since 4 until[till]
C 1 Every, time 2 unless 3 As, soon, as

B 짝으로 이루어진 접속사

1 1) Jenny는 노래와 춤 모두에 관심이 있다.
  2) 그 소설은 길 뿐만 아니라 지루하기도 하다.
  3) 너는 아침으로 팬케이크나 토스트 둘 중 하나를 고를 수 있다.
  4) John도 Dave도 스키 타는 법을 모른다.
  5) 이 미술 수업은 초보자들을 위한 것이 아니라 상급자들을 위한 것이다.

2 1) 매우 흐린 날이어서 나는 오후 내내 우울했다.
  2) 나는 너무 피곤해서 버스에서 잠이 들었다.

| Check-Up | .... p. 157

A 1 but 2 or 3 so 4 that 5 helps
B 1 neither, nor 2 not, but 3 such, that
  4 Both, and 5 not, only, but, also
C 1 and 2 likes 3 or 4 so

Grammar Practice   p. 158

A 1 are 2 water 3 enjoys[enjoyed]
  4 (to) get 5 rains
B 1 neither 2 that 3 Even if 4 such
C 1 Although[Though], she, is, not, rich
  2 until[till], you, come, home
  3 Every, time, I, ask 4 so, that

문제해설

A 1 both A and B는 복수 취급하므로 are가 알맞다.
  2 문맥상 '이 꽃들에 물을 주지 않는다면'의 의미가 되어야 하고 unless는 'if ... not'의 의미이므로 water가 알맞다.
  3 not only A but also B가 주어로 쓰인 경우, 동사의 수는 B에 일치시키므로 enjoys가 알맞다. 과거의 일이라 가정할 경우 enjoyed도 가능하다.
  4 either A or B의 A와 B에는 문법상 같은 역할을 하는 어구가 와야 하므로, (to) get이 알맞다.
  5 조건을 나타내는 부사절에서는 미래를 나타내더라도 미래시제가 아닌 현재시제를 쓴다.
B 1 neither A nor B: A도 B도 아닌
  2 that은 think의 목적어로 쓰인 명사절을 이끄는 접속사이다.
  3 even if: 설령 …할지라도
  4 「such (a/an)+형용사+명사+that ~」: 너무[매우] …해서 ~하다
C 1 although[though]: (비록) …지만
  2 until[till]: …할 때까지
  3 every time: …할 때마다
  4 「so (that)+주어+동사」: …가 ~하도록 〈목적〉

1 ⑤ 2 ④ 3 ② 4 (1) either, tomorrow, or, this, Saturday (2) Unless, you, come

문제해설

1 그녀는 집에 오자마자 그녀의 더러운 손을 씻었다.
  ▶ 문맥상 '…하자마자'를 나타내는 접속사 as soon as가 알맞다.
2 ① 날씨가 약간 쌀쌀해서 나는 재킷을 입었다.
  ② 나는 늦은 아침을 먹어서 점심을 걸렀다.
  ③ 그 개가 계속 짖어서, 나는 지난밤에 잠을 잘 수 없었다.
  ④ 나는 중학교를 졸업한 이후로 Nick을 보지 못했다.
  ⑤ 나는 발표를 충분히 준비하지 않아서 실수를 했다.
  ▶ ④의 since는 '…이래로'의 의미로 시간을 나타내는 접속사이고 나머지는 모두 '…때문에'의 의미로 이유를 나타내는 접속사이다.
3 ① Lisa뿐만 아니라 Stan도 매일 조깅을 한다.
  ③ 그 책은 지루했지만, 나는 계속해서 그것을 읽었다.
  ④ 나는 그 팀이 그 경기에서 이길지 질지 알지 못한다.
  ⑤ 나는 농구를 하는 동안 다른 선수와 부딪쳤다.
  ▶ ② a spicy dish가 있으므로 '너무 … 해서 ~하다'라는 의미의 「such (a/an)+형용사+명사+that ~」 구문이 되어야 한다.
4 (1) 나는 너를 내일 방문하거나 이번 주 토요일에 방문할 수 있다.
  ▶ either A or B: A 또는 B 둘 중 하나
  (2) 네가 이곳에 빨리 오지 않는다면, 우리는 네 피자를 먹을 것이다.
  ▶ unless(= if ... not): …하지 않는다면

A 1 Raymond is such a talented player that every team wants him.
  2 She lived not in London but in Manchester.
  3 As soon as she graduated, she became a musician.[She became a musician as soon as she graduated.]
B 1 Even though he studied hard
  2 doing my homework while my brother was sleeping
  3 Either Jane or her sister has to clean
C 1 so old that
  2 not only a good listener but also a responsible leader
  3 if you vote for me

문제해설

A 1 「such (a/an)+형용사+명사+that ~」: 너무 …해서 ~하다

2 not A but B: A가 아니라 B

B 1 그는 열심히 공부했다. 그러나 그는 시험에 통과하지 못했다.
  ▶ '(비록) …지만'의 의미로 even though를 쓴다.
  2 나는 숙제를 하고 있었다. 그동안 내 남동생은 자고 있었다.
  ▶ '…하는 동안'이라는 시간의 부사절을 포함하도록 while을 쓴다.
  3 Jane이 손님들이 도착하기 전에 청소해야 하거나 그녀의 동생이 손님들이 도착하기 전에 청소해야 한다.
  ▶ 'A 또는 B 둘 중 하나'의 의미로 either A or B를 쓴다.

C 안녕하세요, 여러분. 제 이름은 Brian입니다. 저는 여러분들에게 저를 학생회장으로 뽑아주시기를 부탁하고자 이 자리에 섰습니다. 여러분도 알다시피 학생 식당은 너무 낡아서 그것은 보수되어야 합니다. 제가 학생회장이 된다면 우리가 새로운 학생 식당을 확실히 가질 수 있도록 하겠습니다. 게다가 저는 말을 잘 들어주는 사람일 뿐만 아니라 책임감 있는 리더입니다. 저는 학교뿐만 아니라 학생들을 위해서도 최선을 다할 것입니다. 여러분이 제게 투표하신다면, 실망하지 않을 것입니다.
  ▶ 1 '너무 …해서 ~ 하다'의 의미로 「so+형용사/부사+that ~」을 이용하여 쓴다.
  2 'A뿐만 아니라 B도'의 의미로 not only A but also B를 이용하여 쓴다.
  3 '만일 …한다면'의 의미로 조건을 나타내는 접속사 if를 이용하여 쓴다. 조건을 나타내는 부사절에서는 미래를 나타내더라도 미래시제가 아닌 현재시제를 쓴다.

READING WITH GRAMMAR
pp. 161~162

Reading 1 | 1 ③   2 that high → high that
Words | ¹흡수하다 ²수확[채취]하다

해석 | 당신이 분홍색의 팬이라면, 당신은 아마 세네갈에 있는 Retba 호수를 좋아할 것이다. 장미 호수라고도 불리는 이 호수는 그 선명한 분홍색 때문에 눈길을 끈다.
  그러면 무엇이 이 호수를 분홍색으로 만들까? Retba 호수는 염분 농도가 높다. 그 호수의 염분 농도는 매우 높아서 조류의 한 종류인 두날리엘라 살리나가 번성할 수 있다. 에너지를 위한 햇빛을 흡수하기 위해, 그 조류는 붉은 색소를 만들어낸다. 그리고 이 색소가 물을 분홍색으로 변하게 하고, 호수를 인기 있는 명소로 만들었다. Retba 호수는 인기 있는 관광지일 뿐만 아니라 주민들의 수입원이기도 하다. 약 3,000명의 현지 소금 광부들이 호수에서 소금을 채취한다. 여러분이 이 호수를 방문한다면, 여러분은 그들이 호수 바닥에서 소금을 채취하고 호숫가에 그것을 쌓는 것을 볼 것이다. 이 소금은 서아프리카 전역으로 수출된다.

구문해설

10행 … has **made** the lake **a popular attraction**.
  ▶ make+목적어+명사: …를 ~로 만들다

14행 This salt **is exported** all over West Africa.
  ▶ 소금이 수출되는 것이므로 be v-ed 형태의 수동태가 쓰였다.

문제해설

1 높은 염분 농도로 인해 조류의 한 종류인 두날리엘라 살리나가 번식하고, 이것이 만들어내는 붉은 색소 때문에 호수의 색이 분홍색을 띠므로 정답은 ③ '조류의 영향 때문에'가 알맞다.

2 문맥상 '매우 …해서 ~하다'의 결과의 의미가 되어야 하므로 「so+형용사/부사+that ~」 구문이 알맞다.

Reading 2 | 1 ③   2 (A) When (B) if
Words | ¹필요(로)하다 ²발명하다

해석 | 우리는 생존하기 위해 물이 필요하다. 다행히도, 플라스틱병으로 우리는 어디를 가든지 쉽게 물을 가지고 다닐 수 있다. 그러나 이 병들은 환경에 나쁘다. 그것들은 만드는 데 많은 에너지를 필요로 할 뿐만 아니라 우리가 그것들을 버리고 난 뒤 분해되는 데 오랜 시간이 걸린다. 이러한 이유로, 한 회사가 물을 가지고 다니는 새로운 방법인 해조로 만든 캡슐을 고안했다.
  그 캡슐들은 작은 물풍선처럼 생겼다. 목이 마를 때, 당신은 그저 하나를 입에 넣고 그것을 깨물어라. 그 캡슐들은 먹을 수 있기 때문에 통째로 먹을 수 있다. 그러나 이렇게 하고 싶지 않으면, 그냥 사용한 캡슐을 쓰레기통에 버리면 된다. 플라스틱병과 달리, 그것들은 완전히 천연이고 빨리 분해된다.

구문해설

3행 They **not only** require a lot of energy to make **but also** take a long time to break down after we *throw* them *away*.
  ▶ not only A but also B: A뿐만 아니라 B도
  ▶ 동사구 throw away의 목적어가 대명사(them)이므로, 「동사+목적어+부사」의 어순으로 쓴다.

5행 … a new way **to carry water around** — capsules [*made* from seaweed].
  ▶ to carry water around는 a new way를 수식하는 형용사적 용법의 to부정사구이다.
  ▶ made 이하는 capsules를 수식하는 과거분사구이다.

문제해설

1 위 글의 제목으로 가장 적절한 것은?
  ① 물 캡슐의 발명가
  ② 플라스틱병의 중요성
  ③ 친환경적인 물 캡슐
  ④ 플라스틱병을 재활용하기 위한 효과적인 방법들
  ⑤ 플라스틱병이 왜 환경에 나쁜가
  ▶ 쉽게 분해되는 물 캡슐에 관한 내용이므로, 제목으로 ③ '친환경적인 물 캡슐'이 가장 적절하다.

2 (A)와 (B)에 들어갈 어법에 맞는 말을 골라 쓰시오.
  ▶ (A) 문맥상 '…할 때'라는 의미가 적절하므로 시간을 나타내는 접속사 When이 알맞다.
  (B) 문맥상 '…하지 않는다면'이라는 의미로 not이 포함된 절을 이끌고 있으므로 if가 적절하다.

내신에 나오는 COMMUNICATION pp. 163~164

A 의무 표현하기

Check-Up | 1 ① 　 2 ②

문제해설

1 너는 내일까지 그 프로젝트를 완료해야 해.
 ▶ may는 의무가 아닌 허가(~해도 된다)나 추측(~일지도 모른다)을 나타내는 조동사이다.

2 A: ＿＿＿＿＿＿＿＿＿＿＿＿＿＿＿＿＿＿
 B: 알겠어. 신발을 벗을게.
 ① 너는 자주 사원에서 네 신발을 벗는구나.
 ② 너는 사원에서 네 신발을 벗어야 해.
 ③ 나는 네가 사원에서 신발을 벗어서 짜증이 나.
 ④ 나는 네가 사원에서 신발을 벗고 싶을 거로 생각했어.
 ⑤ 나는 네가 사원에서 신발을 벗기를 원한다는 걸 믿을 수 없어.

B 오해 지적해 주기

Check-Up | 1 (B) → (C) → (A) → (D) 　 2 ③

문제해설

1 (B) 너는 오늘 밤에 영화 보러 가기 싫다는 거지?
 (C) 내 말은 정확하게는 그게 아니야. 난 그저 공포 영화를 보기 싫을 뿐이야.
 (A) 알았어. 코미디는 어때?
 (D) 그거 좋다!

2 A: 네가 비싼 새 차를 갖고 싶다고 했지, 맞지?
 B: ＿＿＿＿＿＿＿＿＿＿＿＿＿＿＿＿＿＿
 A: 내가 너를 잘못 이해했나 봐.
 ① 그렇지 않아.
 ② 내 뜻은 비싼 게 아니고, 믿을 수 있어야 한다는 거였어.
 ③ 알았어, 그걸로 할게.
 ④ 그건 맞지 않아.
 ⑤ 내 말은 정확하게는 그게 아니야.

FINAL TEST pp. 165~167

1 ③ **2** (1) survive (2) harvest **3** (B)→(D)→(A)→ (C) **4** ②, ③, ⑤ **5** ② **6** ② **7** ④ **8** not, only, but, also **9** if **10** Since[since] **11** ④ **12** Every, time **13** ③ **14** ①, ② **15** ④ **16** were → was **17** going → (to) go **18** ③ **19** ① **20** not, by, ship, but **21** Although we lost the last two games, we will certainly win today's game.[We will certainly win today's game although we lost the last two games.] **22** Kelly is such a nice person that everyone likes her. **23** Not only Anna but also James[Not only James but also Anna] likes

24 Both Anna and Lucy[Both Lucy and Anna] want to be

문제해설

1 너의 매달 수입이 얼마니?
 ① 계획 ② 돈 ③ 지출 ④ 저축 ⑤ 용돈

2 (1) 모든 생물은 생존하기 위해 물이 필요하다.
 (2) 올해는, 옥수수가 예년보다 늦게 수확되었다.

3 (B) 환불이 필요하다고 하셨죠?
 (D) 아니요, 제 뜻은 그게 아니에요.
 (A) 아, 그러면 모든 게 괜찮으신가요?
 (C) 아니요. 제게 새것을 주실 수 있나요?

4 ① 너는 집에 8시까지 올 것이다.
 ② 너는 집에 8시까지 와야 한다.
 ③ 너는 집에 8시까지 와야 한다.
 ④ 너는 집에 8시까지 올 필요가 없다.
 ⑤ 너는 집에 8시까지 와야 한다.

5 ① A: 내가 어떻게 하면 더 건강해질 수 있을까?
  B: 너는 물을 많이 마셔야 해.
 ② A: 제가 이 약들을 얼마나 자주 먹어야 하나요?
  B: 당신은 이 약들을 먹어야 합니다.
 ③ A: 나는 Ben이 하나도 다치지 않았다고 들었어.
  B: 그렇지 않아.
 ④ A: 내가 너에게 이따가 전화하기를 원했지?
  B: 오늘 말고, 내일 하라는 뜻이었어.
 ⑤ A: 나는 차에 거의 치일 뻔했어.
  B: 너는 길을 건널 때 조심해야 해.

6 내가 학교에서 돌아왔을 때 아무도 집에 없었다.

7 네가 그를 모르더라도, 너는 그를 도와주어야 한다.
 ▶ even if: 설령 …할지라도

8 그 영화는 재미있었을 뿐만 아니라 감동적이기도 했다.
 ▶ not only A but also B(= B as well as A): A뿐만 아니라 B도

9 • 우리는 내일 눈이 오면 눈사람을 만들 것이다.
 • 나는 Sarah가 내 선물을 좋아할지 잘 모르겠다.
 ▶ 첫 번째 빈칸에는 조건을 나타내는 접속사 if가 알맞고, 두 번째 빈칸에는 '…인지'의 의미로 명사절을 이끄는 접속사 if가 알맞다.

10 • 나는 7살 이래로 내 사촌을 보지 못했다.
 • 너무 늦었기 때문에 나는 그녀를 태워다 줄 것이다.
 ▶ 첫 번째 빈칸에는 '…이래로'의 의미인 시간을 나타내는 접속사 since가, 두 번째 빈칸에는 '…때문에'의 의미인 이유를 나타내는 접속사 since가 알맞다.

11 ① 나는 요리를 하다가 손을 베었다.
 ② 나는 그 도둑이 남자인지 확신이 없다.
 ③ 나는 여동생이 집에 올 때까지 잠을 잘 수 없었다.
 ⑤ 그들은 아주 열심히 공부해서 가장 좋은 대학에 입학했다.
 ▶ ④ 'A 또는 B 둘 중 하나'는 either A or B이므로 and는

or가 되어야 한다.

13 그녀는 그 소식을 듣자마자 울기 시작했다.
▶ as soon as(= on v-ing): …하자마자

14 ① 나는 호두뿐만 아니라 땅콩도 좋아한다.
② 나는 제시간에 도착할 수 있도록 일찍 떠날 것이다.
▶ ③ am → are ④ will find → find ⑤ such → so

15 ① 그녀는 그녀의 팀이 경기에 졌다고 말했다.
② 나는 Sean이 내일 우리를 방문할 것이라고 들었다.
③ Tina가 복권에 당첨되었다는 것은 놀랍다.
④ 나는 그가 내게 말해준 이야기를 믿지 않았다.
⑤ 문제는 이 기계가 너무 오래되었다는 것이다.
▶ ④의 that은 선행사 the story를 수식하는 목적격 관계대명사이고, 나머지 that은 모두 명사절을 이끄는 접속사이다.

16 Sarah가 아니라 Tom이 어제 욕실을 청소하는 담당이었다.
▶ not A but B가 주어로 쓰인 경우, 동사의 수는 B에 일치시키므로 were는 was가 되어야 한다.

17 나는 집에 있고 싶지도 않고 학교에 가고 싶지도 않다.
▶ neither A nor B의 A와 B에는 문법상 같은 역할을 하는 어구가 와야 하므로 (to) go가 와야 한다.

18 네가 이 의자를 원하지 않는다면, 나는 그것을 Jane에게 줄 거야.
① 네가 이 의자를 원하면, 나는 그것을 너에게 주지 않을 거야.
② 네가 이 의자를 원하면, 나는 그것을 Jane에게 줄 거야.
③ 네가 이 의자를 원하지 않는다면, 나는 그것을 Jane에게 줄 거야.
④ 네가 이 의자를 원하지 않는다면, 나는 그것을 Jane에게 주지 않을 거야.
⑤ 네가 이 의자를 원하면, 나는 그것을 Jane에게 줄 거야.
▶ if ... not(= unless): …하지 않는다면

19 Susan뿐만 아니라 Jim도 여배우 Natalie Portman을 좋아한다. 그녀는 예쁠 뿐만 아니라 무척 재능이 있다. 그녀의 연기는 매우 뛰어나서 그녀는 많은 상을 받았다. 그들은 언젠가 그녀를 직접 만날 수 있길 바란다.
▶ ① 'A뿐만 아니라 B도'를 나타내는 B as well as A가 주어로 쓰일 때 동사의 수는 B에 일치시키므로 like는 likes가 되어야 한다.

20 나는 일본에 배를 타고 가지 않았다. 나는 그곳에 비행기를 타고 갔다.
▶ not A but B: A가 아니라 B

21 우리는 지난 두 경기를 졌다. 우리는 오늘 경기를 반드시 이길 것이다.
▶ 문맥상 '지난 두 경기를 졌지만'이라는 양보의 의미가 되도록, 양보를 나타내는 접속사 although를 써서 부사절을 만든다.

22 '너무 …해서 ~하다'라는 의미의 「such (a/an)+형용사+명사+that ~」 구문을 이용하여 쓴다.

[23-24]

	취미	희망 직업
Anna	축구하기	작가
Lucy	영화 보기	작가
James	축구하기	축구 선수

23 Anna뿐만 아니라 James도 축구하는 것을 좋아한다.
▶ Anna와 James의 취미가 모두 축구이므로, 'A뿐만 아니라 B도'를 나타내는 not only A but also B를 이용하여 쓰며 동사의 수는 B에 일치시킨다.

24 Anna와 Lucy 둘 다 작가가 되고 싶어 한다.
▶ Anna와 Lucy의 희망 직업이 모두 작가이므로, 'A와 B 둘 다'를 나타내는 both A and B를 이용하여 쓰며 both A and B는 주어로 쓰일 때 복수 취급하므로 복수형 동사를 쓴다.

CHAPTER 11 분사구문

GRAMMAR FOCUS ⋯⋯⋯⋯⋯⋯⋯⋯ p. 170

A 분사구문

1 나를 보았을 때 그 고양이는 도망쳤다.

2 1) 그 기계에 대해 아는 것이 거의 없어서, 그는 설명서를 꼼꼼히 읽었다.
2) 5년 전에 한국에 살았을 때, Mark는 한국 학생들에게 영어를 가르쳤다.
3) 그녀는 일기를 쓰며 차를 마시고 있다.
그 비행기는 서울을 오후 2시에 떠났고, 중국에 오후 6시에 도착했다.
4) 잠을 너무 많이 자면, 나는 머리가 아프다.
5) 약을 먹었지만, 그는 전혀 좋아지지 않았다.

| Check-Up | ⋯⋯⋯⋯⋯⋯⋯⋯⋯ p. 171

A 1 Finding 2 Not knowing 3 watching
   4 Leaving
B 1 If, you, take 2 When[While], she, walked
   3 Because[As/Since], he, didn't, have
C 1 smiling 2 Not, feeling 3 Taking
D 1 Listening 2 Not wanting 3 Rushing
   4 Remembering

B 여러 가지 분사구문

1 머리띠를 잃어버려서, 그녀는 새것을 샀다.

2 1) 영화에 관심이 있어서, Ben은 감독이 되고 싶어 한다.
2) 월급을 받은 후, 나는 쇼핑하러 갔다.

3 1) 도망가는 동안, 그 도둑은 훔친 돈을 떨어뜨렸다.
2) 물이 너무나 차가워서, 나는 들어갈 수 없었다.

4 1) 그녀는 그녀의 강아지가 그녀를 뒤따른 채 매일 아침 조깅을 한다.
2) Andy는 그의 신발이 진흙으로 덮인 채 집에 왔다.

C 관용적으로 쓰이는 분사구문

일반적으로 말해서, 차를 사는 데는 돈이 많이 든다.
하늘 모양으로 판단하건대, 오늘 저녁에 비가 올 것이다.

| **Check-Up** | ·················· p. 173

A 1 folded 2 Having 3 Tired 4 performing
B 1 Frankly, speaking 2 Judging, from
3 Generally, speaking 4 Strictly, speaking
C 1 being 2 Painted 3 Having, eaten
4 watching
D 1 taking 2 waving 3 Having
4 (Having been) Left

Grammar Practice   p. 174

A 1 considering 2 crossed 3 being
4 traveling
B 1 Exercising 2 Judging from
3 Not having eaten 4 Following
C 1 Having had breakfast in a hurry
2 (Being) Asked unexpected questions
3 It being rainy
4 (Being) Lost in the mountains
5 Bringing this coupon

문제해설

A 1 considering: …을 고려하면
2 「with+명사+분사」에서 his legs와 cross는 수동 관계이므로 crossed가 알맞다.
3 분사구문의 주어와 주절의 주어가 달라 분사 앞에 주어(One of the pages)를 쓴 분사구문으로 being이 알맞다.
4 접속사가 있는 분사구문으로 traveling이 알맞다.
B 1 '규칙적으로 운동해서'라는 의미로 이유·원인을 나타내는 분사구문이므로 Exercising을 쓴다.
2 judging from: …로 판단하건대
3 부사절의 시제가 주절의 시제보다 앞서므로 having v-ed를

쓴다. 분사구문의 부정은 분사 앞에 not을 쓴다.
4 '이 조리법을 따르면'이라는 의미로 조건을 나타내는 분사구문이므로 Following을 쓴다.

C 2 수동형 분사구문을 만들기 위해 being이 쓰인 경우 생략할 수 있다.
3 분사구문의 주어가 주절의 주어와 다를 경우 분사구문의 주어를 그대로 쓴다.

내신 완성 Grammar Practice   p. 175

1 ⑤ 2 ⑤ 3 ④ 4 with, his, eyes, shining

문제해설

1 차에 치여서, 그녀는 아무것도 기억하지 못했다.
▶ 문맥상 부사절이 수동태이고, 부사절의 시제가 주절의 시제보다 앞서므로 완료수동태 분사구문을 쓴다.

2 분사구문의 부정은 분사 앞에 not을 쓴다.

3 ① 중국에서 태어나서, 그녀는 중국어를 유창하게 말한다.
② 공원에서 조깅하면서, 나는 두 사람이 싸우는 것을 봤다.
③ 출발하기 전에, 우리는 우리의 여행을 상세하게 계획했다.
⑤ 많은 시간이 있어서, 우리는 우리의 목적지까지 걸어갔다.
▶ ④ 분사구문의 주어와 주절의 주어가 다른데 분사구문의 주어를 써주지 않았으므로 분사(Being) 앞에 주어 It을 써야 한다. It being warm and sunny, …..가 올바른 문장이다.

4 「with+(대)명사+현재분사」: …가[를] ~한 채로

서술형에 나오는 WRITING   p. 176

A 1 Injured during the basketball game, Dave is in the hospital.
2 Strictly speaking, the accident was not your fault.
3 People were praying with their eyes closed.
B 1 The[That], room, being, dark
2 Reading, an, email
3 Not, remembering, her, name
C 1 Shocked 2 Checking
3 After, investigating

문제해설

C
수사 중인 23번가의 강도 사건

23번가에 있는 집이 어젯밤에 강도를 당했다. 집이 강도당한 것을 알고 충격을 받아, 집주인인 Jones 씨는 즉시 경찰에 신고했다. 다행히 보안 카메라가 그 범죄를 녹화했다. 기록을 확인하며, 경찰은 강도들이 어떻게 생겼는지 보았다. 범죄 현장을 조사한 후 경찰은 강도들을 찾아 나설 것이다. 그들은 그 강도들을 빠른 시일 내에 찾아내길 바란다.
▶ 1 Because he was shocked의 분사구문으로 Being은 생략할 수 있다.

2 As they checked the recording의 분사구문으로 Checking이 되어야 한다.

3 분사구문의 뜻을 명확히 하거나 강조하기 위해 분사 앞에 접속사를 남기기도 한다.

READING WITH GRAMMAR

pp. 177~178

Reading 1 | 1 ⑤ 2 (When) (Being) Exposed
Words | ¹온도, 기온 ²둘러싸다, 에워싸다

해석 | 대부분의 사람들은 모든 흙이 갈색이라고 생각한다. 대개는 그렇지만, 적당한 미네랄과 섞이면, 다양한 색이 될 수 있다. 예를 들어, 당신은 Grand Canyon의 벽에서 몇몇 다른 색을 볼 수 있다. 그리고 중국 남부의 한 지역인 Dongchuan에서는, 흙이 검붉은색이다. 그 색은 그 흙에 있는 다량의 철과 구리에서 나온다. 그 흙이 고온과 비에 노출되면, 흙은 그것을 빨갛게 만드는 화학 반응을 겪는다. 봄에 농부들이 그들의 들판의 흙을 갈아엎기 시작하면, 많은 전문 사진작가들이 Dongchuan으로 여행간다. 그들은 그 다채로운 풍경의 완벽한 사진을 얻고 싶어 한다. 그것(풍경)은 파란 하늘, 녹색 식물, 노란 밀밭이 빨간 흙을 둘러싼 채 자연에서 가장 선명한 색의 조합 중 하나를 포함한다.

구문해설

2행 ..., but **when (being) mixed** with the right minerals, ...
▶ when (being) mixed는 시간을 나타내는 분사구문으로 뜻을 명확히 하기 위해 접속사를 생략하지 않았다.

6행 And in **Dongchuan, an area in southern China,** the soil is dark red.
▶ Dongchuan과 an area in southern China는 콤마로 연결된 동격이다.

10행 ..., it experiences a chemical reaction [**that** *makes it turn* red].
▶ that 이하는 a chemical reaction을 수식하는 주격 관계대명사절이다.
▶ make+목적어+동사원형: …을 ~하게 만들다

14행 ..., **with** a blue sky, green plants, and fields of yellow wheat **surrounding** the red soil.
▶ with+명사+현재분사: …가[를] ~한 채로

문제해설

1 ⑤ 사진작가들은 봄에 Dongchuan을 많이 방문한다.

2 부사절의 주어와 주절의 주어가 같으므로 주어를 생략하며, is를 being으로 바꾼다. 이때 being은 분사구문에서 수동형을 만들기 위한 것으로 생략할 수 있다. 접속사는 보통 생략하나, 의미를 명확히 하기 위해 남겨둘 수 있다.

Reading 2 | 1 ② 2 ③
Words | ¹식민지 ²입증하다

해석 | 1587년, 영국인 John White는 북아메리카로 항해해서 로아노크 섬에 식민지를 건설했다. 곧, 100명이 넘는 사람들이 그곳에 살았다. 물자가 필요해서, White는 영국으로 항해해 돌아갔다. 불행히도, 영국과 스페인 사이의 전쟁이 식민지로의 그의 귀환을 지연시켰다. 결국, 그는 3년 뒤에 돌아올 수 있었다. 식민지에 도착했을 때 그는 모두가 사라졌다는 것을 알았다! 유일한 단서는 울타리 기둥에 새겨진 'Croatoan'이라는 단어였다. 이것은 근처에 있는 섬의 이름이었다. White는 식민지 주민들을 찾으며 항해했지만, 그들을 결코 찾지 못했다.

오늘날, 학자들은 식민지 주민들이 식량을 찾기 위해 Croatoan에 갔다고 믿는다. 북미 원주민들이 그곳에 있는 식민지 주민들을 발견하고 그들을 자신들의 부족으로 받아들였을지도 모른다. 그러나 이 이론을 입증할 증거는 없다. 식민지가 사라진 것은 여전히 수수께끼이다.

구문해설

4행 **Needing** supplies, White sailed back to England.
▶ Needing supplies는 '물자가 필요해서'의 의미로 이유를 나타내는 분사구문이다.

9행 The only clue was the word "Croatoan" [**carved** in a fence post].
▶ carved 이하는 the word "Croatoan"을 수식하는 과거분사구이다.

10행 White sailed around, **looking** for the colonists, ...
▶ looking은 동시동작을 나타내는 분사구문이다.

13행 Native Americans **may have found** the colonists there, [*accepting* them into their tribe].
▶ may have v-ed: …했을지도 모른다 (과거에 대한 약한 추측)
▶ accepting이하는 연속동작을 나타내는 분사구문이다.

문제해설

1 이 글에 비추어 볼 때 사실이 아닌 것은?
① 식민지는 한 섬에 위치해 있었다.
② White는 전쟁에서 싸우기 위해 영국으로 돌아갔다.
③ White는 3년 뒤에 식민지로 돌아왔다.
④ 식민지 근처에 Croatoan으로 불리는 섬이 있었다.
⑤ 오늘날에도 그 식민지에 무슨 일이 있었는지 아무도 모른다.
▶ ② White는 물자가 필요해서 영국으로 돌아갔다.

2 빈칸 (A)에 들어갈 말로 가장 알맞은 것은?
▶ 문맥상 '식민지에 도착했을 때'의 의미이므로 When을 써서 시간을 나타내는 분사구문으로 바꿀 수 있다.

내신에 나오는 **COMMUNICATION** pp. 179~180

A 요청하기

Check-Up | 1 ④   2 Can[Could], I, ask, you, to, wash

문제해설

1 A: ＿＿＿＿＿＿＿＿＿＿＿＿＿＿＿＿＿
   B: 전혀 아니야. 여기 있어.
   ① 내게 1달러를 좀 빌려주는 게 어떠니?
   ② 난 네가 내게 1달러를 빌려줘야 한다고 생각해.
   ③ 내게 1달러를 빌려주겠니?
   ④ 내게 1달러를 빌려주는 것을 꺼리니?
   ⑤ 내게 1달러를 빌려줄 수 있는지 궁금해.
   ▶ 「Would you mind v-ing ~?」에 대한 긍정의 답은 'Not at all.', 'Of course not.' 등이다.

2 나는 네가 설거지를 해줄 수 있는지 궁금해.

B 놀람 표현하기

Check-Up | 1 ⑤   2 surprising, that

문제해설

1 ① A: 나는 그녀가 혼자 7명의 아이들을 키웠다는 게 놀라워.
     B: 나도야.
  ② A: Amy가 지난주에 복권에 당첨됐다고 말했어.
     B: 정말이야? 믿을 수 없어!
  ③ A: 그녀가 그 사고에 대해 아무것도 기억하지 못한다는 걸 믿을 수 없어.
     B: 맞아. 정말 놀라워.
  ④ A: 그 축구 선수가 은퇴했다니 놀라워.
     B: 나도 놀랐어.
  ⑤ A: Chris가 시카고로 갔다는 것을 들었니?
     B: 네가 떠난다는 것을 믿을 수 없어.

FINAL TEST pp. 181~183

1 ③ 2 (1) sail (2) remain (3) surround 3 ② 4 ①
5 (D)→(B)→(C)→(A) 6 ② 7 ④ 8 ③ 9 ③ 10 ⑤
11 ⑤ 12 The boy was running with his shoes untied. 13 Frankly, speaking 14 Judging, from
15 ③ 16 ⑤ 17 The computer being old
18 Having painted the picture 19 ⑤ 20 Though, getting, up 21 The, dog, chasing 22 (Having been) Brought up on a farm, she isn't used to city life. 23 Looked → Looking 24 Consider → Considering 25 Taking this medicine, you should avoid coffee.

문제해설

1 several은 '몇몇의'라는 뜻이다. '심각한'이라는 뜻의 단어는 severe이다.

2 (1) 나는 배를 사서 세계를 항해할 것이다.
  (2) 큰 싸움 후에도, 그들은 계속 가장 친한 친구이다.
  (3) 군인들은 적군에 둘러싸였다.

3 A: 나는 스페인행 무료 티켓을 받는 데 뽑혔어!
  B: 네가 스페인에 간다니 ＿＿＿＿＿＿＿!
  A: 맞아. 나는 매우 신나.

4 A: 잠깐 기다려주시겠어요[잠깐 기다리시는 걸 꺼리시나요]?
  B: 당연하죠[물론 아니죠].
  ① 전혀 아니에요.
  ② 저도 기뻐요.
  ③ 괜찮아요.
  ④ 고맙지만 됐어요.
  ⑤ 모르겠어요.

5 (D) 할 일이 너무 많아. 나는 어디서부터 시작해야 할지 모르겠어.
  (B) 내가 널 도와줄 것이 뭐라도 있을까?
  (C) 응! 이 소포 좀 보내줄래?
  (A) 응, 물론이지.

6 눈으로 덮여서, 그 산은 멋있어 보인다.
  ▶ 이유를 나타내는 부사절 As[Because/Since] it is covered with snow의 수동형 분사구문으로 Being이 생략되었다.

7 비밀번호를 몰라서, 나는 컴퓨터를 쓸 수 없었다.
  ▶ 분사구문의 부정은 분사 앞에 not을 쓴다.

8 비행기를 기다리면서, 그는 면세점에서 쇼핑을 했다.

9 물을 끓이면서, Lisa는 채소를 씻었다.

10 잠이 들어서/들었을 때, 그는 그가 가장 좋아하는 TV 쇼를 놓쳤다.

11 ① 소음에 놀라서, Daisy는 비명을 질렀다.
   ② 엄밀히 말하면, 너는 법을 어겼다.
   ③ 관중들은 배우들에게 박수를 치며 일어섰다.
   ④ 마술사는 검은 정장을 입은 채로 무대 밖으로 나왔다.
   ▶ ⑤ 부사절 When it is seen from a distance가 분사구문이 된 것이므로, (Being) Seen from a distance가 되어야 한다.

12 「with+(대)명사+과거분사」: …가[를] ~된 채로

13 frankly speaking: 솔직히 말해서

14 judging from: …로 판단하건대

15 시간을 나타내는 부사절 After it was worn by my brother의 수동형 분사구문으로, 의미를 명확히 하기 위해 접속사 After를 남겨 두었다.

16 부사절이 수동태이고 부사절의 시제가 주절의 시제보다 앞설 때 완료수동태 분사구문 having been v-ed의 형태로 쓴다.

17 컴퓨터가 오래되어서, 나는 그것을 버리기로 결정했다.
   ▶ 부사절의 주어(the computer)가 주절의 주어(I)와 다르므

로 분사 앞에 주어를 쓴다.

18 Anthony는 그림을 그린 후에, 그것을 내게 보여줬다.
   ▶ 부사절의 시제가 주절의 시제보다 앞서므로 완료형 분사구문 having v-ed의 형태로 쓴다.

20 양보를 나타내는 분사구문은 문장의 의미를 명확히 하기 위해 일반적으로 접속사를 남겨둔다.

22 그녀가 농장에서 자랐기 때문에, 그녀는 도시 생활에 익숙지 않다.
   ▶ 부사절이 수동태이고 부사절의 시제가 주절의 시제보다 앞설 때 완료수동태 분사구문 having been v-ed의 형태로 쓴다. 이때, Having been은 생략이 가능하다.

[23-24] 나는 지난 일요일에 쇼핑하러 갔다. 쇼핑몰을 둘러보다가 나는 셔츠를 파는 매장을 발견했다. 가격을 고려하면, 그것들은 꽤 좋았다.

23 주어(I)가 '둘러보는' 것이므로 능동형 분사구문인 Looking이 되어야 한다.

24 considering: …을 고려하면

25 이유를 나타내는 부사절 Because[As/Since] you take this medicine은 분사구문 Taking this medicine으로 바꿀 수 있다.

 CHAPTER 12 가정법

GRAMMAR FOCUS · p. 186

A 가정법의 의미와 형태

1 만약 나에게 돈이 충분히 있다면, 나는 그녀에게 반지를 사줄 텐데.

2 만약 내가 그 컴퓨터 수업에 대해 알았더라면, 나는 그것을 신청할 수 있었을 텐데.
   만약 내가 네 조언을 받지 않았더라면, 나는 내 시간을 낭비했었을 텐데.

3 만약 내가 장을 보러 갔더라면, 나는 지금 먹을 것이 있을 텐데.

| Check-Up | · p. 187

A 1 were 2 had run 3 join 4 be
B 1 have missed 2 spoke 3 have
   4 were 5 had known
C 1 had known 2 liked 3 could visit
   4 could have played

GRAMMAR FOCUS · p. 188

B I wish, as if[though], without[but for]

1 1) 내가 스키 타는 법을 알면 좋을 텐데.
   2) 나는 복통이 있다. 아이스크림을 그렇게 많이 먹지 않았더라면 좋을 텐데.

2 1) Cathy는 마치 선생님인 것처럼 영문법을 설명한다.
   2) Alice는 마치 전에 거짓말을 한 적이 없었던 것처럼 행동한다.

3 1) 인터넷이 없다면, 우리의 삶은 불편할 것이다.
   2) 네 전화가 없었다면, 나는 학교에 늦었을 것이다.

| Check-Up | · p. 189

A 1 had 2 But 3 had learned
   4 had cleaned 5 had not been
B 1 hadn't, lost 2 could, speak
   3 had, been 4 Without, the, snow
C 1 Were I/If I were 2 had not been
   3 had gone 4 were 5 had written

Grammar Practice · · · · · · · · · · · · · p. 190

A 1 could take 2 became
   3 would have caught 4 Had you/If you had
B 1 would[could] tell 2 had done 3 had met
   4 wouldn't[couldn't] have succeeded
C 1 lived, could, visit 2 But, for, the, umbrella
   3 as, if[though], he, had, been
   4 had, reserved, a, table
   5 hadn't, eaten

문제해설

A 1 현재 사실과 반대되는 상황을 소망하고 있으므로 「I wish+주어+동사의 과거형」이 알맞다.
   2 가정법 과거 의문문이므로 if절의 동사는 과거형 became이 되어야 한다.
   3 「If it had not been for …, +가정법 과거완료」로, 주절은 「주어+would[could/might] have v-ed」로 쓴다.
   4 if절의 (조)동사가 had인 경우 if를 생략할 수 있으며, 이때 주어와 had의 위치를 바꾸어 「Had+주어」의 형태로 쓴다.

B 1 현재 사실과 반대되는 상황을 가정하므로 「If+주어+동사의 과거형, 주어+would[could/might]+동사원형」을 쓴다.
   2 과거 사실과 반대되는 상황을 소망하고 있으므로 「I wish+주어+had v-ed」를 쓴다.
   3 주절보다 과거의 일을 반대로 가정할 때 「as if[though]+주어+had v-ed」를 쓴다.
   4 '(만약) …가 없었다면'의 뜻으로 「Without …, +가정법 과거완료」를 쓴다.

C 2 If it had not been for는 「But for …, +가정법 과거완료」

로 바꿀 수 있다.

4 과거의 일을 반대로 가정하는 가정법 과거완료 문장으로 「If+주어+had v-ed, 주어+would[could/might] have v-ed」로 나타낸다.

5 과거에 실현되지 못한 일이 현재까지 영향을 미치는 상황을 가정하는 혼합 가정법은 「If+주어+had v-ed, 주어+would[could/might]+동사원형」의 형태로 쓴다.

내신 완성 *Grammar Practice* p. 191

1 ③　**2** ⑤　**3** ③　**4** (1) weren't[were not], could buy (2) had come to my party

문제해설

1 나의 형은 내가 마치 어린애인 것처럼 나를 대하지만, 나는 (어린애가) 아니다.
▶ 주절과 같은 시점의 일을 반대로 가정할 때 「as if[though]+주어+동사의 과거형」 구문을 쓰므로 동사 were가 알맞다.

2 ① Robert는 마치 금메달을 땄던 것처럼 보였다.
② 누군가 날 위해 내 방을 청소해주면 좋을 텐데.
③ 공기가 없다면, 아무것도 살 수 없을 것이다.
④ 만약 내게 여가 시간이 더 있다면, 나는 운동을 규칙적으로 할 수 있을 텐데.
▶ ⑤ if를 생략하고 주어와 had의 위치를 바꾼 가정법 과거완료 문장이므로 주절의 동사는 would have bought가 되어야 한다.

서술형에 나오는 *WRITING* p. 192

A　**1** I wish I could spend my holidays with you.
　　2 Julie acted as if I weren't standing next to her.
　　3 Without his great performance, we wouldn't have gone to the finals.
B　**1** If I had a lot of time, I could take violin lessons.
　　2 I wish Jina hadn't[had not] transferred to another school.
C　**1** could continue
　　2 might not have missed

문제해설

B 1 나는 시간이 많지 않기 때문에, 바이올린 수업을 받을 수 없다.
▶ 현재 사실과 반대되는 상황을 가정하는 가정법 과거 문장이므로 「If+주어+동사의 과거형, 주어+could[would/might]+동사원형」으로 나타낸다.

2 나는 Jina가 다른 학교로 전학을 가서 유감이다.
▶ 과거의 일과 반대되는 상황을 소망하는 문장은 「I wish+주어+had v-ed」로 나타낸다.

C 1 만약 날씨가 맑다면, 우리는 경기를 계속 할 수 있을 텐데.
▶ 가정법 과거는 「If+주어+동사의 과거형/were, 주어+

could[would/might]+동사원형」 형태로 쓴다.

2 만약 Jane이 서둘렀다면, 그녀는 기차를 놓치지 않았을지도 모른다.
▶ 가정법 과거완료는 「If+주어+had v-ed, 주어+might[could/would] have v-ed」 형태로 쓴다.

READING *WITH GRAMMAR* pp. 193~194

Reading 1 | **1** ④　**2** ③
Words | ¹불안해하는, 염려하는　²비슷한

해석 | 디지털 기기가 없다면, 우리의 삶은 힘들 것이다. 그게 바로 내 생각이었다. 내 전화기는 항상 내 손에 있었고, 나는 컴퓨터 앞에서 여가를 보냈다. 어느 날, 나는 내가 심각한 목의 통증과 안 좋은 시력으로 고통받고 있다는 것을 알았다. 나의 의사가 그것이 디지털 기기의 과도한 사용으로 생길 수 있는 것이라고 말한 후, 나는 전자기기를 사용하는 것을 줄이기로 결심했다.

처음에, 나는 내 전화기가 없이 불안했고 마치 내 주머니 속에서 그것이 진동하는 것처럼 느꼈다. 하지만, 나는 내 스마트폰을 사용하는 대신 독서나 친구들을 만나는 데 시간을 보내려고 노력했다. 천천히, 내 목의 통증이 나아졌고, 이제 나는 가족, 친구들과 보내는 시간을 훨씬 더 즐길 수 있다! 여러분에게 비슷한 문제가 있다면, 내가 했던 것처럼 한번 플러그를 빼보는 게 어떤가?

구문해설

1행 **Without** digital devices, our lives **would be** difficult.
▶ 가정법 과거 구문으로 Without은 If it were not for나 But for로 바꿀 수 있다.

12행 ..., I tried to **spend** my time **reading** or **meeting** ....
▶ spend+시간(+in)+v-ing: …하는 데 시간을 보내다

문제해설

1 ① 기술이 없는 세상을 만들어라.
② 당신의 삶을 가족과 친구로 채워라.
③ 더 많은 시간을 실외 활동을 하면서 보내라.
④ 잠시 동안 당신의 디지털 기기에서 벗어나라.
⑤ 컴퓨터와 스마트폰을 다루는 방법을 찾아라.
▶ 디지털 기기의 과도한 사용으로 인해 나타난 증상과 해결 방법에 대해 조언하고 있는 글이므로, ④ '잠시 동안 당신의 디지털 기기에서 벗어나라.'가 요지로 적절하다.

2 ③ '마치 …인 것처럼'이라는 의미로 주절과 같은 시점의 일을 반대로 가정하는 「as if+가정법 과거(주어+동사의 과거형/were)」 구문이므로, is는 were가 되어야 한다.

Reading 2 | **1** ④　**2** could
Words | ¹머무르다　²이르다, 도달하다

해석 | 세 명의 사업가들이 출장 중이었고 60층짜리 호텔의 맨 꼭대기 층에 머물고 있었다. 어느 날 엘리베이터가 고장 났고, 그 남자들은 방으로 올라가는 내내 계단으로 가야 했다. 그럼에도 불구하고, 그

들은 긍정적으로 생각하려고 노력했다. 그들은 계단을 걸어 올라가는 것을 재미있게 만들기로 결정했다. 그들은 첫 번째 남자가 20층까지 우스갯소리를 하고, 두 번째 남자는 40층까지 노래를 부르고, 마지막으로 세 번째 남자는 그들이 꼭대기 층에 이를 때까지 이야기를 하기로 동의했다.

그들이 40층에 이르렀을 때, 그들은 피곤했지만 기분이 좋았다. 그들은 모두 "이런 오락 거리가 없다면, 이렇게 걸어 올라가는 것은 끔찍할 거야!"라고 생각했다. 그리고 세 번째 남자가 자신의 이야기를 하기 시작했다. 그는 "내가 당신들에게 재미있는 얘기를 해줄 수 있다면 좋을 텐데. 하지만 나는 슬픈 얘기밖에 할 수 없네. 내가 차 안에 방 열쇠를 두고 왔어."라고 말했다.

구문해설

7행 They decided to **make** their walk up the stairs **fun**.
- ▶ make+목적어+형용사: …를 ~하게 만들다

8행 They agreed [**that** the first man would tell jokes until the twentieth floor, …].
- ▶ that 이하는 agreed의 목적어로 쓰인 명사절이다.

14행 …, "**Without** this entertainment, this climb **would be** awful!"
- ▶ 가정법 과거 구문으로 Without은 If it were not for나 But for로 바꿀 수 있다.

문제해설

1 빈칸에 들어갈 말로 가장 알맞은 것은?
① 게다가 ② 그렇지 않으면 ③ 예를 들면
④ 그럼에도 불구하고 ⑤ 반면에
- ▶ 60층을 걸어 올라가야 한다는 사실을 긍정적으로 받아들였으므로, 빈칸에 들어갈 접속사로는 ④ '그럼에도 불구하고'가 적절하다.

2 위 글의 밑줄 친 단어를 바르게 고치시오.
- ▶ 현재 사실과 반대되는 상황에 대한 소망을 나타낼 때는 「I wish+가정법 과거(주어+동사의 과거형)」를 쓰므로, could가 알맞다.

내신에 나오는 COMMUNICATION pp. 195~196

A 바람 묻고 표현하기

Check-Up | 1 ①   2 I, wish, I, could, meet

문제해설

1 나는 멕시코 음식을 좀 먹고 싶어.
① 나는 멕시코 음식을 좀 먹고 싶어.
② 나는 멕시코 음식을 좀 먹을 것 같아.
③ 나는 멕시코 음식을 좀 먹었어야 했어.
④ 나는 네가 멕시코 음식을 좀 먹어야 한다고 생각해.
⑤ 나는 멕시코 음식을 좀 먹어야 해서 유감이야.
- ▶ 자신의 바람이나 소망을 말할 때는 「I'd like to ~/I want

to-v ~」를 쓸 수 있다.

B 가정하여 묻고 표현하기

Check-Up | 1 ①   2 (C) → (B) → (A) → (D)

문제해설

1 A: 만약 네가 초능력을 가지고 있다면 넌 무엇을 할 거니?
B: _____
① 나는 위험에 처한 사람들을 도울 거야.
② 나는 초능력을 사용하지 않는 게 좋겠어.
③ 나는 항상 초능력을 갖고 싶었어.
④ 도움이 필요한 사람들을 돕는 것은 중요해.
⑤ 만약 내가 초능력을 가지고 있다면 좋을 것 같아.

2 (C) 네가 원하는 것을 무엇이든 살 수 있다면 넌 무엇을 하겠니?
(B) 나는 거대한 집을 살 거야. 넌?
(A) 나는 멋진 스포츠카를 살 거야.
(D) 그거 멋지다.

FINAL TEST pp. 197~199

1 ② **2** device **3** cut, down, on **4** ⑤ **5** (D)→(C)→(A)→(B) **6** ③ **7** ③ **8** ④ **9** ④ **10** Without[But for/If it had not been for] **11** ③ **12** had saved **13** could[would] take **14** ③ **15** ④ **16** ⑤ **17** Mike talks as if he had bought us dinner. **18** ① **19** ⑤ **20** ③ **21** hadn't[had not] believed **22** I had learned to ride a bicycle when I was young **23** he had worked hard on the project, he could[would/might] have got[gotten] it done by last Friday **24** He felt as if[though] he were in a dream. **25** could[would] open the door

문제해설

1 어제 날씨는 정말 끔찍했다.
① 습한 ② 끔찍한 ③ 아주 좋은 ④ 놀라운 ⑤ 규칙적인

4 너는 오늘 뭘 하고 싶니?
① 나는 수영을 가고 싶어.
② 그냥 영화 보러 가자.
③ 내가 조깅하러 갈 수 있으면 좋겠어.
④ 나는 사진 전시품을 보고 싶어.
⑤ 내가 축구 선수가 될 수 있으면 좋겠어.

5 (D) 너는 복권에 당첨된다면 무엇을 하고 싶니?
(C) 나는 그 돈을 자선 단체에 기부할 거야.
(A) 왜 그렇게 할 거니?
(B) 나는 가난한 사람들을 돕고 싶거든.

6 A: 너는 대통령이 되길 바라니?
B: 아니, 하지만 그를 직접 만날 수 있으면 좋을 것 같아.
A: 대통령을 만난다고? 네가 그렇게 할 수 있으면 무엇을 하겠니?
B: 나는 정책 제안을 할 거야.

A: 그거 흥미로운걸.

7 만약 Carl이 바쁘지 않다면, 우리는 저녁을 함께 먹을 수 있을 텐데.
  ▶ 「If+주어+동사의 과거형/were, 주어+could[would/might]+동사원형」: 만약 …라면, ~할 텐데

8 내가 어제 그녀와의 약속을 깨지 않았더라면 좋을 텐데.
  ▶ 「I wish+주어+had v-ed」: …했더라면 좋을 텐데

9 ① 네가 그 소식을 들었더라면 좋을 텐데.
  ② Steve는 마치 그가 정직한 것처럼 행동한다.
  ③ 이 물이 없다면, 이 식물은 죽을 것이다.
  ⑤ 그의 도움이 없었더라면 우리는 그 불타는 건물에서 나가지 못했을 것이다.
  ▶ ④ 과거에 실현되지 못한 일이 현재까지 영향을 미치는 상황을 가정하는 혼합 가정법이므로 주절의 동사를 would be로 바꿔야 한다.

10 '…가 없었다면'의 의미로 「Without[But for] …,+가정법 과거완료」 구문을 쓸 수 있으며, Without[But for]은 If it had not been for로 바꿔 쓸 수 있다.

11 • Tim은 마치 자신이 나의 아버지인 것처럼 행동한다.
  • 만약 내가 아프지 않다면 나는 너와 함께 하이킹을 갈 수 있을 텐데.
  ▶ as if절에서 주절과 같은 시점의 일을 반대로 가정할 때 be동사는 were로 쓰고, 현재 사실과 반대되는 상황을 가정하는 가정법 과거 문장에서도 be동사는 were로 쓴다.

13 과거에 실현되지 못한 일이 현재까지 영향을 미치는 상황을 가정하는 혼합 가정법 「If+주어+had v-ed, 주어+could[would]+동사원형」을 쓴다.

14 나는 네가 우리 동호회에 가입할 수 없어서 유감이다.
  ▶ 현재 사실과 반대되는 상황을 소망하고 있으므로 「I wish+주어+동사의 과거형」으로 된 문장을 고른다.

15 가정법 과거완료의 if절 If you had come에서 if를 생략하고 주어와 조동사(had)가 도치된 Had you come이 알맞다.

16 if절의 동사 형태로 보아 가정법 과거완료 '…가 없었다면'을 나타내므로 주절의 동사는 couldn't have found가 알맞다.

17 「as if[though]+주어+had v-ed」: 마치 …였던 것처럼

18 주절과 같은 시점의 일을 반대로 가정하고 있으므로 「as if[though]+주어+동사의 과거형」으로 쓰인 문장을 고른다.

19 과거의 사실과 반대되는 상황을 가정해서 나타내는 가정법 과거완료 「If+주어+had v-ed, 주어+could[would/might] have v-ed」로 쓰인 문장을 고른다.

20 • 네가 지금 이곳에 있으면 좋을 텐데.
  • 만약 내가 그곳에 있었다면, 나는 지진으로 다쳤을 텐데.
  ▶ 첫 번째 문장은 현재 사실과 반대되는 상황을 소망하는 가정법 과거 구문이므로 ⓐ에는 were를, 두 번째 문장은 과거의 일을 반대로 가정하고 있는 가정법 과거완료 구문이므로 ⓑ에는 had been을 쓴다.

21 만약 Emma가 자신을 믿지 않았더라면, 그녀는 성공하지 못했을 텐데.

22 내가 어렸을 때 자전거 타는 법을 배우지 않아서 유감이다.
  ▶ 과거의 일과 반대되는 상황을 소망하는 문장이므로 「I wish+주어+had v-ed」로 나타낸다.

23 그는 프로젝트를 열심히 하지 않았기 때문에, 지난주 금요일까지 그것을 끝낼 수 없었다.
  ▶ 과거 사실과 반대되는 일을 가정하므로 「If+주어+had v-ed, 주어+could[would/might]+have v-ed」로 나타낸다.

24 주절과 같은 시점의 일을 반대로 가정할 때는 「as if[though]+주어+동사의 과거형/were」로 나타낸다.

25 만약 나에게 열쇠가 있다면 나는 문을 열 수 있을[열] 텐데.
  ▶ 현재 사실과 반대되는 일을 가정하는 가정법 과거 구문을 사용한다.

📍 CHAPTER 13 비교 구문

GRAMMAR FOCUS　　　　　　　　…………………… p. 202

A 원급, 비교급, 최상급

1 Tom의 남동생은 Tom만큼 키가 크다.
  문제는 네가 생각하는 만큼 크지 않다.
  이번 여름은 지난여름만큼 덥지는 않다.

2 나의 성적은 평균보다 더 높다.
  Jim은 나보다 더 많은 경험이 있다.
  요리하는 것이 외식하는 것보다 덜 비싸다.

3 이 가게에서 가장 저렴한 신발은 얼마인가요?
  Clara는 그 세 소녀들 중 가장 부지런하다.
  나는 가장 덜 비싼 비행기 표를 예약했다.

| Check-Up |　　　　　　　…………………… p. 203

A 1 hard　2 longest　3 even　4 to　5 more
B 1 as, cold, as　2 the, most, crowded
  3 far, bigger, than　4 more, responsible, than
  5 less, boring, than
C 1 stronger　2 not as[so] comfortable as
  3 the busiest　4 to

GRAMMAR FOCUS　　　　　　　　…………………… p. 204

B 최상급의 의미를 나타내는 여러 가지 표현

1 러시아는 세계에서 가장 큰 나라이다.
  → 세계의 어떤 나라도 러시아만큼 크지 않다.

→ 세계의 어떤 나라도 러시아보다 크지 않다.

→ 러시아는 세계의 다른 어떤 나라보다 더 크다.

→ 러시아는 세계의 다른 모든 나라들보다 더 크다.

2 1) 타임스퀘어는 뉴욕에서 가장 인기 있는 관광지들 중 하나이다.

트럼펫은 연주하기에 가장 어려운 악기들 중 하나이다.

2) 그녀는 내가 지금껏 본 (미소) 중 가장 아름다운 미소를 갖고 있다.

Paul은 그녀가 지금까지 알아온 (사람) 중 가장 긍정적인 사람 이다.

C 여러 가지 비교 구문

1 나의 형은 가능한 한 일찍 일어나려 애쓴다.

(= 나의 형은 그가 할 수 있는 한 일찍 일어나려 애쓴다.)

2 나의 짐은 네 것보다 4배만큼 더 무겁다.

(= 나의 짐은 네 것보다 4배 더 무겁다.)

3 지구온난화 때문에 여름은 매해 점점 더 더워지고 있다.

4 네가 더 빨리 운전할수록, 더 위험해진다.

| *Check-Up* | ···················· p. 205

A **1** The more **2** artists **3** better

B **1** young, as **2** younger, than **3** younger, than, any, other **4** younger, than, all, the, other

C **1** as, loudly, as, possible **2** one, of, the, busiest **3** the, most, humorous

D **1** boy **2** the most impressive **3** buildings

Grammar Practice p. 206

A **1** The older **2** ten times **3** faster **4** to

B **1** smarter, and, smarter

2 as, carefully, as, possible

3 as, difficult, as

4 one, of, the, most, common

C **1** less, considerate

2 five, times, wider

3 more, popular, than, all, the, other

4 as, high, as, she, could

문제해설

A **1** 「the+비교급, the+비교급」: … (하면) 할수록 더 ~한/하게

2 「배수사+as+원급+as」: …보다 몇 배만큼 ~한/하게

3 「부정주어 … 비교급+than」: 어떤 것도 ~보다 더 …하지 않 는/않게

4 prefer A to B: B보다 A를 더 좋아하다

B **1** 「비교급+and+비교급」: 점점 더 …한/하게

2 「as+원급+as possible」: 가능한 한 …한/하게

3 「as+원급+as」: …만큼 ~한/하게

4 「one of the+최상급+복수명사」: 가장 …한 것[사람]들 중 하나

C **1** 「less+원급+than」: …보다 덜 ~한/하게

2 「배수사+비교급+than」: …보다 몇 배만큼 ~한/하게

3 「비교급+than all the other+복수명사」: 다른 모든 ~보다 더 …한/하게

4 「as+원급+as+주어+can」: 가능한 한 …한/하게

내신 완성 *Grammar Practice* p. 207

1 ③ **2** ② **3** ② **4** ⓐ coat ⓑ more expensive

문제해설

1 그 쇼핑몰은 내가 생각했던 것보다 훨씬 더 붐볐다.

▶ 비교급을 강조하는 부사로 very는 쓸 수 없다.

2 나의 오래된 스마트폰은 내 새것만큼 편리하지는 않았다.

▶ 「not so[as]+원급+as」

= 「less+원급+than」: …보다 덜 ~한/하게

3 ① 아무것도 시간보다 더 소중하지 않다.

③ 나는 과학 시험을 보는 것이 가장 긴장되지 않는다.

④ 우리 반의 어떤 학생도 June만큼 똑똑하지는 않다.

⑤ 이 폭포는 우리 나라에서 가장 아름다운 관광지이다.

▶ ② 「비교급+than」: …보다 더 ~한/하게

4 A: 이 파란색 코트는 얼마죠?

B: 90달러입니다. 그것은 저희 매장에 있는 다른 어떤 코트보다 더 저렴합니다.

A: 아, 그럼 저 검은색 코트는요?

B: 그 검은 것은 파란 것보다 세 배 더 비쌉니다. 수제품이거든요.

▶ ⓐ 「비교급+than any other+단수명사」: 다른 어떤 ~보다 더 …한/하게

ⓑ 「배수사+비교급+than」: …보다 몇 배만큼 ~한/하게

서술형에 나오는 *WRITING* p. 208

A **1** The days are getting shorter and shorter.

2 This laptop is the smallest one I have ever used.

3 Nothing is as important as happiness.

B **1** as, hard, as, possible

2 The, more, the, better

C **1** more, popular **2** twice, as, popular, as

3 less, popular, than **4** the, least, popular

문제해설

B **1** 그들은 가능한 한 세게 문을 밀었다.

2 네가 더 연습할수록 너는 스케이트를 더 잘 탈 수 있을 것이다.

C 파이 그래프를 보면, 우리는 다음을 확인할 수 있다.

1 공상과학 소설은 다른 어떤 장르보다 더 인기가 있다.

2 범죄 소설은 비소설보다 2배만큼 더 인기가 있다.

3 시는 범죄 소설보다 덜 인기가 있다.

4 역사는 모든 장르에서 가장 덜 인기가 있다.

▶ 1 「비교급＋than any other＋단수명사」: 다른 어떤 ~보다
더 …한/하게
2 「배수사＋as＋원급＋as」: …보다 몇 배만큼 ~한/하게
3 「less＋원급＋than」: …보다 덜 ~한/하게
4 「the least＋형용사/부사의 원급」: 가장 덜 …한/하게

READING *WITH GRAMMAR* pp. 209~210

Reading 1 ┃ **1** as[so], easy, as, you, think **2** ②
Words ┃ **1** 압박, 압력 **2** 표면, 수면

해석 ┃ 여러분은 잠수함이 어떻게 때때로 뜨고 때때로 물속에 가라앉
는지 궁금해한 적이 있는가? 이 실험은 여러분이 이해하도록 도와줄
것이다. 머그잔을 거꾸로 뒤집어서 물로 가득 찬 싱크대 안으로 밀어
넣어라. 그것은 여러분이 생각하는 것만큼 쉽지 않을 것이다. 여러분
은 그것에 많은 압력을 가해야 할 것이다. 여러분이 머그잔에서 이 압
력을 없애자마자, 그것은 수면으로 불쑥 올라올 것이다. 이것은 머그
잔 안의 공기가 머그잔을 물보다 더 가볍게 만들기 때문이다. 잠수함
도 비슷하다. 잠수함은 물에 뜨기 위해 커다란 탱크를 공기로 채운다.
반면에, 잠수함이 잠수해야 할 때, 그 탱크는 바닷물로 가득 차는데,
그것은 잠수함을 원래보다 더 무거워지게 한다. 그러면 그것은 매우
깊은 곳까지 가라앉을 수 있다.

구문해설

1행 Have you ever wondered [**how** submarines can
sometimes float and sometimes sink underwater]?
▶ how 이하는 동사 wondered의 목적어 역할을 하는 「의문
사＋주어＋동사」의 간접의문문이다.

12행 ..., the tank fills with seawater, **which** *causes*
the submarine to become heavier than it was
originally.
▶ which는 앞 문장을 보충 설명하는 계속적 용법의 주격 관
계대명사로, and this로 바꿔 쓸 수 있다.
▶ cause＋목적어＋to부정사: …가 ~하게 하다

문제해설

1 「not as[so]＋형용사/부사의 원급＋as」: …만큼 ~하지 않은/
않게
2 (A) 앞 절에서 언급한 '머그잔'이 수면으로 올라온다는 내용이다.
(B) 탱크가 바닷물로 채워지면 '잠수함'이 원래보다 무거워진다는
내용이다.

Reading 2 ┃ **1** ⑤ **2** (A) more convenient
(B) successful
Words ┃ **1** 일회용의 **2** 손상, 피해

해석 ┃ 일회용 커피 컵은 커피잔보다 편리하지만, 그것들은 오늘날 영
국에서 가장 심각한 환경문제 중 하나이기도 하다. 영국의 커피 마시
는 사람들은 매년 일회용 커피 컵 25억여 개를 버린다. 이 컵들은 플
라스틱 막으로 덮인 마분지로 만들어져 있다. 마분지와 플라스틱을
분리하는 것이 어렵기 때문에, 일회용 커피 컵을 재활용하는 것은 매

우 비싸다. 그래서 그것들 대부분은 그냥 소각되거나 매립지에 묻는
다.
이 문제에 대처하기 위해, 영국은 일회용 커피 컵에 세금을 부과
하는 것을 고려하고 있다. 영국은 이미 비닐봉지에 세금을 매긴다.
그 세금이 2015년에 도입된 이래로, 일회용 비닐봉지의 사용은 약
85% 감소했다. 정부는 일회용 커피 컵에 부과하는 세금도 비닐봉지
에 부과하는 세금만큼 성공적일 수 있다고 믿는다. 그 세금은 훨씬 더
환경에 대한 피해를 줄일지도 모른다.

구문해설

4행 These cups **are made of** cardboard [*covered* by
a layer of plastic].
▶ be made of: …로 만들어지다
▶ covered 이하는 cardboard를 수식하는 과거분사구이
다.

5행 Because **it** is difficult [**to** *separate* the cardboard
from the plastic], [**recycling** disposable coffee
cups] **is** very expensive.
▶ it은 가주어이고 to separate 이하가 진주어이다.
▶ separate A from B: A와 B를 분리하다
▶ recycling 이하는 동명사구 주어로 단수 취급하여 단수 동
사가 쓰였다.

문제해설

1 위 글의 주제로 알맞은 것은?
① 재사용할 수 있는 재료로 만들어진 커피 컵
② 일회용 커피 컵을 사용하는 것의 편리성
③ 일회용 커피 컵을 사용하는 환경친화적인 방법들
④ 커피 컵을 매립지에 묻는 것의 나쁜 영향
⑤ 일회용 커피 컵의 사용을 줄이는 데 도움을 주는 세금
▶ 영국 정부가 일회용 커피 컵의 사용을 줄이기 위해 세금을 부
과하는 것을 고려하고 있다는 내용의 글이다.

2 (A)와 (B)에 들어갈 어법에 맞는 표현을 골라 쓰시오.
▶ (A) 뒤에 비교의 대상을 나타내는 than이 있으므로 비교급이
알맞다.
(B) 「as＋형용사/부사의 원급＋as」: …만큼 ~한/하게

내신에 나오는 *COMMUNICATION* pp. 211~212

A 충고 구하고 답하기

Check-Up ┃ **1** ③ **2** I, were, you, would, read

문제해설

1 A: 나는 신용카드를 잃어버렸어. 내가 어떻게 해야 할까?
B: 다른 누군가가 그것을 쓰기 전에 _____.
① 행운을 빌게
② 너는 돈을 절약해야 해
③ 너는 카드를 취소하는 게 좋겠어
④ 너는 지갑에 그것을 간직해야 해

⑤ 나는 네가 또 하나를 갖고 있는지 궁금해

B 선호하는 것 묻고 답하기

Check-Up | 1 ②　2 better[more], than, prefer, to

문제해설

1 A: 너는 스파게티와 피자 중에서 어느 것을 더 좋아하니?
　B: _____
　① 나는 스파게티를 더 좋아해.
　② 나는 스파게티를 자주 먹어.
　③ 나는 피자보다 스파게티를 더 좋아해.
　④ 나는 피자보다 스파게티를 더 좋아해.
　⑤ 나는 피자보다 스파게티가 더 낫다고 생각해.
　▶ 무엇을 선호하는지 묻는 말에 자신이 자주 먹는다고 말하는 응답은 어색하다.

FINAL TEST
pp. 213~215

1 ②　2 (1) float (2) recycle (3) remove　3 ⑤　4 had, better　5 better[more], than　6 ④　7 ③　8 ③　9 ②　10 ①　11 ②　12 ⑤　13 ③　14 ④　15 ②　16 His new song is getting more and more popular.　17 The, colder, the, more　18 more, talented, all, the, other　19 one, of, the, most, dangerous, sports　20 ③　21 He is one of the most successful actors in the world.　22 The economy is recovering three times as fast as last year.　23 This black hat is less expensive than that white one.　24 This tree is older than any other tree.

문제해설

1 무언가를 분리하거나 나누다
　① 영향을 미치다　② 분리하다　③ 비추다
　④ 휙 움직이다　⑤ 감소하다

2 (1) 돌은 물 위에 뜨지 않는다.
　(2) 우리가 재활용하면, 우리는 많은 나무를 살릴 수 있다.
　(3) 이 비누가 네 셔츠의 얼룩을 제거할 수 있다.

3 A: 내 차가 가끔 멈춰. 어떻게 해야 할까?
　B: _____
　① 나는 네가 운전할 수 있는지 궁금해.
　② 너는 빨간 불에서 멈춰야 해.
　③ 나도 걷는 것보다 운전하는 것을 더 좋아해.
　④ 내가 너라면, 잠시 멈추겠어.
　⑤ 나는 네가 차를 점검받아야 한다고 생각해.

6 ① A: 너는 내가 새 차를 사야 한다고 생각하니?
　　B: 아니, 나는 그렇게 생각하지 않아.
　② A: 너는 내가 그의 충고를 받아들여야 한다고 생각하니?
　　B: 내가 너라면, 그럴 거야.
　③ A: 나는 어지러워. 어떻게 해야 할까?

B: 나는 네가 잠을 좀 자야 한다고 생각해.
　④ A: 너는 우유와 주스 중 어느 것을 더 좋아하니?
　　B: 나는 주스 한 잔을 더 마시고 싶어.
　⑤ A: 너는 빨간 것과 검은 것 중에 어떤 것을 더 좋아하니?
　　B: 나는 검은 것을 더 좋아해.

7 그것은 내가 했던 것 중 최악의 실수이다.
　▶「the+최상급(+that)+주어+have[has] ever v-ed」: 지금까지 …한 것 중 가장 ~한

8 그들은 가능한 한 빠르게 학교로 걸어갔다.

9 Lena는 전보다 더 건강해 보여. 그녀는 최근에 운동하고 있니?

10 한라산은 남한에서 가장 높은 산이다.
　→ 한라산은 남한의 다른 어떤 산보다 더 높다.
　▶「비교급+than any other+단수명사」 '다른 어떤 ~보다 더 …한/하게' 구문은 최상급의 의미를 나타낸다.

11 ① 난 어제보다 기분이 훨씬 더 좋다.
　③ 그 외침은 점점 더 커졌다.
　④ 네가 더 어릴수록 새로운 것을 배우기가 더 쉽다.
　⑤ 그 면접은 내가 예상했던 것보다 세 배 더 길었다.
　▶ ②「the+형용사/부사의 최상급」: 가장 …한/하게

12 ⑤ 캐나다는 북미에 있는 다른 어떤 나라보다 더 크다.
　▶ ① more → many ② hardly → hard ③ you → as ④ healthier → the healthier

13 「not as[so]+원급+as」: …만큼 ~하지 않은/않게(=「less+원급+than」)

14 「배수사+as+원급+as」: …보다 몇 배만큼 ~한/하게

15 A: 어떤 것도 사랑보다 더 중요하지는 않아.
　B: 동감이야. 사랑이 가장 중요한 것이지.
　▶「부정주어 … 비교급+than」=「부정주어 … as+원급+as」

16 「비교급+and+비교급」: 점점 더 …한/하게

18 「비교급+than all the other+복수명사」: 다른 모든 ~보다 더 …한/하게

19 「one of the+최상급+복수명사」: 가장 …한 것들 중 하나

20 ① Jane은 이 마을에서 가장 친절한 사람이다.
　② 이 마을의 누구도 Jane보다 더 친절하지 않다.
　③ Jane은 이 마을의 다른 사람들만큼 친절하다.
　④ Jane은 이 마을의 다른 어떤 사람보다 더 친절하다.
　⑤ Jane은 이 마을의 다른 모든 사람들보다 더 친절하다.

21 → 그는 세계에서 가장 성공한 배우들 중 한 사람이다.
　▶「one of the+최상급+복수명사」: 가장 …한 사람들 중 하나

22 → 경제가 작년보다 3배만큼 더 빠르게 회복되고 있다.
　▶「배수사+비교급+than」=「배수사+as+원급+as」

23 → 이 검정색 모자는 저 하얀색 모자보다 덜 비싸다.
　▶「not so+원급+as」=「less+원급+than」

24 「비교급+than any other+단수명사」: 다른 어떤 ~보다 더 …한/하게

CHAPTER 14 특수구문 / 화법

GRAMMAR FOCUS ········· p. 218

A 강조

1 나는 만화책을 정말 좋아한다.
　Kate는 그 검은색 원피스가 정말 잘 어울린다.
　나는 네 생일 선물을 정말 샀지만 그걸 가져오는 것을 잊었다.

2 나의 언니는 Andrew's 극장에서 줄리엣을 연기했다.
　→ Andrew's 극장에서 줄리엣을 연기한 사람은 바로 나의 언니
　　였다.
　→ 나의 언니가 Andrew's 극장에서 연기한 것은 바로 줄리엣이
　　었다.
　→ 나의 언니가 줄리엣을 연기한 곳은 바로 Andrew's 극장이었
　　다.

B 병렬

Emma는 정직하고, 부지런하며 친절하다.
내 차 열쇠는 내 방에도 거실에도 없다.

| Check-Up | ········· p. 219

A 1 is science that
　2 does like　3 was Ron that[who]
　4 was at the Main Bookstore that
B 1 cooking, baking　2 did, join
C 1 강조 구문　2 강조 구문
　3 가주어, 진주어 구문　4 가주어, 진주어 구문
D 1 generous　2 that　3 do　4 does

GRAMMAR FOCUS ········· p. 220

C 부정 구문

1 Sarah는 매우 바빠서, 나와 이야기할 시간이 거의 없다.
　나는 좀처럼 영화관에 가지 않는다. 나는 일 년에 한두 번 정도만
　간다.

2 1) 그 책들 모두가 내 것은 아니다.
　　그녀의 소설이 항상 재미있는 것은 아니다.
　2) 군인들 중 아무도 다치지 않았다.
　　그의 부모님 모두 선생님이 아니다.

D 도치

1 저기 비행기가 간다.
　바로 저 모퉁이에 Larry가 운영하는 가게가 있다.

2 1) 나는 그 이야기를 거의 믿을 수가 없다.
　　그는 훌륭한 작가일 뿐만 아니라 재능 있는 예술가이기도 하다.
　2) Anne은 그녀의 엄마와 거의 쇼핑을 가지 않는다.

3 나는 피곤해. - 나도 그래.

나는 하이킹을 좋아하지 않아. - 나도 좋아하지 않아.

| Check-Up | ········· p. 221

A 1 has Billy　2 neither　3 Not every　4 was
B 1 Neither　2 so　3 never　4 always　5 hardly
C 1 he goes　2 did I dream　3 stood a beautiful
　castle　4 have　5 Not all of

GRAMMAR FOCUS ········· p. 222

E 화법 전환

1 그는 내게 "나는 이 재킷이 마음에 들어."라고 말했다.
　→ 그는 그(저) 재킷이 마음에 든다고 내게 말했다.

2 1) 나는 그녀에게 "너는 어디에 사니?"라고 말했다.
　　→ 나는 그녀에게 어디에 사는지 물었다.
　2) 선생님은 "너는 그 책을 읽었니?"라고 내게 말했다.
　　→ 선생님은 내가 그 책을 읽었는지 내게 물었다.

3 그 의사는 나에게 "규칙적으로 운동하세요."라고 말했다.
　→ 그 의사는 나에게 규칙적으로 운동하라고 충고했다.
　어머니는 "나쁜 말을 쓰지 말아라."라고 내게 말씀하셨다.
　→ 어머니는 내게 나쁜 말을 쓰지 말라고 말씀하셨다.

| Check-Up | ········· p. 223

A 1 to sing　2 he wanted　3 if　4 told
B 1 said, he, was, his　2 asked, if[whether], I
　3 not, to, forget　4 told, to, finish, our
　5 asked, me, who, sent, him
C 1 not to cheat　2 told　3 to avoid
　4 where I would

Grammar Practice ········· p. 224

A 1 do I　2 did　3 that　4 seldom
B 1 could, I, understand　2 Not, every
　3 None, of, us　4 was, a, poem, that
C 1 advised[told], not, to, run
　2 told, she, sprained, her
　3 asked, if[whether], I, had
　4 told, that, I, would, get

문제해설

A 1 '…도 또한 그렇다'는 「So+do/조동사/be동사+주어」의 어
　순으로 쓴다.
　2 문맥상 과거의 일에 대한 동사를 강조하므로 did를 쓴다.
　3 부사구 at the museum을 강조하는 강조구문으로 that이
　알맞다.
　4 seldom은 자체에 부정의 의미를 포함하므로 not 등의 부정

어와 함께 쓰지 않는다.

B 1 부정의 의미를 포함하는 hardly가 문장 첫머리에 왔으므로 「부정어+조동사/be동사+주어」의 어순이 되어야 한다.

2 부분부정을 나타내는 not every를 쓴다.

3 전체부정을 나타내는 None of를 쓴다.

4 a poem을 강조하는 문장이므로, It was와 that 사이에 a poem을 쓴다.

C 1 전달 동사는 told 혹은 조언의 의미가 있는 advised로 바꾸고, 인용문이 부정의 명령문일 때 동사는 not to-v로 쓴다.

2 직접 화법 인용문의 인칭대명사는 전달자의 입장에 맞게 바꾼다.

3 의문사가 없는 의문문을 간접 화법으로 바꿀 때는 전달 동사를 ask로 바꾸고, 인용문을 「if[whether]+주어+동사」의 어순으로 쓴다.

내신 완성 *Grammar Practice* p. 225

1 ④ 2 ② 3 ② 4 asked me where I went[had gone] the day before[the previous day]

문제해설

1 길 건너편에 한 소년이 엄마와 걷고 있었다.
▶ 부사구 On the other side of the street이 문장의 앞으로 나가면 동사 walked와 주어 a boy가 도치된다.

2 not all: 모두 …한 것은 아니다

3 · Jim이 나를 보러 온 것은 바로 어제였다.
· Annie가 극한 스포츠를 좋아하는 것은 흥미롭다.
▶ 첫 번째 빈칸에는 강조 구문 It was … that의 that이, 두 번째 빈칸에는 진주어가 되는 명사절을 이끄는 접속사 that이 알맞다.

4 Ethan은 내게 "어제 너는 어디를 갔었니?"라고 말했다.
▶ 의문사가 있는 의문문은 간접 화법에서 「의문사+주어+동사」의 형태로 쓰며, 인용문의 yesterday는 간접 화법에서 the day before 또는 the previous day로 쓴다.

서술형에 나오는 *WRITING* p. 226

A 1 Neither of them lived a happy life.

2 You can either take a nap or eat some snacks in the lounge.[In the lounge you can either take a nap or eat some snacks.]

3 I was shocked to hear the news, and so was Anna.

B 1 sat a strange woman

2 have I listened to a song that he composed

3 is psychology that Mike wants to study in university

C 1 told, me, not, to, buy

2 None, of, them

3 I, do, hope

문제해설

A 2 상관접속사 either A or B에 의해 연결되는 말은 동일한 문법 형태와 구조를 가진다.

3 '…도 또한 그렇다'는 「so+do/조동사/be동사+주어」의 어순으로 쓴다.

B 1 낯선 여자가 내 옆에 앉았다.
▶ 부사구를 강조하기 위해 문장 첫머리에 두는 경우 「부사구+동사+주어」의 어순으로 도치한다.

2 나는 그가 작곡했던 노래를 들어본 적이 없다.
▶ 부정어를 강조하기 위해 문장 첫머리에 두는 경우 「부정어+조동사(have)+주어」의 어순으로 도치한다.

3 Mike는 대학에서 심리학을 공부하고 싶다.

C Angela의 생일이 다음 주이지만, 나는 그녀를 위한 선물을 아직도 결정하지 못했다. 그녀는 나에게 아무것도 사지 말라고 말했다. 하지만 나는 그녀에게 특별한 무언가를 주고 싶다. 어떤 종류의 선물이 Angela를 행복하게 만들까? 책, 스카프, 보석 … 그것들 중 어느 것도 완벽한 것 같지 않다. 나는 완벽한 선물을 사기를 정말로 바란다.
▶ 1 부정명령문을 간접 화법으로 나타낸 것이므로, 인용문은 not to-v로 쓴다.
2 전체부정이므로 none을 활용하여 주어를 쓴다.
3 동사 앞에 do를 써서 동사를 강조할 수 있다.

READING WITH GRAMMAR pp. 227~228

Reading 1 | 1 ③ 2 did, she, leave, the, tree
Words | **1** 상관하다, 관심을 가지다 **2** 보호하다

해석 | 회사들은 때로 이익을 내기 위해 큰 나무들을 베어낸다. 그들은 이 나무들이 수백 년이 되었다는 것을 상관하지 않는다. 그러나 어떤 사람들은 정말로 관심을 가진다. Julia Hill이 이러한 사람들 중 하나이다. 그녀가 23세였을 때, 그녀는 캘리포니아에서 몇몇 사람들을 만났다. 그들은 한 회사로부터 몇몇 고목들을 지키려 노력하고 있었다. 그녀는 그들과 합류해서 1,500년 된 삼나무에 올라갔다. Hill은 그 나무를 'Luna'로 이름 지었다.

놀랍게도, Hill은 그 나무에서 2년이 넘도록 머물렀다! Hill은 건강이 나빠졌고 따뜻하게 지내기 위해 침낭에 머물렀지만, 절대로 그녀는 그 나무를 떠나지 않았다. 마침내, 그 회사는 항복했고 삼나무들을 내버려 두기로 결정했다. 그제야 Hill은 Luna에서 내려오는 것에 동의했다. 오늘날, Hill은 여러 다른 방식으로 환경을 위해 계속 투쟁한다.

구문해설

4행 But some people **do** care.
▶ do는 뒤에 오는 동사 care를 강조한다.

10행 Hill **named the tree "Luna."**
▶ name A B: A를 B로 이름 짓다

14행 **Only then did Hill agree** to come down from Luna.

> ▶ 부정에 가까운 의미를 갖는 only가 문장의 앞에 나와 주어와 동사가 도치되었다. 이와 같이 동사가 일반동사의 과거형이면 주어 앞에 조동사 did를 쓴다.

문제해설

1 ① 관심을 갖는 한 대기업
② 세계에서 가장 오래된 나무
③ 고목을 구한 한 영웅
④ 삼나무에 집 짓기
⑤ 고목을 잘 돌보는 방법
> ▶ 고목 위에 올라가서 고목이 베어지는 것을 막은 여성에 관한 내용이므로, 제목으로 ③ '고목을 구한 한 영웅'이 가장 적절하다.

2 일반동사가 있는 문장에서 부정어 never를 앞으로 보내면 「부정어＋do/does/did＋주어＋동사원형」의 어순으로 쓴다. 동사가 일반동사의 과거형이므로 조동사 did를 쓴다.

Reading 2 | 1 is the outside of the house inverted
2 ③
Words | ¹ 천장 **²** 굉장한

해석 | 누구도 천장을 걸을 수 없다. 하지만, 당신이 원한다면, 당신이 시도해볼 수 있는 두 가지가 있다. 당신은 자신을 스파이더맨으로 변하게 하거나 중국으로 갈 수 있다. 거꾸로 된 집이 중국의 펑징에 지어졌다. 이 이층집에는 거실, 침실, 부엌, 그리고 욕실이 있다. 집 밖이 거꾸로 되어 있을 뿐만 아니라, 집 안의 모든 것들도 역시 거꾸로 되어 있다.

많은 방문객들이 이 기이한 집을 보기 위해 온다. 한 방문객은 이 집을 방문하는 동안 아주 즐거웠다고 말했다. "소파, 식탁, 그리고 심지어 변기도 바닥에 붙어있는데, 이것은 지금 천장이다. 정말 굉장하다!" 또 다른 방문객은 "거꾸로 된 집을 걸어 다니는 것은 나를 어지럽게 만든다."라고 말했다. 이 집 덕분에, 펑징은 중국의 인기 있는 관광지가 되었다.

구문해설

11행 One visitor said that she had a lot of fun **while visiting** the house.
> ▶ while visiting은 시간을 나타내는 분사구문으로 뜻을 분명히 하기 위해 접속사를 생략하지 않았다.

12행 "Sofas, tables, and even a toilet are stuck to the floor, **which** is now the ceiling.
> ▶ which는 선행사인 the floor에 대한 부연 설명을 하는 계속적 용법의 주격 관계대명사이다.

문제해설

1 다음 말을 배열하여 문장을 완성하시오.
> ▶ not only A but (also) B의 구문으로 부정어 not이 문장 앞에 나와 주어(the outside of the house)와 be동사(is)

가 도치되었다.

2 빈칸 (A)와 (B)에 들어갈 말로 가장 알맞은 것은?
> ▶ (A) 문맥상 집 안과 밖이 모두 거꾸로 되어 있는 집이므로, '기이한'이 적절하다.
> (B) 문맥상 거꾸로 된 집이므로, 바닥이 '천장'이라는 것이 적절하다.

내신에 나오는 *COMMUNICATION* pp. 229~230

A 완곡한 표현 사용하여 거절하기

***Check-Up* | 1** (1) ⓑ (2) ⓐ (3) ⓒ **2** ③

문제해설

1 (1) 문을 닫아 줄 수 있니? – ⓑ 내가 그럴 수 없어 유감이야.
(2) 초밥을 먹는 건 어때? – ⓐ 미안하지만 난 그걸 좋아하지 않아.
(3) 제가 제 전화기를 돌려받을 수 있을까요? – ⓒ 유감이지만 그럴 수 없단다.

2 ① A: 내가 방 청소하는 걸 도와줄 수 있니?
　B: 미안해, 그럴 수 없어.
② A: 네 공책을 빌릴 수 있을까?
　B: 네가 그럴 수 없어서 유감이야.
③ A: 우리 같이 쇼핑하러 가자.
　B: 미안하지만 나는 쇼핑을 하러 가야 해.
④ A: 환불을 받을 수 있을까요?
　B: 죄송하지만 안 됩니다.
⑤ A: 우리 토요일에 농구하는 게 어때?
　B: 내가 그럴 수 없어서 유감이야.

B 반복 요청하고 반복해주기

***Check-Up* | 1** ⑤ **2** ②, ⑤

문제해설

1 A: 다시 한번 말해 줄래?
B: _____
① 그건 내가 말한 게 아니야.
② 난 그 말을 한 적이 없어.
③ 너는 다시는 그 말을 하지 않을 거야.
④ 너는 왜 그걸 다시 할 거야?
⑤ 나는 그걸 다시 할 거라고 말했어.

2 A: 너는 신혼여행을 괌으로 가고 싶다고 말하지 않았었니?
B: 아니, 내 말은 내가 사이판으로 가고 싶다는 거였어.

1 ④ 2 dizzy 3 ④ 4 What, I, said 5 (B)→(D)→(C)→
(A) 6 ⑤ 7 ④ 8 ② 9 only, is, this, program, fun
10 Seldom, did, Luke, have 11 ⑤ 12 ⑤ 13 ①
14 ③ 15 ⑤ 16 It was yesterday that I met
Harry. 17 ④ 18 ④ 19 ③ 20 have lost → lost[had
lost] 21 It was her sister that[who(m)] Susan was
really angry at. 22 Rarely does Dave keep his
promises. 23 asked us why we came[had come]
home late the night before[the previous night]
24 None, of, the, boys

문제해설

1 Lisa는 어젯밤에 이상한 꿈을 꾸었다.
　　① 나쁜　② 생생한　③ 달콤한　④ 이상한　⑤ 끔찍한

3 A: 오늘 오후에 수영하러 가자.
　　B: _____
　　① 미안하지만, 나는 수영을 좋아하지 않아.
　　② 미안하지만 나는 너와 함께 갈 수 없어.
　　③ 미안해, 나는 오늘 오후에 약속이 있어.
　　④ 너와 수영을 가지 않아서 미안해.
　　⑤ 내가 그럴 수 없어서 유감이야. 오늘 오후에는 엄마를 도와드
　　　려야 해.
　　▶ 나머지는 수영을 하러 가자는 제안을 완곡하게 거절하는 표현
　　　이지만, ④는 지난 일에 대한 사과를 나타낸다.

5 (B) 너는 어떤 영화를 보고 싶어?
　　(D) 'Space'를 보자. 나는 그 영화의 음악과 특수효과가 굉장하
　　　다고 들었어.
　　(C) 미안하지만, 난 이미 그걸 봤어. 'Brothers'는 어때?
　　(A) 그것도 좋아 보여.

6 A: 나는 그의 이름이 기억이 안 나.
　　B: 나도 안 나.
　　▶ '…도 또한 아니다'는 「neither+do/조동사/be동사+주어」
　　　로 나타내므로 neither가 알맞다.

7 A: 나는 모든 여자들이 쇼핑을 좋아한다고 생각해.
　　B: 그것은 사실이 아니야. 모든 여자가 쇼핑을 좋아하는 건 아니
　　　야.
　　▶ not every: 모두 …한 것은 아니다

8 내가 어제 Jim에게 빌려준 것은 바로 내 교과서였다.

9 부정어 not이 문장 앞에 나올 경우 be동사와 주어(this
program)를 도치한다.

11 ① 비가 다시 온다.
　　② 나는 월요일에는 거의 일을 하지 않는다.
　　③ 나는 다음 회의에 관해 정말로 네게 말했어.
　　④ Tim이 항상 좋은 결정을 내리는 것은 아니다.
　　▶ ⑤ 상관접속사 both A and B에 의해 연결되는 말은 동일
　　　한 문법 형태를 가져야 하고 동사 like의 목적어로 동명사가
　　　왔으므로 listen은 listening이 되어야 한다.

12 나는 그가 이길 수 있다는 것을 거의 상상하지 않았다.

15 그는 나에게 "밖에 너무 늦게까지 있지 마."라고 말했다.
　　▶ 부정명령문을 간접 화법으로 바꿀 때는, 전달 동사를 tell로
　　　바꾸고 인용문의 동사를 not to-v로 쓴다.

16 강조하고자 하는 부사 yesterday를 It was와 that 사이에 쓴
　　다.

17 ① 나는 James에게 네 전화번호를 정말 주었다.
　　② 나는 그가 어디에 가는지 정말 알고 싶다.
　　③ 이 차는 많은 문제를 정말 가지고 있다.
　　④ 나는 내 숙제를 지금 당장 해야 한다.
　　⑤ 나는 오늘 집에 일찍 올 것이라고 네게 정말 약속할게.
　　▶ ④는 do one's homework '숙제를 하다'는 표현의 do이
　　　고, 나머지는 동사를 강조하는 do이다.

18 나는 그 답을 몰랐다. 그도 또한 그 답을 몰랐다.
　　→ 우리 중 아무도 그 질문에 대한 답을 몰랐다.
　　▶ both의 전체부정이므로 neither를 쓰는 것이 알맞다.

19 나는 애완동물을 키우고 있다. Karen도 애완동물을 키우고 있
　　다.
　　→ 나는 애완동물을 키우고 있고, Karen도 그렇다.
　　▶ '…도 또한 그렇다'는 「so+do/조동사/be동사+주어」의 어
　　　순으로 쓴다.

20 Angela는 나에게 "나는 공항에서 내 짐을 잃어버렸어."라고 말
　　했다.
　　→ Angela는 나에게 그녀가 공항에서 그녀의 짐을 잃어버렸다
　　　고 말했다.
　　▶ 전달 동사가 과거이고 인용문의 시제도 과거일 경우, 화법 전
　　　환 시 시제는 과거나 과거완료를 쓴다.

21 Susan은 그녀의 언니에게 매우 화가 났다.
　　▶ 강조하고자 하는 명사 her sister를 It was와 that 사이
　　　에 쓴다. 사람을 강조하고 전치사의 목적어이므로 that 대신
　　　who(m)를 쓸 수도 있다.

22 rarely라는 부정어를 강조하기 위해 문장 첫머리에 두며 주어가
　　3인칭 단수이므로 「부정어+does+주어+동사」의 어순으로 쓴
　　다.

23 엄마는 우리에게 "너희 어젯밤에 왜 집에 늦게 왔니?"라고 말했
　　다.
　　▶ 의문사가 있는 의문문을 간접 화법으로 바꿀 때는 전달 동
　　　사는 ask를 쓰고, 인용문은 「의문사+주어+동사」의 어순
　　　으로 쓴다. 인칭대명사는 전달자의 입장에 맞추어 바꾸고,
　　　last night은 전달 시점에 맞게 the night before[the
　　　previous night]로 바꾼다.

24 소년들 중 누구도 깨어있지 않다.
　　▶ 모두가 잠을 자고 있으므로 all의 전체 부정인 none을 써서
　　　나타낸다.

MEMO

MEMO

MEMO

MEMO